U0939092

梅花易数精解

〔宋〕邵雍 著
刘光本 荣益/译释

学林出版社

图书在版编目(CIP)数据

梅花易数精解/(宋)邵雍著;刘光本,荣益译释.—上海:学林出版社,2011.11

ISBN 978-7-5486-0250-7

Ⅰ.①梅… Ⅱ.①邵… ②刘… ③荣… Ⅲ.①占卜—中国古代②周易梅花数—注释 Ⅳ.①B992.2

中国版本图书馆CIP数据核字(2011)第217739号

梅花易数精解

作　　者——(宋)邵　雍
译　　释——刘光本　荣　益
责任编辑——叶　刚
特约编辑——邱承辉　刘美文
封面设计——蒋宏工作室

出　　版——上海世纪出版股份有限公司
　　　　　　学林出版社(上海钦州南路81号3楼)
　　　　　　(电话:64515005　传真:64515005)
发　　行——上海世纪出版股份有限公司发行中心
　　　　　　(上海福建中路193号　www.ewen.cc)
印　　刷——北京京都六环印刷厂
开　　本——710×1020　1/16
印　　张——20.5
字　　数——28万
版　　次——2016年5月第2版
　　　　　　2016年5月第1次印刷
书　　号——ISBN 978-7-5486-0250-7/B·11
定　　价——42.80元

序

易占，作为在中国存在了几千年的一种文化现象，确有重新认识与研究之必要。

《梅花易数》虽托名邵雍所著，实非邵氏之作或为明人所写，甚至可能为清朝康、乾以后之人托名写成。

此书虽为后人托名邵雍写成，但在民间流传甚广。因为它将《周易》八卦取象随历史环境与社会生活的变迁，作出了新的归整与推广，从而使《周易》卦象说更趋具体而完善。正因为它在《说卦》之卦象说的基础上，补入了符合当时时代需求的新内容，该书才在民间具有强大的生命力。这也是我们今天仍应予以研究的原因所在。

其次，该书作为易占的一种，它独特完备的易占思想，处处展示出《周易》象数思维的智慧，有的内容确有研究价值。因此，该书虽不见于正史，且为以往士大夫所不屑，但它那丰富的内容与独特的易占思想，对于我们今天深入探索民俗文化，促进易学研究的发展，无疑仍具有一定的意义。

正是基于以上考虑，刘光本和荣益同志对《梅花易数》进行了严肃的校释和评析，并参照尽可能多的版本对长期流传和传抄过程中的错讹和谬误作了订正，尽量做到为读者提供一个精确详尽的版本；在评析部分，还介绍了作者个人多年学习梅花易的体会，介绍了该书较难也是其最精当的部分——“外应”的有关知识，以便于读者参考。

我看了这部易占研究的新成果，感到很高兴，遂应刘光本、荣益同志之嘱，简书数语如上，聊以为序。

刘大钧

于山大运乾书斋

原序

宋庆历中，康节邵先生隐处山林，冬不炉，夏不扇，盖心于《易》，忘乎其为寒暑也。犹以为未至，糊《易》于壁，心致而目玩焉，邃于《易》理，欲造《易》之数而未有征也。

一日午睡，有鼠走而前，以所枕瓦枕投击之，鼠走而枕破。觉中有字，取视之："此枕卖与贤人康节，某年月日某时击鼠枕破。"先生怪而询之陶家，其陶枕者曰："昔一人手执《周易》，憩坐举枕，其书此，必此老也。今不至久矣，吾能识其家。"

先生偕陶往访焉，及门，则已不存矣。但遗书一册，谓其家人曰："某年、某月、某时，有一秀士至吾家，可以此书授之，能终吾身后事矣。"其家以书授先生，先生阅之，乃《易》之文，并有诀例。当推例演数，谓其人曰："汝父存日有白金，置睡床西北窖中，可以营葬事。"其家如言，果得金。

先生授书以归，后观梅以雀争胜，布算知次晚有邻人女折花坠伤其股，其卜盖始于此。后世相传遂名《观梅数》云。后算落花，知日午为马所践毁；又算西林寺额，知有阴人之祸。凡此皆所谓先天之数也，盖未得卦，先得数也。以数起卦，故曰"先天"。

若夫见老人有忧色，卜而知老人有食鱼之祸；见少年有喜色，卜而知有币聘之喜；闻鸡鸣知鸡必烹；听牛鸣而知牛当杀，凡此皆后天之数也。盖未得数先得卦也。以卦起数，故曰"后天"。

一日,置一椅,以数推之,书椅底曰:“某年月日当为仙客坐破。”至期,果有道者来访,坐破其椅。仙客愧谢,先生曰:“物之成毁有数,岂足介意。且公神仙也,幸坐以示教。”因举椅下所书以验,道者愕然,趣起出,忽不见。乃知数之妙,虽鬼神莫逃,而况于人乎!况于物乎!

目录

卷一

卷 二

卷　三

卷　四

卷　五

卷一

周易卦数

乾一，兑二，离三，震四，巽五，坎六，艮七，坤八。

译释：

这是《周易》先天八卦顺序数。人们在占卦时，只要占得数“三”，就意味着占到了离卦；占得的是“五”，就等于占到了巽卦。等等。

五行生克

金生水，水生木，木生火，火生土，土生金。

金克木，木克土，土克水，水克火，火克金。

八宫所属五行

乾、兑金；坤、艮土；震、巽木；坎水；离火。

译释：

中国古代的思想家把水、火、金、木、土等五种物质视为构成宇宙万物的五种基本元素，称为“五行（xíng）”。五行之间是互为相克相生的关系。古人又将八卦分属五行。由此可以推知，八卦之间也存在相生相克的关系。例如，乾、兑为金，克震、巽之木；震、巽为木，生离火，离又反过来克乾、兑。

卦　气　旺

震、巽木旺于春；离火旺于夏；乾、兑金旺于秋；坎水旺于冬；坤、艮旺于辰、戌、丑、未月。

图一　太极图

译释：

辰月、戌月、丑月、未月分别指的是农历三月、九月、十二月、六月。

卦　气　衰

春坤、艮；夏乾、兑；秋震、巽；冬离；辰、戌、丑、未坎。

译释：

春天木旺，木克土，属土的坤、艮卦为旺木所克，所以衰。其余类此。

十 天 干

甲、乙，东方，木；丙、丁，南方，火；戊、己，中央，土；庚、辛，西方，金；壬、癸，北方，水。

十二地支

子，水，鼠；丑，土，牛；寅，木，虎；
卯，木，兔；辰，土，龙；巳，火，蛇；
午，火，马；未，土，羊；申，金，猴；
酉，金，鸡；戌，土，狗；亥，水，猪。

译释：

将记录时间的符号十天干与十二地支分别与方位、五行、十二生肖组合，这是占卦的基础。

八卦象例

乾☰三连，坤☷六断，震☳仰盂，艮☶覆碗，离☲中虚，坎☵中满，兑☱上缺，巽☴下断。

译释：

乾卦：三画连接不间断；坤卦：为六根截断的卦图；震卦：上两阴爻，下一阳爻，看上去像仰着的痰盂；艮卦：像一个反扣着的碗；离卦：两阳爻中间是一阴爻，显得空虚；坎卦：与离卦相反，显得中间丰满；兑卦：底下两阳爻，上面一阴爻，看上去像是有缺口似的；巽卦：在形象上好像下端有断裂一样。

占　法

易中秘密穷天地，造化天机泄未然；
中有神明司祸福，后来切莫教轻传。

译释：

《周易》之中的奥妙穷尽了天地间的道理，创造天地化育万物的机密从来没有泄漏。其中有神明掌握着祸和福，后来的人一定不要将它轻意传授给别人。

玩　法

一物从来有一身，一身还有一乾坤。
能知万物备于我，肯把三才别立根。
天向一中分造化，人于心上起经纶。
仙人亦有两般话，道不虚传只在人。

译释：

每一物体从来都有一个物自身，每一物自身都包含有一个乾坤。人只要知道“万物皆备于我”的道理，就不要把天、地、人三才区别对立去追根求源。天地从混一的太极中分化出来创造和化育万物，人从自己的心中产生管理社会、人事的才能。即使是出世的仙人也有两般精神境界，《易》道不虚传，只是相对于所传授的人罢了。

这首诗告诉人们天人合一、正传正授、用心学习的道理。

卦数起例

卦以八除，凡起卦不问数多少，即以八作卦数。过八数，即以八数退除，以零数作卦。如一八除不尽，再除二八、三八，直除尽八数，以零数作卦。如得八数整，即坤卦，更不必除也。

译释：

凡起卦，不问数为多少，都用八作卦数。大于八的数，用八去除，用所得余数作卦。如果正好被八除尽，就是坤卦。一为乾卦，二为兑卦，三为离卦，四为震卦，五是巽卦，六是坎卦，七是艮卦。

爻以六除

凡起动爻，以重卦总数除六，以零作动爻。如不满六，止用此数为动爻，不必再除。如过六数则除之，一六不尽，再除二六、三六，直除尽以零数作动爻。若一爻动，则看此一爻，是阳爻，则变阴爻，阴爻则变阳爻。取爻当以时加之。

译释：

凡是确定一卦的动爻，都是用所占得卦的上下两卦数的总数加上时数被六除，以余数为动爻。

互卦只用八卦，不必用六十四卦重名

互卦以重卦去了初爻及第六爻，以中间四爻分作两卦，看得何卦。又云：乾坤无互，互其变卦。

译释：

互卦的取法：重卦去了初爻及第六爻后，用原重卦的第二爻、第三爻、第四爻组合成一个新的三爻卦，作为新的重卦的下卦；用第三爻、第四爻、第五爻组成一个新的三爻卦，作为新重卦的上卦，便组成了一个新的重卦，叫原来重卦的互卦。因为乾、坤卦的互卦依然是乾、坤卦，习惯上不直接取互卦，而是用它们变卦去取互卦。

年、月、日、时起例

年、月、日为上卦，年、月、日加时总为下卦。又以年、月、日、时总数取爻。如子年一数，丑年二数，直至亥年十二数。月如正月一数，直至十二月亦作十二数。日数，如初一一数，直至三十日为三十数。以上年、月、日，共计几数，以八除之，以零数作上卦。时如子时一数，直至亥时为十二数。就将年、月、日、时数总计几数，以八除之，零数作下卦；就以除六数作动爻。

译释：

这里的年月日均以农历为准。年数是：子年数一、丑年数二、寅年数三、卯年数四、辰年数五、巳年数六、午年数七、未年数八、申年数九、酉年数十、戌年数十一、亥年数十二。

时数的取法：子时（23 点 ~1 点）数一、丑时（1 点 ~3 点）数二、寅时（3 点 ~5 点）数三、卯时（5 点 ~7 点）数四、辰时（7 点 ~9 点）数五、巳时（9 点 ~11 点）数六、午时（11 点 ~13 点）数七、未时（13 点 ~15 点）数八、申时（15 点 ~17 点）数九、酉时（17 点 ~19 点）数十、戌时（19 点 ~21 点）数十一、亥时（21 点 ~23 点）数十二。

以年、月、日之数的总和除以八的余数得上卦。以年、月、日、时之数的总和除以八的余数得下卦；除以 6 的余数得动爻。

物 数 占

比见有可数之物，即以此物起作上卦，以时数配作下卦，即以卦数并时数，总除六，取动爻。

译释：

当见到可以数的物体，占时便用这物体数起卦作为重卦的上卦，并用当时的时数配作重卦的下卦。再用这个卦的卦数加上时数，被六除，用余数取动爻。

声　音　占

凡闻声音，数得几数，起作上卦，加时数配作下卦。又以声音，如闻动物鸣叫之声，或闻人敲击之声，皆可作数起卦。

译释：

凡是听到声音，数得几声，就用这个数作为上卦，加上当时的时数作为下卦。比如说，数得三声，就用离卦作上卦；当时是午时，午时数七，就以三加上七得十，十为八除余二，为兑卦，于是以兑卦为下卦。这样便组成了革卦。

字　占

1. 凡见字数，如停匀，即平分一半为上卦，一半为下卦。如字数不匀，即少一字为上卦，取“天轻清”之义；以多一字为下卦，取“地重浊”之义。

译释：

凡是看到的字数，如果能平均分成两半，就用平分的一半为上卦，一半作下卦。如果字数不能平均分，就用少一个字数的作上卦，表示天轻清于上的意思；以多一个字数的为下卦，表示地重浊于下的意思。

2. 一字占。一字为太极未判，如草混沌不明，不可得卦。如楷书则取其字画，以左为阳画，右为阴画。居左者看几数，取为上卦；居右者看几数，取为下卦。又以一字之阴阳全画取爻。彳、丿，此为左者；一、乙、丶，此为右者。

译释：

一个草书字，混沌难分，不能单独成卦。如果是楷书写的字，那么用其左边偏旁的笔画数组成上卦，用右边偏旁的笔画数组成下卦。再用这一字的阴阳全部笔画数取动爻。“彳”、“丿”等偏旁列为左边；“一”、“乙”、“丶”等列为右边。

3. 二字占。二字为两仪平分，以一字为上卦，以一字为下卦。

三字占。三字为三才，以一字为上卦，二字为下卦。

四字占。四字为四象，平分上下为卦。又四字以上不必数画数，只以平仄声音调之。平声为一数，上声为二数，去声为三数，入声为四数。

五字占。五字为五行，以二字为上卦，三字为下卦。

六字占。六字为六爻之集，平分上下为卦。

七字占。七字为数齐七政，以三字为上卦，四字为下卦。

八字占。八字为八卦定位，平分上下为卦。

九字占。九字为九畴之义，以四字为上卦，五字为下卦。

十字占。十字为成数，平分上下为卦。

十一字占。十一字以上至于百字，皆可起卦。但十一字以上，又不用平仄声音调之，止用字数。如字数均平，则以半为上卦，以半为下卦；又合二卦总数取爻。

丈　尺　占

丈尺之物，以丈数为上卦，尺数为下卦，合丈尺之数取爻（数寸不系）。

译释：

可用丈尺度量的物体占卦，用物体的丈数为上卦，尺数为下卦，将丈尺的数加起来确定爻位。寸数不计。

尺　寸　占

以尺数为上卦，寸数为下卦。合尺、寸之数，加时数取爻。分数不用。

为　人　占

凡为人占，其例不一。或听语声起卦，或观其人品，或取诸身，或取诸物，或因其服色、触其外物，或以年、月、日、时，或以书写来意。

右听其语声音，如或一句，即如其字数分之起卦。如说两句，即用先一句为上卦，后一句为下卦。语多，则但用初听一句，或末后所闻一句，余句不用。

观其人品者，如老人为乾，少女为兑之类。

取诸其身者，如头动为乾，足动为震，目动为离之类。

取诸其物者，如人手中偶有何物，如金玉及圆物之属为乾，土瓦及方物之属为坤之类。

因其服色者，如其人青衣为震，赤衣为离之类。

触其外物者，起卦之时，见水为坎卦，见火为离卦之类。

年、月、日、时，如望梅之类推之。

书写来意者，其人来占，或写来意，则以其字占之。

译释：

此节告诉我们，凡是为别人占卦，其方法不只一种。有的听到声音即可起卦，有的可根据人的年龄性别起卦，有的根据身体部位起卦，有的根据物体特征起卦，有的根据服装的颜色起卦，有的根据接触到的外物起卦，有的根据年、月、日、时起卦，有的根据书写来意起卦。

根据人的声音起卦的方法是：如果是一句，就按其字数，分作两半起卦。如果说了两句话，就用前一句为上卦，后一句为下卦。话讲得多，就只用初听到的一句，或最后听到的一句，其余的话就不用了。

根据人的年龄、性别起卦的方法是：如果是老翁，就确定为乾卦，少女便确定为兑卦，依次类推。

根据身体部位起卦的方法是：如果头动就确定为乾卦，脚动就确定为震卦，眼睛动就确定为离卦，等等。

根据物体特征起卦的方法是：如果人手里偶然拿着什么东西，如金玉及圆物之类，便为乾卦，如土瓦及方物之类，便起作坤卦，等等。

根据服装颜色起卦的方法是：如果那人穿的是青色衣服，就为震卦，红色衣服，就为离卦，等等。

根据接触到的外物起卦的方法是：起卦的时候，看到水便起坎卦，见到火便为离卦，等等。

根据年、月、日、时起卦的方法，像“望梅”那样类推。

根据所书写来意起卦的方法是：其人来占卜，有的将来意写给你，你可用他所写的字为之占卦。

自 己 占

凡自己欲占，以年、月、日、时，或闻有声音，或观当时有所触之外物，皆可起卦。以上三例，与前章《为人占》法同。

占 动 物

凡占群物之动不可起卦。如见一物，则就此物为上卦，物来之方位为下卦，合物卦数及方位卦数加时数取爻。以此卦总断其物。如后天占牛鸣鸡叫之类。又凡牛、马、犬、豕之类，初生，则以初生年、月、日、时占之。又或置买此物，亦可以初置买之时推之。

译释：

凡是成群的动物不可占卦。如果看到一个动物，那么就用这一动物作为上卦，动物来的方位为下卦，将物卦数与方位卦数相加，再加上时数取爻，用这一卦总断所占的动物。像“后天”起卦法占牛鸣、鸡叫之类。凡是牛、马、犬、豕之类，初生时起卦的，便用初生的年、月、日、时占卦。有的是在置买这种动物，也可以用最初置买的时辰推算。

占 静 物

凡占静物，有如江河山石，不可起卦。若至屋宅树木之类，则屋宅初创之时，树木初置之时，皆可起卦。至于器，则置成之时可占，如枕椅之类是矣。余则无故不占。若《观梅》，则见雀争枝坠地而占；《牡丹》，则自有问而占；《茂树》，则枝枯自坠而后占也。

译释：

凡是占静物，像江、河、山、石这类自然事物，不可起卦，如果是房屋、住宅、树木之类，那么在房屋最初建造的时候，树木最初种植的时候，都可以起卦。至于器物，在当制成的时候可以占卦，像枕头、椅子之类就是这样的。其他静物，则无故不占。像《观梅》例子所示的，见到麻雀抢占枝头而坠落在地上，因而才占之；《牡丹》例子所示，有人问才起占的；《茂树》例子中，看到树枝枯槁自行落到地上，然后才占的。

端法后天起卦之例（物卦起例）

后天端法：以物为上卦；以方位为下卦；合物卦之数与方位之数，加时数以取动爻。

译释：

端法后天起卦的方法是：用所占之物的卦象作为上卦；用物所处的方位作为下卦；用上卦、下卦的先天卦数之和，加上时数，用总和去除六确定动爻，参考动爻的爻辞进行占断。

八卦万物属类（并为上卦）

乾卦：天、父、老人、官贵、头、骨、马、金、宝珠、玉、木果、圆物、冠、镜、刚物、大赤色、水寒。

坤卦：地、母、老妇、土、牛、釜、布帛、文章、舆、方物、柄、黄色、瓦器、腹、裳、黑色、黍稷、书、米、谷。

震卦：雷、长男、足、发、龙、百虫、蹄、竹、萑苇、马鸣、母足、颗、稼、乐器之类、草木、青碧绿色、树、木核、柴、蛇。

巽卦：风、长女、僧尼、鸡、股、百禽、百草、臼、香气、臭、绳、眼、羽毛、帆、扇、枝叶之类、仙道、工匠、直物、工巧之器。

坎卦：水、雨雪、工、豕、中男、沟渎、弓轮、耳、血、月、盗、宫律、栋、丛棘、狐、蒺藜、桎梏、水族、鱼、盐、酒醢、有核之物、黑色。

离卦：火、雉、日、目、电、霓、中女、甲胄、戈兵、文书、槁木、炉、鼍、龟、蟹、蚌、凡有壳之物、红赤紫色、花、文人、干燥物。

艮卦：山、土、少男、童子、狗、手、指、径路、门阙、果蓏、阍寺、鼠、虎、狐、黔喙之属、木生之物、藤生之瓜、鼻。

兑卦：泽、少女、巫、舌、妾、肺、羊、毁折之物、带口之器、属金者、废缺之物、奴仆婢。

八卦方位图

巽	离南方	坤
震东方	中	兑西方
艮	坎北方	乾

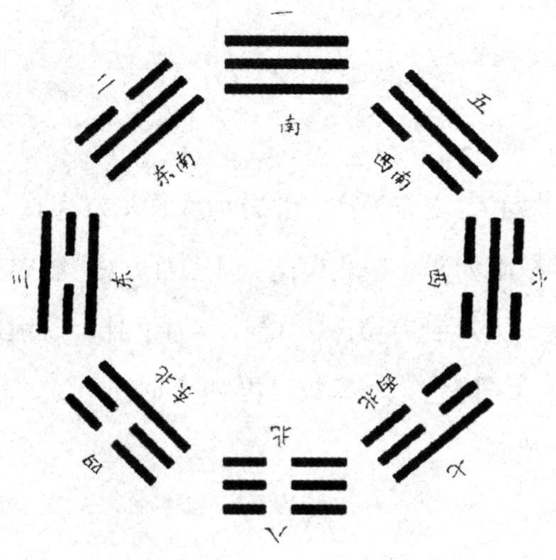

图二　先天八卦方位图

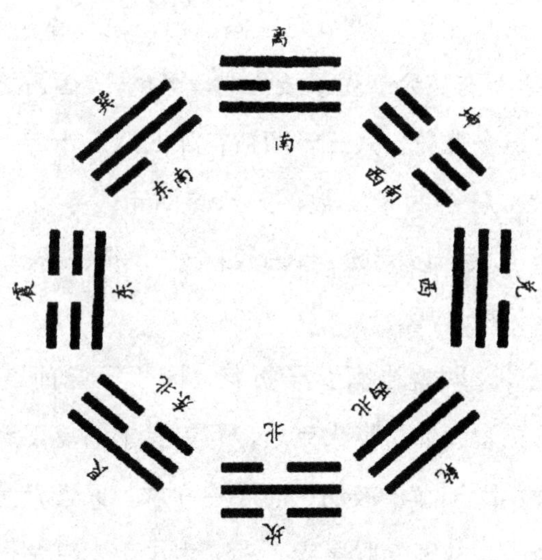

图三　后天八卦方位图

右离南坎北、震东兑西，人则介乎其中。凡物之从花甲来，并起作下卦，加时取爻。

译释：

以占卦的人为中心，南方为离、北方为坎、东方为震、西方为兑、西北为乾、西南为坤、东南为巽、东北为艮。凡占卦，由《八卦万物属类》起卦作为上卦，由此《后天八卦方位图》得卦作为下卦，便组成所要占得的卦。用上卦、下卦的先天卦数作为基数，再加上时数，总和被六除，用余数取爻。

观梅占（年、月、日、时占例）

辰年十二月十七日申时，康节先生偶观梅，见二雀争枝坠地。先生曰：“不动不占，不因事不占。今二雀争枝坠地，怪也。”因占之：辰年五数，十二月十二数，十七日十七数，共三十四数，除四八三十二，得二，属兑，为上卦；加申时九数，总得四十三数，五八除四十，零得三数，为离，作下卦。又上下总四十三数，以六除，六七四十二，得一零为动爻。是为泽火革，初爻变咸，互见乾、巽。

断之曰：详此卦，明晚当有女子折花，园丁不知而逐之，女子失惊坠地，遂伤其股。右兑金为体，离火克之，互中巽木，复三起离火，则克体之卦气盛。兑为少女，因知女子被伤；而互中巽木，又逢乾金、兑金克之，则巽木被伤。而巽为股，故有伤股之应。幸变为艮土，兑金得生，知女子但被伤，而不至于凶危也。

译释：

辰年，十二月，十七日，申时，邵康节先生偶然观赏梅花，看见两只麻雀为抢占枝头而坠落在地上。邵康节先生说："不发生变动不占卦，没有事情不占卦。现在两只麻雀为抢占枝头而掉到地上，真是怪事。"因而占之：辰年的数是五，十二月的数是十二，十七日的数是十七，三数相加共三十四。三十四除以八，余数是二，二属兑卦。以兑卦作为上卦。加上申时的数九，共有四十三，被八除，得余数三，三为离卦。以离卦作为下卦。这样就得到了革卦。再将总数四十三用六去除，余数为一，表示初爻动。革卦初爻动变为咸卦。其中革卦中间的四个爻互体是乾卦与巽卦。

因此，邵康节先生占断说："细推这一卦，明天晚上应当有女孩子来折花，园丁误认为她是小偷，于是追赶她，她受惊而坠落到地上，摔伤了大腿。因为在所占得的革卦中，上卦为体，兑是金，下卦离为火，为用；兑金为离火所克。互卦中巽木又生起离火，火很盛，克体的卦气旺极了。兑为少女，因此推知有女孩子被伤；互卦中的巽木，又遇上乾金、兑金克它。于是知道巽木被折，而巽卦在人体表示大腿，因此有女孩子摔伤大腿的应验。幸亏初爻动，离变成艮，兑金得到艮土的资生，可以推知女孩子只是被摔伤，而不至于有凶险。"

牡 丹 占

巳年、三月、十六日、卯时，先生与客往司马公家共观牡丹，时值花开甚盛。客曰："花盛如此，亦有数乎？"先生曰："莫不有数。且因问而可以占矣。"遂占之：以巳年六数，三月三数，十六日十六数，总得二十五数，除三八二十四数，零一数为乾，为上卦；加卯时得四数，共得二十九数，又除三八二十四数，得零五为巽卦，作下卦，得天风姤。又以总计二十九数，以六除之，四六除二十四，得零五，爻动变鼎卦。互见重乾。遂与客曰："怪哉！此花明日午时，当为马所践毁。"众客愕然，不信。次日午时，果有贵官观牡丹，二马相啮，群至花间驰骤，花尽为之践毁。

断之曰："巽木为体，乾金克之，互卦又见重乾，克体之卦多矣，卦中无生意，固知牡丹必为践毁。所谓马者，乾为马也；午时者，离明之象。是以知之也。"

译释：

巳年的三月十六日卯时，邵康节先生与客人前往司马公家中观赏牡丹。当时正值牡丹花盛开之际。有客人问："花这样好，也有定数吗?"先生说："什么东西都有数。而且只要占问便可以占卦了。"于是便为这牡丹花而占：用巳年六数、三月的三数、十六日的十六数相加，共二十五。除以八，余数是一，为乾卦作上卦；二十五再加上卯时的四数，共二十九，再被八除，余数为五，得巽卦，作下卦，得天风姤。又用二十九除以六，得余数五，姤卦第五爻动，变为火风鼎卦。姤卦的中间四个爻相互得到两个三画的乾卦。

于是，康节先生对客人说："奇怪！这些牡丹花明天午时当被马所践毁。"客人们都惊讶不信。第二天午时，果然有达官贵人来观赏牡丹，两匹马相嘶咬，到牡丹花丛中奔跑，所有的花全被践毁了。

为什么会如此?因为姤卦的上卦为乾，乾为金；下卦为巽，巽为木，这里金用克木体。互卦中又出现了两个乾卦，克体的卦太多，卦中全无生存之意，当然知道牡丹必定被践毁了。其所以说是马，因为乾为马；之所以说发生在午时，是因为离卦为光明之象。所以能知道上述事情的发生了。

邻夜扣门借物占

冬夕酉时，先生方拥炉，有扣门者，初扣一声而止，继而又扣五声，且云借物。先生令勿言，令其子占之，试所借何物。以一声属乾为上卦，以五声属巽为下卦；又以一乾五巽共六数，加酉时十数，共得十六数，以六除之，二六一十二，得天风姤，第四爻动，变巽卦；互见重乾。卦中三乾金，二巽木，为金木之物也，又以乾金短而巽木长，是借斧也。

子乃断曰："金短木长者器也，所借锄也。"先生曰："非也，必斧也。"问之，果借斧。其子问何故。先生曰；"起数又须明理。以卦推之，斧亦可也，锄亦可也；以理推之，夕晚安用锄？必借斧。盖斧切于劈柴之用耳。"推数又须明理，为占卜之切要也。盖数不推理，是不得也。学数者志之。

译释：

一个冬天的傍晚酉时，邵康节先生刚刚围着火炉坐下，便有人来敲门，开始敲了一下便停止了，接着又敲了五声，并且说要借东西。先生要敲门人先别说借什么，让自己的儿子占一卦，看是借什么。用一声的"一"对应的乾卦作上卦，用五声的"五"对应的巽卦为下卦；又用乾数一与巽数五之和共六，加上酉时的数十，共是十六。用六去除十六，得天风姤卦，第四爻动，变为巽卦。姤卦的中间四爻互体得两个乾卦，这样卦中共有三个乾卦金，两个巽卦木，为金木合成的东西。又根据乾卦的金短，巽卦的木长，确定是借斧子。

邵康节的儿子占断说："金短木长，是一种器具，所借的是锄头。"邵康节说："不对，一定是斧子。"一问借物的人，果然是借斧子。邵康节的儿子问是什么原因。先生说："起数还必须明白事理。用卦推测，斧子可以，锄头也可以；用理去推测，傍晚怎么会用锄头呢？必然是借斧子，大概是急着用斧子劈柴吧。"推数又必须明白事理，是卜占的重要原则。数不以理推测，就得不到推数的奥秘。学数的人一定要记住这一点。

今日动静如何

有客问曰：“今日动静如何?”遂将此六字占之。以平分“今日动”三字为上卦，“今”平声，一数；“日”入声，四数；“动”去声，三数，共得八数，得坤为上卦。以“静如何”为下卦，“静”去声，三数；“如”平声，一数；“何”平声，一数，共五数，得巽为下卦。又以八、五总为十三数，除二六一十二，零得一数。为地风升，初爻动，变泰卦，互见震、兑。遂谓客曰：“今日有人相请，客不多，酒不醉，味至鸡黍而已。”至晚，果然。

断曰：升者有升阶之义，互震、兑有东西席之分，卦中兑为口，坤为腹，为口腹之事，故知有人相请。客不多者，坤土独立，无同类之卦气也。酒不醉，卦中无坎。味止鸡黍者，坤为黍稷耳。盖卦无相生之义，故知酒不多，食品不丰也。

译释：

有客人问道：“今天有什么事情吗?”便将客人所问的“今日动静如何”这六个字进行占卦。用平均分配的“今日动”三个字作为上卦，“今”字平声，平声则为一数；“日”字入声，入声则为四数；“动”去声，去声则为三数，共为八数，八所对应的卦为坤卦，作为上卦。以“静如何”三个字来确定下卦。“静”字去声，得数三；“如”字平声，为数一；“何”字平声，为数一；三个数的和是五，五所对应的卦是巽卦，作为下卦。又用八、五相加得十三，十三被六除，余数为一。所得本卦地风升的初爻动，变成地天泰，升卦中间四爻互体出现震、兑卦。因此，对客人说：“今天有人来请吃饭，客人不多，吃酒不醉，饭菜也不多。”到了晚上，果然应验。

占断的理由是：升卦的“升”字有登阶的意义，互卦中出现了震、兑卦，有东席西席的区别，卦中兑的卦象为口，坤的卦象为腹，作为口腹的事情，因而知道有人请客。“客不多”的根据，在于坤卦的土独立存在，没有同类的卦气。“酒不醉”的根据是卦中没有坎水。“味止鸡黍”的根据是因为坤卦为黍稷。总之，升卦在这里没有相生的卦气，所以知道酒不多，饭菜也不多。

西林寺牌额占

先生偶见西林寺之额，“林”字无两钩，因占之。以“西”字七画为艮，作上卦；以“林”字八画为坤，作下卦；以上七画下八画总十五画，除二六一十二，零数得三，是山地剥卦；第三爻动，变艮；互见重坤。

断曰：寺者，纯阳之所居。今卦得重阴之爻，而又有群阴剥阳之兆。详此则寺中当有阴人之祸。询之，果然。遂谓寺僧曰：“何不添‘林’字钩？则自然无阴人之祸矣。”僧信然。即添“林”字两钩，寺果无事。

右纯阳之人所居，得纯阴之卦，故不吉。又有群阴剥阳之义，故有阴人之祸。若添“林”字两钩，则十画，除八得二，为兑卦，合上艮是为山泽损；第五爻变动为中孚卦。互卦见坤、震。损者益之始，用互具生体，为吉卦，可以得安矣。

右以上并是先得数，以数起卦，所谓先天之数也。

译释：

邵康节先生偶然看到西林寺的牌额上的“林”字没有两钩，便为它起卦占卜。“西”字算作七画，“七”所对应的卦是艮卦，作为上卦；“林”字八画，八为坤卦，作为下卦；用上卦艮的“七”加上下卦坤卦的“八”，总共十五，被六除，得余数三。这样便得到山地剥卦，第三爻动，变成艮卦；剥卦的中间四爻互体卦都是坤卦。

据此占断说：寺，是属于纯阳的僧人所居住的地方，如今得到了重阴之爻，并且具有群阴剥阳的兆头，详细推算则这个寺中应当有因阴人（女人）引起的灾祸。一询问，真是这样。于是对庙里的和尚说："为什么不将'林'字添上两钩？这样一来自然就没有阴人的灾祸了。"和尚听信，在"林"字上添了两钩，寺庙里果然无事了。

和尚是纯阳之人，居住的寺庙却得到了纯阴之卦，所以不吉利。而且剥卦有群阴剥阳之义，所以有阴人的灾祸。如果给"林"添上两钩，就成了十画，十除以八余二，二所对应的卦就是兑卦，与上卦的艮卦结合，为山泽损卦。第五爻变动，损卦变成中孚卦。损卦的互体卦为坤、震卦。受到损伤的现在开始得益了，无论是互卦中的坤卦，还是损卦中的用卦（艮卦），都生损卦的体卦——兑，所以为吉卦，可以得到安然无事的结果了。

以上都是由先天八卦得到数，再用数起卦。这就是先天之数的方法。

老人有忧色占

己丑日卯时，偶在途行，有老人往巽方，有忧色。问其何以有忧，曰："无。"怪而占之，以老人属乾为上卦，巽方为下卦，是天风姤。又以乾一、巽五之数，加卯时四数，总十数，除六，得四为动爻，是为天风姤之九四。《易》曰："包无鱼，凶。"是《易》辞不吉矣。以卦论之，巽木为体，乾金克之；互卦又见重乾，俱是克体，并无生气，且时在途行，其应速。遂以成卦之数中分而取其半，谓老人曰："汝于五日内，谨慎出入，恐有重祸。"果于五日内，此老赴吉席，用鱼骨鲠而终。

右凡占卜克应之期，看自己之动静，以决事之迟速。故行则应速，以遂成卦之数，中分而取其半也。坐则事应于迟，当倍其成卦之数而定之也。立则半迟半速，止以成卦之数定之可也。虽然如是，又在变通。如占牡丹及观梅之类，则二花皆朝夕之故，岂特成数之久也。

译释：

己丑那一天的卯时，一个人在路上行走，看见有一位老人向东南方向走，脸上有忧愁之色。问他为什么忧愁，回答说："没有忧愁。"感到奇怪，便为他占了一卦。老人属乾，用乾作上卦，以所在方位巽为下卦，便是天风姤卦。又用乾卦的数"一"、巽卦的数"五"、卯时的数"四"相加，总数是十，除以六，余数是四，为姤卦，第四爻动。《周易》姤卦的九四爻辞说："包无鱼，凶。"爻辞已不吉利。就卦来说，巽卦木为体，乾卦金克之；互卦中又出现两个乾卦，全都是克体卦，没有生的气息。而且此时又在途中行走，其应验必迅速。于是用成卦的数"十"平均分成二份，一份为"五"，告诉老人说："你在五天之内，要小心出入，恐怕有大祸。"果然在五天之内，这位老人赴喜宴时，被鱼骨头鲠死。

凡是占卜应验的期限，看自己的动静，来决断事情的迟速。所以，正在行走的人所占到的卦，应验迅速，用成卦总数的一半来确定应验的时间。坐着问占的人，事情应验的时间长，应当用其成卦数的双倍之数来确定应验时间。站立的人占卦应验的时间则不长不短，只用成卦之数确定应验时间就行了。虽然确定应验的时间分以上三种情况，但又需要变通。例如占牡丹及观梅花等，两种花都在朝夕之间，哪里还非得用成卦之数那么长的时间呢！

少年有喜色占

壬申日，午时，有少年从离方来，喜形于色。问有何喜，曰："无。"遂占之，以少年属艮，当上卦；离为下卦；得山火贲。以艮七、离三，加午时为七，总十七数，除十二，零五为动爻，是为贲之六五爻，曰："贲于丘园，束帛戋戋，吉。"《易》辞已吉矣，卦则贲之家人；互见震、坎；离为体，互、变俱生之。

断曰：子于十七日内必有聘币之喜。至期果然定亲。

译释：

壬申日午时，有一个青年人从离方来，看上去很高兴。问他有什么喜事，回答说："没有。"便为他占了一卦。少年人属于艮卦，用它作为上卦；用离作为下卦，得到山火贲。用艮卦的"七"加上离卦的"三"，再加上午时的"七"，总共十七数，除去二六一十二，余数为五，依此确定五爻动。参考贲卦的六五爻的爻辞，说："贲于丘园，束帛戋戋，吉。"《易》的爻辞已经是吉利的了；变卦为家人卦；互卦中出现了震卦、坎卦；离卦为体卦，互卦中的震木、变卦中的巽木都增加它的生机。

所以占断说：这个青年人在十七天之内必定有定婚成亲的大喜事。到期果然定亲。

牛哀鸣占

癸卯日午时，有牛鸣于坎方，其声极悲。因占之。牛属坤，为上卦；坎方为下卦。坎六坤八，加午时七数，共二十一数，除三六一十八，三爻动，得地水师之三爻，六三《易》辞曰："师或舆尸，凶。"卦则师变升；互坤、震；乃坤为体，互、变俱克之，并无生气。

断曰：此牛二十一日内，必遭屠杀。后二十日，人果买此牛，杀以犒众。悉皆异之。

译释：

癸卯日午时，有一头牛在坎方（即北方）鸣叫，其声音极为悲哀。因此而占了一卦。牛属于坤卦，以坤为上卦；再以坎作下卦。坤卦为地，坎卦为水，两相结合，构成地水师卦。坎卦数六，坤卦数八，午时数七，相加为二十一，用六去除，余数为三。所以，师卦的第三爻动。参看师卦六三爻，其爻辞是这样说的："师或舆尸，凶。"第三爻动，阴爻变成阳爻，则师卦变为地风升卦。师卦的中间四爻互体卦为坤卦和震卦；师卦以坤卦为体，互卦中的震和变卦中的巽都克它，一点也看不出有生气来。

因此占断说：这头牛二十一天之内必定遭到屠杀。

后来第二十天，果然有人将此牛买去杀了犒赏大伙儿。大家都为占断之灵验而惊异。

鸡悲鸣占

甲申日卯时，有鸡鸣于乾方，声极悲怆。因占之。鸡属巽为上卦，乾方为下卦，得风天小畜。以巽五乾一，共六数，加卯时四数，总十数，除六，得四爻动，变乾，是为小畜之六四。《易》曰："有孚血去，惕出。"以血推之，割鸡之义。卦则小畜之乾；互见离、兑。乾金为体，离火克之。卦中巽木离火，有烹饪之象。

断曰：此鸡十日当烹。果十日客至，有烹鸡之验。

译释：

甲申日卯时，有一只鸡在乾方（西北方）鸣叫，叫声极为悲伤。因此占了一卦。鸡为巽，以巽作为上卦；因为鸡在乾方，所以用乾作为下卦；巽为风，乾为天，得到风天小畜卦。用巽数的“五”加乾数的“一”，和是六，再加上卯时的数“四”，共是十。十除以六，余四，由此确定小畜卦的第四爻为动爻。《易经》中小畜卦的第四爻爻辞说：“有孚血去，惕出。”用血推理，可知有宰鸡的意思。从卦上看，小畜卦的第四爻由阴变为阳，小畜卦就变成了乾卦。小畜卦的互卦是离、兑；乾卦金为体，离卦火克金。卦中巽木离火，有烹饪的卦象。

由此可以断定：这只鸡十天之内应当被宰掉烹饪。果然，第十天有客人来，主人杀鸡招待客人，应验了。

枯枝坠地占

戊子日辰时，偶行至中途，有树蔚然，无风，枯枝自坠落地于兑方。占之，槁木为离，作上卦；兑方为下卦，得火泽睽。以兑二、离三加辰时五数，总十数，除六，零四，变山泽损。是睽之九四，《易》曰：“睽孤，遇元夫。”卦中火泽睽变损；互见坎、离；兑金为体，离火克之；且睽、损卦名，俱有伤残之义。

右以上诸占例，并是先得卦，以卦起数。所谓后天之数也。

译释：

戊子日那一天的辰时，一个人偶尔在路上走。有一棵茂盛的大树，在没有风吹的情况下，枯枝自己坠落在兑方（西方）的位置上。为此占了一卦。槁木属于离卦，用离作上卦；用兑作下卦，得到火泽睽卦。将兑卦的数二、离卦的数三与辰时的数五相加，和为十，被六除，余四。睽卦的第四爻动，变为山泽损。参看睽卦的九四爻：“睽孤，遇元夫。”睽卦的中间四个爻互体卦为坎、离；兑卦金为体，离火克兑金；而且睽卦、损卦的卦名，都具有伤残的意思。

以上几个占卦例子，都是先起卦，再用卦起数。这就是后天之数的起卦方法。

风觉鸟占

风觉鸟占者，谓见风而觉，见鸟而占也。然非风、鸟二占，而谓风觉鸟占也。凡卦之寓物者，皆谓风觉鸟占。如“易数”总谓之“观梅之数”也。

译释：

所谓“风觉鸟占”，就是看到一阵风便有所感悟，见到鸟便可以起卦占卜的意思。但是，并非单凭风、鸟两种事物而起卦的占卜才叫做“风觉鸟占”的。凡是由卦所包含的物象而占卦的，都叫做“风觉鸟占”。就像“易数”统称为“观梅之数”一样。

风 觉 占

风觉占者，谓其见风而觉也。凡见风起而欲占之，便看风从何方而来，以之起卦，又须审其时，察其色，以推其声势，然后可以断其吉凶。风从何方来者，如风从南方来者，为家人（南方属离火，合得风火家人卦）；东来者，为益卦之类。审其时者：春为发生和畅之风，夏为长养之风，秋为肃杀，冬为凛冽之类。察其色者：带埃烟云气，可见其色。黄者，祥瑞之气；青者，半凶半吉；白主刃；气黑昏者凶；赤色者灾；红紫者吉。辨其声势者：其风声如阵马主斗争，如波涛者有惊险，如悲咽者有忧虞，如奏乐者有喜事，如喧呼者主闹哄，如烈焰者有火警，其声洋洋而来，徐徐而去者，吉庆之兆也。

译释：

所谓“风觉占”，就是看到风而有所感悟从而占卦。凡是见到风起而想占卦的话，就看风是从什么方向吹来的，用风来的方向起卦，同时必须结合起风的时间、风带有的颜色、风的势头等进行综合分析，然后可以判断它的吉凶。

看风从哪个方向来的：如果风从南方来，便得风火家人卦（因为南方为离火，以巽卦风作上卦，离火作下卦，组合成风火家人卦）；如果风从东方来，则用巽卦作上卦，用属于东方卦的震卦作为下卦，就得了风雷益。其他方向来的风依此类推。

审其时的意思是：根据时令季节来判断风的性质。如春天的风为发生和畅的风，夏天的风为生长养育万物的风，秋天的风为肃杀的风，冬天的风为凛冽的风，诸如此类。

察其色的意思是：根据风中携带的尘埃、烟雾、云气等东西呈现出的颜色来判断吉凶。黄颜色的风为祥瑞之气，青颜色的风为半吉半凶，白颜色的风主刃杀，黑而昏暗的风主凶险，红颜色的风是灾难的征兆，而紫红色是吉祥之兆。

辨别风来的声势：风声如果似万马奔腾，就预示着斗杀抢夺；风声犹如波涛阵阵，就预示着有凶险的事情；风声像悲泣呜咽时，是忧虑的征兆；风声奏出悦耳的音乐时，预示喜事来临；风声如喧哗呼叫一样，预示着有闹哄的事；风声像烈火毕剥，是火灾的警示；风声洋洋洒洒而来，徐徐缓缓而去，是吉庆的征兆。

鸟占

鸟占者，见鸟可占也。凡见鸟群，数其只数，看其方所，听其声音，辨其羽毛，皆可起数。又须审其名义，察其噪鸣，取其吉凶。见鸟而占，数其只数者，如一只属乾，二只属兑，三只属离。看其方所者，即离南坎北之数。听其声音者，如鸟叫一声属乾，二声属兑，三声属离之类，皆可起卦。听其声音者，若夫鸣叫之喧啾者，主口舌；鸣叫悲咽者，主忧愁；鸣叫嘹亮者，主吉庆。此取断吉凶之声音也。察其名义者，如鸦报灾，鹊报喜，鸾鹤为祥瑞，鹗鹏为妖孽之类是也。

译释：

所谓鸟占，是指看见鸟便可以起卦预测。凡是看见成群的鸟，可以数其只数起卦，也可以看其所在的方位起卦，或者听鸟叫的声音、辨别鸟类羽毛的颜色起卦。同时，还须要弄明白它是什么鸟类，审察鸟叫的声音，以预测吉凶。

“数其只数”是说，如果是一只鸟，就属于乾卦；两只鸟属于兑卦；三只鸟属于离卦，等等。

“看其方所”是说，如果鸟在南方，则起离卦，北方则为坎，等等。

“听其声音”：如鸟叫一声为乾卦，二声属兑卦，三声离卦，等等。听其声音还须分辨声音的类别，如鸟叫喧啾嘈杂，主有口舌之争；鸟叫之声好似悲哭呜咽，主有忧愁的事情；鸟叫之声嘹亮清越，是吉庆的征兆。这是根据鸟叫声音的类别来判断吉凶的方法。

“察其名义”是指要区分鸟的种类及名字，如乌鸦报灾，喜鹊报喜，凤凰、仙鹤是吉祥的征兆，猫头鹰往往报妖孽的事情，诸如此类。

听声音占

声音者，如静室无所见，但与耳中所闻起卦，或数其数，验其方所，或辨其物声，详其所属，皆可起卦。察其悲喜，助断吉凶。数其数目者，如一声属乾，二声属兑；验其方所者，离南坎北之类是也。如人语声及动物鸣叫之声，声自口出者，属兑；而静物扣击，属震，鼓拍槌敲，板木之声是也。金声属乾，钟声钲铎之声是也；火声属离，烈焰爆竹等声是也；土声属坤，筑基、杵垣、坡崩、山裂是也。此辨其物声，详其所属也。察其悲喜，助断吉凶者，如闻人语笑声，又说吉语娱笑者，有喜也；人悲泣声与怨声、愁语及骂詈、穷叹等声，不吉也。

译释：

所谓声音起卦法，如身处静室之中，见不到有所变动的事物，可以凭藉耳朵听到的声音来起卦。其方法，或是数一数声音的次数，或者辨析声音所来的方向，或者审辨发出的声音属于哪一类，都可以起卦。还要审视所听到的声音是悲或是喜，辅助判断吉凶。

所谓“数其数目”，如听到一声，就属于乾卦；连续听到两声，属于兑卦，等等。

“验其方所”是指：声音自南方来，属离卦；声音自北方来，为坎卦，等等。

人语物声，从口发出的，属兑卦。静止的物体被扣击发出的声音，属于震卦，如擂鼓、木槌击木的声音都是。金属器物发出的声音属乾，如钟声、钲铎之声即是。土声属于坤，如筑基、杵垣、滑坡、山崩地裂的声音等。这就是辨别声音的种类以起卦的方法。

“察其悲喜，助断吉凶”指的是：如听到人发出欢声笑语，而且出言吉祥，则有喜事；如果听到有人发出悲泣、怨恨之声，说发愁的话以及叫骂、衰叹等，就可以帮助判断其不吉利。

形 物 占

形物占者，凡见物形可以起卦。如物之圆者属乾，刚者属兑，方者属坤，柔者属巽，仰者属震，覆者属艮；长者属巽，中刚外柔者属坎，内柔外刚者属离，干燥枯槁者属离，有文采者亦属离，有障碍之势、物之破者属兑。

译释：

形物占，就是看见物体的形象便可以起卦。例如：圆形的物体属于乾卦，因为乾为天、为圆。刚硬的物体属于兑卦，因为兑为金，有坚硬的属性。方形的物体属于坤卦，坤为大地，古人以为天圆地方。柔顺的事物属于巽卦，巽为风，风有柔软卑顺的性质。仰面朝天的物体属于震卦，震卦的形象如一个开口朝上的痰盂。覆盖于地上的物体用艮卦表示，因为艮卦的卦象好似覆过来口朝下的碗。长的物体用巽卦表示，巽有长、高等性质。内部坚硬外面柔软的事物用坎卦表示，因为坎卦为中间一阳爻外面两阴爻，看上去就外柔内刚。内柔外刚的事物属于离，与坎卦的征象正好相反。干燥枯槁的物体属于离，有火光文采的物体也属于离。有障碍之势，破损的器物属于兑，因为兑有缺毁的象征。

脸 色 占

凡占色之青色，属震；红紫赤者，属离；黄色，属坤；白色者，属兑；黑色者属坎之类是也。

译释：

大凡脸色之占，青色的起震卦，红色、紫色、赤色的起离卦，黄色的用坤卦，白色的用兑卦，黑色的起坎卦，等等。

八卦所属内外动静之图

乾：玄黄、大赤色、金玉、宝珠、镜、狮、圆物、木果、贵物、冠、象、马、天鹅、刚物。

坎：水带子、带核之物、豕、鱼、弓轮、水具、水中之物、盐、酒、黑色。

艮：土石、黄色、虎、狗、土中之物、瓜果、百禽、鼠、黔喙之物。

震：竹木、青绿碧色、龙、蛇、萑苇、竹木乐器、草、蕃鲜之物。

巽：木、蛇、长物、青碧绿色、山木之禽鸟、香、鸡、直物、竹木之器、工巧之器。

离：火、文书、干戈、雉、龟、蟹、槁木、甲胄、螺、蚌、鳖、赤色。

坤：土、万物、五谷、柔物、丝棉、百禽、牛、布帛、舆、金、瓦器、黄色。

兑：金刃、金器、乐器、泽中之物、白色、有口缺之物、羊。

八卦万物类占

乾卦：一、金

乾为天，天风姤、天山遯、天地否、风地观、山地剥、火地晋、火天大有。

天时：天、冰、雹、霰。

地理：西北方、京都、大郡、形胜之地、高亢之所。

人物：君父、大人、老人、长者、宦官、名人、公门人。

人事：刚健勇武、果决、多动少静、高上下屈。

身体：首、骨、肺。

时序：秋、九十月之交、戌亥年月日时、五金年月日时。

动物：马、天鹅、狮、象。

静物：金玉、宝珠、圆物、木果、刚物、冠、镜。

屋舍：公府、楼台、高堂、大厦、驿舍、西北向之居。

家宅：秋占宅兴隆、夏占有祸、冬占冷落、春占吉利。

婚姻：贵官之眷、有声名之家、秋占宜成、冬夏占不利。

饮食：马肉、珍味、多骨、肝肺、干肉、木果、诸物之首、圆物、辛辣之物。

生产：易生、秋占生贵子、夏占有损、坐宜向西北。

求名：有名、宜随朝内任、刑官、武职、掌权、宜向西北之任、天使、驿官。

谋望：有成、利公门、宜动中有财、夏占不成、冬占多谋少遂。

交易：宜金玉、宝珠、贵货、易成、夏占不利。

求利：有财、金玉之利、公门中得财、秋占大利、夏占损财、冬占无财。

出行：利于出行、宜入京师、利西北之行、夏占不利。

谒见：利见大人、有德行之人、宜见官贵、可见。

疾病：头面之疾、肺疾、筋骨疾、上焦病、夏占不安。

官讼：健讼、有贵人助、秋占得胜、夏占失理。

坟墓：宜向西北、宜乾山气脉、宜天穴、宜高、秋占出贵、夏占大凶。

方道：西北。

五色：大赤色、玄色。

姓字：带金傍者、商音、行一四九。

数目：一、四、九。

五味：辛、辣。

坤卦：八、土

坤为地，地雷复、地泽临、地天泰、雷天大壮、泽天夬、水天需、水地比。

天时：云阴、雾气。

地理：田野、乡里、平地、西南方。

人物：老母、后母、农夫、乡人、众人、大腹人。

人事：吝啬、柔顺、懦弱、众多。

身体：腹、脾、胃、肉。

时序：辰戌丑未月、未申年月日时、八五十月日。

静物：方物、柔物、布帛、丝绵、五谷、舆、釜、瓦器。

动物：牛、百兽、为牝马。

屋舍：西南向、村居、田舍、短屋、土阶、仓库。

家宅：安稳、多阴气、春占宅舍不安。

饮食：牛肉、土中之物、甘味、野味、五谷之味、芋笋之物、腹脏之物。

婚姻： 利于姻姻、宜税产之家、乡村之家、或寡妇之家、春占不利。

生产： 易产、春占难产、有损或不利于母、宜坐西南方。

求名： 有名、宜西南方、或教官、农官守土之职、春占虚名。

交易： 宜利交易、宜田土交易、宜五谷利、贱货、重物、布帛、静中有财、春占不利。

求利： 有利、宜土中之利、贱货、重物之利、静中得财、春占无财、多中取利。

谋望： 利求谋、邻里求谋、静中求谋、春占少遂、或谋于妇人。

出行： 可行、宜西南行、宜往乡里行、宜陆行、春占不宜行。

谒见： 可见、利见乡人、宜见亲朋或阴人、春不宜见。

疾病： 腹疾、脾胃之病、饮食停伤、谷食不化。

官讼： 理顺、得众情、讼当解散。

姓字： 宫音、带土姓人、行位八五十。

数目： 八、五、十。

方道： 西南。

五味： 甘。

五色： 黄、黑。

震卦：四、木

震为雷，雷地豫、雷水解、雷风恒、地风升、水风井、泽风大过、泽雷随。

天时： 雷。

地理： 东方、树木、闹市、大途、竹林、草木茂盛之所。

身体： 足、肝、发、声音。

人物： 长男。

人事： 起动、怒、虚惊、鼓噪、多动、少静。

时序： 春三月、卯年月日时、四三八月日。

静物： 木竹、萑苇、乐器属竹木者、花草繁鲜之物。

动物： 龙、蛇。

屋舍： 东向之居、山林之处、楼阁。

家宅： 宅中不时有虚惊、春占吉、秋占不利。

饮食： 蹄、山林野味、鲜肉、果酸味、菜蔬。

婚姻： 可有成、声名之家、利长男之婚、秋占不宜婚。

求利： 山林竹木之财、宜东方求财、动处求财、或山林竹木茶货之利。

求名： 有名、宜东方之任、施号发令之职、掌刑狱之官、有茶竹木税课之任、或闹市司货之职。

生产： 虚惊、胎动不安、头胎必生男、生宜东向、秋占必有损。

疾病： 足疾、肝经之疾、惊怖不安。

谋望： 可望、可求、宜动中谋、秋占不遂。

交易： 利于成交、秋占难成、山林木竹茶货之利。

官讼： 健讼、有虚惊、行移取勘反复。

谒见： 可见、宜见山林之人、利见有声名之人。

出行： 直向利于东方、利山林之人、秋占不宜行、但恐虚惊。

坟墓： 利于东向、山林中穴、秋不利。

姓字： 角音、带木姓氏、行位四八三。

数目： 四、八、三。

方道： 东。

五味： 酸味。

五色： 青、绿、碧。

巽卦：五、木

巽为风，风天小畜、风火家人、风雷益、天雷无妄、火雷噬嗑、山雷颐、山风蛊。

天时：风。

地理：东南方之地、草木茂秀之所、花果菜园。

人物：长女、秀士、寡妇之人、山林仙道之人。

人事：柔和、不定、鼓舞、利市三倍、进退不果。

身体：股肱、气、风疾。

时序：春夏之交、三五八之月日时、辰巳年月日时。

静物：木香、绳、直物、长物、竹木、工巧之器。

动物：鸡、百禽、山林中之禽虫。

屋舍：东南向之居、寺观楼园、山林之居。

家宅：安稳利市、春占吉、秋占不安。

饮食：鸡肉、山林之味、蔬菜、酸味。

婚姻：可成、宜长女之婚、秋占不利。

生产：易生、头胎产女、秋占损胎、宜向东南坐。

求名：有名、宜文职有风宪之力、宜入风宪、宜课茶竹木税货之职、宜东南之任。

求利：有利三倍、宜山林之利、秋占不吉、山林木货之类。

谋望：可谋望、有财、可成、秋占多谋少遂。

出行：可行、有出入之利、宜向东南行、秋占不利。

谒见：可见、利见山林之人、利见文人秀士。

疾病：股肱之疾、风疾、肠疾、中风、寒邪、气疾。

姓字：角音、草木傍之姓氏、行位五三八。

官讼：宜和、恐遭风宪之责。

坟墓：宜东南方向、山林之穴、多树木、秋占不利。

数目：五、三、八。

方道：东南。

五味：酸味。

五色：青绿、碧、洁白。

坎卦：六、水

坎为水，水泽节、水雷屯、水火既济、泽火革、雷火丰、地火明夷、地水师。

天时：雨、月、雪、霜、露。

地理：北方、江湖、溪涧、泉井、卑湿之地（沟渎池沼、凡有水处）。

人物：中男、江湖之人、舟人、盗贼。

人事：险陷卑下、外示以柔、内存以刚、漂泊不成、随波逐流。

身体：耳、血、肾。

时序：冬十一月、子年月日时、一六之月日。

静物：水带子、带核之物、弓轮矫揉之物、酒器、水具。

动物：豕、鱼、水中之物。

屋舍：向北之居、近水、水阁、江楼、茶酒肆、宅中湿地之处。

饮食：豕肉、酒、冷味、海味、羹汤酸味、宿食、鱼、带血、腌藏、有带核之物、水中之物、多骨之物。

家宅：不安、暗昧、防盗。

婚姻：利中男之婚、宜北方之姻、不利成婚、不可婚辰戌丑未月。

生产：难产有险、宜次胎、中男、辰戌丑未月有损、宜北向。

求名：艰难、恐有灾陷、宜北方之任、鱼盐河泊之职、酒兼醋。

求利：有失、宜水边财、恐有失陷、宜鱼盐、酒货之利。

交易：不利成交、恐防失陷、宜水边交易、宜鱼盐酒货之交易、或点水人之交易。

谋望：不宜谋望、不能成就、秋冬占可谋望。

出行：不宜远行、宜涉舟、宜北方之行、防盗、恐遇险阻陷溺之事。

谒见：难见、宜见江湖之人、或有水傍姓氏之人。

疾病：耳痛、心疾、感寒、肾病、胃冷水泻、痼冷之病、血病。

官讼：不利、有阴险、有失困讼、失陷。

坟墓：宜北向之穴、近水旁之墓、不利葬。

姓字：羽音、点水傍之姓氏、行位一六。

数目：一、六。

方道：北方。

五味：咸、酸。

五色：黑。

离卦：三、火

离为火，火山旅、火风鼎、火水未济、山水蒙、风水涣、天水讼、天火同人。

天时：日、电、虹、霓、霞。

地理：南方、干亢之地、窑、灶、炉冶之所、刚爆厥地、其地面阳。

人物：中女、文人、大腹、目疾人、介胄之士。

人事：文画之所、聪明才学、相见虚心、书事。

身体：目、心、上焦。

时序：夏五月、午火年月日时、三二七日。

静物：雉、龟、鳖、蟹、螺、蚌。

屋舍：南舍之居、阳明之宅、明窗、虚室。

家宅：安稳、平善、冬占不安、克体主火灾。

饮食：雉肉、煎炒、烧炙之物、干脯之类、热肉。

婚姻：不成、利中女之婚、夏占可成、冬占不利。

生产：易生、产中女、冬占有损、坐宜向南。

求名：有名、宜南方之职、文官之任、宜炉冶坑场之职。

求利：有财、宜南方求、有文书之财、冬占有失。

交易：可成、宜有文书之交易。

谋望：可以谋望、宜文书之事。

出行：可行、宜动向南方、就文书之行、冬占不宜行、不宜行舟。

谒见：可见南方人、冬占不顺、秋见文书考察才士。

官讼：易散、文书动、辞讼明辩。

疾病：目疾、心疾、上焦、热病、夏占伏暑、时疫。

坟墓：南向之墓、无树木之所阳穴、夏占出文人、冬占不利。

姓字：徵音、带火及立人傍姓氏、行位三二七。

数目：三、二、七。

方道：南。

五色：赤、紫、红。

五味：苦。

艮卦：七、土

艮为山，山火贲、山天大畜、山泽损、火泽睽、天泽履、风泽中孚、风山渐。

天时：云、雾、山岚。

地理：山、径路、近山城、丘陵、坟墓、东北方。

人物：少男、闲人、山中人。

人事：阻隔、宁静、进退不决、反背、止住、不见。

身体：手指、骨、鼻、背。

时序：冬春之月、十二月、丑寅年月日时、七五十月日。

静物：土石、瓜果、黄物、土中之物。

动物：虎、狗、鼠、百兽、黔喙之物。

家宅：安稳、诸事有阻、家人不睦、春占不安。

屋舍：东北方之居、山居、近石、近路之宅。

饮食：土中物味、诸兽之肉、墓畔竹笋之属、野味。

婚姻：阻隔难成、成亦迟、利少男童之婚、春占不利、宜对乡里婚。

求名：阻隔无名、宜东北方之任、宜上官山城之职。

求利：求财阻隔、宜山林中取财、春占不利、有损失。

生产：难产、有险阻之厄、宜向东北、春占有损。

交易：难成、有山林田土之交易、春占有失。

谋望：阻隔难成、进退不决。

出行：不宜远行、有阻、宜近陆行。

谒见：不可见、有阻、宜见山林之人。

疾病：手指之疾、脾胃之疾。

官讼：贵人阻滞、未讼未解、牵连不决。

坟墓：东北之穴、山中之穴、春占不利、近路边有石。

姓字：宫音、带土字傍姓氏、行位五七十。

数目：五、七、十。

方道：东北方。

五色：黄。

五味：甘。

兑卦：二、金

兑为泽，泽水困、泽地萃、泽山咸、水山蹇、地山谦、雷山小过、雷泽归妹。

天时：雨泽、新月、星。

地理：泽、水际、缺池、废井、山崩坡裂之地、其地为刚卤。

人物：少女、妾、歌妓、伶人、译人、巫师。

人事：喜悦、口舌、谗毁、谤说、饮食。

身体：舌、口、肺、痰、涎。

时序：秋八月、酉年月日时、金年月日、二四九数月。

静物：金刃、金类、乐器、缺器、废物。

动物：羊、泽中之物。

屋舍：西向之居、近泽之居、败墙壁、宅户有损。

家宅：不安、防口舌、秋占喜悦、夏占家宅有祸。

婚姻：不成、秋占可成、又喜、主成婚之吉、利婚少女、夏占不利。

生产：不利、恐有损胎、或利生女、夏占不利、生宜向西。

求名：难成、因名有损、利西之任、宜刑官、武职、伶官、译官。

求利：无利有损、财利主口舌、秋占有财喜、夏占破财。

出行：不宜远行、防口舌、或损失、宜西行、秋占宜有利。

交易：不利、防口舌、有争竞、夏占不利、秋占有交易之财喜。

谋望：难成、谋中有损、秋占有喜、夏占不遂。

谒见：利行西方见、有咒诅。

疾病：口舌咽喉之疾、气逆喘疾、饮食不餐。

坟墓：宜西向、防穴中有水、近泽之墓、夏占不宜、或葬废穴。

官讼：争论不已、曲直未决、因讼有损、防刑、秋占为得理胜讼。

姓字：商音、带口带金字傍姓氏、行位四二九。

数目：四、二、九。

方道：西方。

五色：白。

五味：辛、辣。

右万物之象，庶事之多，不止于此，占者宜各以其类而推之耳。

译释：

万物纷纭，不仅仅是以上所列举的这些，占卦的人应该分别依据万物八卦分类的原则进行类推。

评析：

这一卷主要谈占卦的基本理论和方法。

《梅花易数》的显著特点是起卦方法多种多样，根据时间、方位、声音、颜色、字数、笔画、尺寸、数字等皆可起卦，以预测事物的发展趋势。它的起卦方法基本上可分为两大类，一类是“先得数，后起卦”，另一类是“先起卦，后得数”。不管哪一类，都重视易数的价值和功用。其总原则是“卦以八除、爻以六分”。具体起卦法，总结如下：

1. 年月日时起卦。

《梅花易数》年月日时用的是农历，因为当时尚未应用公元纪年，但依据“万物皆数”的理论，现在用公历也可以，不过一般还是用农历的好。

具体办法是以年数、月数、日数之和除以八之余数为上卦，以年、月、日、时数之和除以八之余数为下卦，以年、月、日、时数之和除以6之余数取动爻。年数以农历干支年地支数记，如子年一数，丑年二数，寅年三数等；月数以农历月份数记，如正月一数，二月二数，三月三数，直到十二月十二数；日数如初一一数，初二二数，直到三十日为三十数；时数按时辰数记之。

如公元1992年5月13日上午10时半，农历为壬申年四月十一日巳时，申年9数，巳时6数，则上卦取（9+4+11）除以8之余数8，为坤；下卦取（9+4+11+6）除以8之余数6，为坎；动爻取（9+4+11+6）除以6之余数6，则六爻动，得师变蒙。

2. 以数起卦。

这是一种简便而准确率较高的方法。取得某个数或取得两个数后，用八除，余数以先天卦数（即乾一兑二离三震四巽五坎六艮七坤八）分取上下卦。以上、下卦数与时数（时数以子一丑二寅三……亥十二计）之和除以6之余数取动爻，或依据具体情况而定。

可以用翻书（较厚一些的书为佳）的方法来起卦。当心中一动要占某事，或有人求测某事，可拿过一本书随手（注意一定是随意的）翻到某页。如未时翻得1295面，以前两位数之和（1+2）除以8，不够8除，仍以3为上卦，得离；以后两位之和（9+5）除以8之余数6为下卦，得坎；以上、下卦数与时数之和（3+6+8）除以6之余数5取动爻，五爻动，动爻可以用“·”作旁记，则得未济。

也可以让来人随意说出一个或两个数起卦，方法如上。

3. 端法后天起卦。

以物或人所取之象为上卦，以其所在后天八卦方位之卦为下卦，以上、下卦数加时数取动爻。

端法后天起卦方法是以“八卦万物属类”为上卦，以“后天八卦方位”为下卦。这种方法经常使用。“八卦万物属类”应详明记熟，以便运用自如。

4. 按声音起卦。

凡闻声音，数得几数，起作上卦，加时数配作下卦。如动物鸣叫声、叩门声、鞭炮声、别人说话声，皆可起卦。

若所闻声音中有一间隔，可以把间隔前声音数取做上卦，间隔后声音数取做下卦，以上下卦数加时辰数取动爻。

5. 按字的笔画数或字数起卦。

字少时，按笔画数；字多时，可用字数取卦。注意《梅花易数》字占划数，遇折即为两划，而非通常所用的取笔画数。

6. 丈尺占、尺寸占。

“凡数皆可起卦”，丈尺、尺寸皆为数，亦可起卦，只不过丈、尺、寸现在已少使用，故此法现已很少用。读者可了解一下而已。

与之相关的非整数，如小数、分数，亦可根据上述原则起卦。如45.96，则以45取上卦，以96取下卦；如4 3/5（即23/5，则以23取上卦，以5取下卦。读者可以不拘一格，灵活运用，不妨一试。

7. 起卦加数法。

按年月日时起卦，一个时辰之内，只有某一特定的卦象。在同一时辰内，可能有多人来占问，不能以同一卦象断事；或有多人同来问一件事者，亦不能以同一卦象论之。为解决这一问题，可用加姓氏笔画数的方法，进行起卦决之。

如有姓田、王、韩三人在同日同时来问盖房之事，可分别在年月日数中加各自的姓氏笔画数，以八除之，余数为上卦。再加时数，以八除之，余数为下卦。其总数（年月日时数加笔画数）以六除，余数取动爻。然后来决断吉凶。

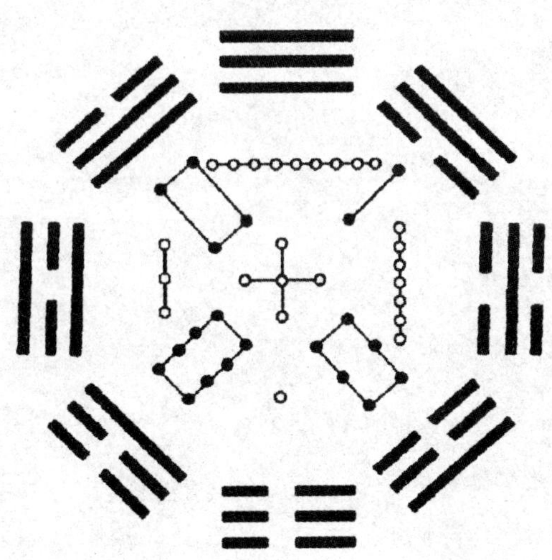

图四　先天八卦合洛书图

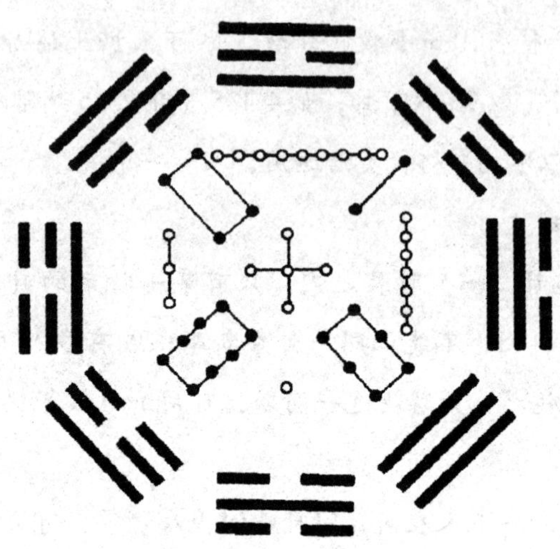

图五　后天八卦合洛书图

卷二

心易占卜玄机

天下之事有吉凶，托占以明其机。天下之理无形迹，假象以显其义。故乾有健之理，于马之类见之。占卜寓吉凶之理，于卦象内见之。然卦象一定不易之理，而无变通之道，不可也。易者，变易而已矣。至如今日观梅复得革兆，有女子折花，异日果有女子折花，可乎？今日算牡丹得姤兆，断为马所践，异日果为马所践毁，可乎？且兑之属非止女子，乾之属非止马。谓他人折花有毁，皆有切验之真，是必有属矣。嗟呼！占卜之道要变通。得变通之道者，在乎心《易》之妙耳。

译释：

天下万事万物的发展莫不有吉凶成败的差异，难以明察，凭借易占可以明了其中深奥玄妙的道理。天下万事万物的发展规律无形无迹，难于识见，但凭借易象（卦象、爻象）可以显现其中的内在意蕴。所以，乾卦有刚健有为的含义，可以在马之类（许多象征刚健有为、积极向上的物类）的身上看到。占卜的形式寓含了事物发展的吉凶趋势，可以通过易占所得的卦象揭示出来。然而，占卜事物吉凶所得的卦象总是一定的，其中蕴含着丰富的内容，如果在易占的过程中不懂得圆融变通之道，那是绝对不行的。因为，《周易》所蕴含的道理，本来就在于变易通达而已，所谓“易穷则变，变则通，通则久”。比如我们今天去观梅又占得革卦，革卦曾预示过有女子折花坠股之事，今天我们再来预言过几天必有女子折花断股，这样是不行的。今天我们算牡丹又得姤卦，姤卦曾预示过牡丹为马所践毁之事，今天我们再来占断过几日有马来践踏牡丹花也是不行的。况且，兑卦的取象并不仅限于女子，乾卦的取象也不只是马，皆含有丰富的类象。但是，说女子折花坠股、牡丹为马所践毁，都有切实可靠的验证，这当中必然有一定道理。是啊，占卜事物的关键在于取得卦象之后，根据具体情况来揭示事物的内在运行规律，灵活、圆融、变通，不可死执一端。懂得易占变通之道的人，就能够心领神会地运用心易的玄妙了。

评析：

此节旨在强调“占卜之道要变通”，强调灵活、变通在梅花易占中的重要性。因为用梅花易占断不同的事情，可能得到相同的卦象，要在相同的卦象中推断不同事物的不同发展趋势，除了观察体用生克比和关系之外，还必须观察卦气的旺衰，掌握同一卦象在不同情况下所代表的不同含义，根据当时的具体情况灵活通变，才能推测出事物发展变化的细微之处，才能更准确、精细地推测出事物发展的吉凶运势。

占卜总诀

大抵占卜之法，成卦之后，先看《周易》爻辞，以断吉凶。如乾卦初九“潜龙勿用”，则诸事未可为，宜隐伏之类。九二，“见龙在田，利见大人”，则宜谒见贵人之类。余皆仿此。

次看卦之体用，以论五行生克。体用即动静之说。体为主，用为事应。用生体及比和则吉，体生用及克体则不吉。

又次看克应。如闻吉说，见吉兆，则吉；闻凶说，见凶兆，则凶。见圆物，事易成；见缺物，事终毁之类。

复验己身之动静。坐则事应迟，行则事应速；走则愈速，卧则愈迟之类。数者既备，可尽占卜之道。必须以易卦为主，克应次之。俱吉则大吉，俱凶则大凶。有凶有吉，则详审卦辞及克应体用之类，以断吉凶也。要在圆，机不可执。

译释：

大抵梅花易占的方法，是在成卦之后，按照如下步骤进行的：

首先，看《周易》的卦辞、爻辞，根据卦爻辞来助断吉凶。如占得乾卦初九爻动，其爻辞是“潜龙勿用”，那么就可以说什么事情都难以有所作为，应该隐忍以等待时机，伺机而为。如占得乾卦九二爻动，其爻辞是“见龙在田，利见大人”，那么就可以拜谒贵人。其他卦爻辞皆可根据此类规则而推断。

其次，区分卦之体用，以体用五行生克比和关系来推断吉凶。“体用”即指“动静之说”，即根据动爻来区分体卦、用卦。体卦为主，为自己；用卦为次，为所占之事，或所占之人。用卦生体卦，或者体用比和，则所谋吉利；体卦生用卦，或用卦克体卦，则所谋为不吉，难以办成之象。

再次，通过克应来助断吉凶。所谓“克应”，即成卦或析卦的过程中所出现的外界事物的突然变化，即所谓“外应”，古人认为这些细微变化亦预示了事物变化发展的趋势。比如，听到有人说吉利的话语，或看到某些好事，就是吉利的先兆，可以断为吉；听到有人正说凶恶的话语，或见到某些凶恶的事，则可断为非吉而凶。如果见到圆物，则预示事情容易办成功；如果见到残缺、损坏了的物体，则预示事情不顺、最终不成。

最后，根据占卜时卜者的动静状况来确定应验之期。如果是坐着求占的，则表示应期较迟；如果是在行走过程中求占的，则表示应期较近，所占问的事情会迅速完成。如果是在跑动或近乎跑的过程中问占的，则表示事成或事败更为迅速；如果是在躺着的状态下求占的，则表示所占问事情的成败最为迟缓。

对以上几种情况都予以考察，就完全可以掌握占卜的道理。在占断的过程中，必须以易卦为主，克应作为占断的辅助。如果易卦和克应都很吉利，那么所占之事定会大吉大利；如果易卦和克应都是凶兆，那么所占之事定为大凶。如果两者有一凶一吉，那么必须详细地审查卦辞、爻辞的吉凶，以及体用生克比和的具体状况和克应所预示的吉凶含义，综合来断吉凶。总之，占卜的关键就在于圆融变通，最忌胶柱鼓瑟、偏执一端。

评析：

此节是讲梅花易成卦断卦步骤：第一步是起卦、成卦，第二步是看《周易》卦爻辞来助断吉凶，第三步是看体用生克比和关系，第四步看克应，第五步根据卜者之动静来断应期。但在具体的断卦过程中，有时并不按照这样的步骤断卦。比如，有许多时候，只看体用互变的生克比和关系，无须看卦爻辞即可明断；有时重在外应，通过外应已可判断吉凶，体用只是参看，更无须看卦爻辞，等等。

在具体的成卦、析卦过程中，今人多采用如下步骤：

1. 起卦或成卦。
2. 依照体用互变之间的生克比和关系来推断吉凶。
3. 参照外应来助断吉凶。
4. 参照卦爻辞以及《焦氏易林》助断吉凶。
5. 根据动静迟速来判断应期。

一般来讲，析卦、断卦是一个复杂的综合过程，孰先孰后不是问题的根本，问题的根本在于综合分析上。但一开始不妨按此一程式试断。

具体来讲，卦爻辞在断卦过程中起一种辅助作用。有时体用关系不是很明显，吉凶章义不是很突出，这时可参看卦爻辞，若卦爻辞吉则可往吉处断，若卦爻辞凶则可往凶处推。有时卦名本身亦可帮助判断吉凶，如鼎卦有折足不行之义，豫卦有欢娱安乐之义等，皆可丰富断卦内涵。

外应即克应在断卦过程中非常重要。所谓外应，就是在卦理、卦数、卦象以外的、临时的、突至的外界信息反映，也就是在起卦或析卦的过程中所出现的外部世界的偶然事变情况，比如突然听到哭声或笑声，或有人突然破门而入，或有人突然奉上香茗，或求占中突沾雨泽，或偶遇人家娶亲，或遇儿童嬉戏，或恰遇他人争吵等，凡是在起卦或析卦过程中所出现的某些情况，皆为外应。

外应对于析卦、决断非常重要。在析卦过程中，如果有外应出现，应迅速把握住，并善于与所测之事联系起来，找出两者的必然联系。

占卜论理诀

数说当也，必以理论之而后备。苟论数而不论理，则拘其一见，而不验矣。且如饮食得震，则震为龙，以理论之，龙非可取，当取鲤鱼之类代之。又以天时之得震，当有雷声。若冬月占得震，以理论之，冬月岂有雷声，当有风撼震动之类。既知以上数条之诀，复明乎理，则占卜之道无余蕴矣。

译释：

用易数推演固然确切精当，但有时还必须用“理”来阐释它，必须使义理与象数结合，才能算是完备。如果只讲数的推算而不讲事物之常理，则往往偏于一端、拘其一见，而难以达到灵验的目的。比如占问饮食时起得震卦，从卦象来看震可为龙，但就饮食而言，从常理来看，龙是一种不可得到的神物，与饮食无关，应当以鲤鱼之类取而代之。又比如占天时起得震卦，从卦象来看震占天时应有雷声。但是若在冬天占天时起得震卦，以常理而论之，冬天不可能有雷声，应当断为狂风呼啸、飞沙走石之类的情形。懂得占卜的总原则和具体诀窍，又能明了事物之常理，做到数与理合，占卜之道就一览无余、尽为所用，也就知晓占卜之奥秘了。

评析：

世上万事万物不可胜数，而《周易》只是根据“取类比象”的原则把万事万物归结为八种基本形态，因而八卦包含了无穷的含义。要在八卦所包含的诸多内容里面，捕捉到与所占事物的确切联系，只从数推算是远远不够的，还必须按照事物本来的道理或日常生活中所遵循的常理来助断。这就需要按照类比的方法善于联想，善于判断，善于抓住事物的关节点。

传统易学认为，《周易》包括象数、义理和卜筮三个要素。讲象数是为了阐发某种义理，讲义理必须以象数为依托，卜筮的使用也必须以象数、义理为其基础。象数、义理、卜筮三者有密切关系。《左传·僖公十五年》认为，“筮数也，物生而后有象，象而后有滋，滋而后有数”，对象与数的关系作出了基本论述。唐代孔颖达也认为象与数有密切关系，他说：“象生而后有数，是数因象而生也。若易之卦象，则因数而生，故先筮而后得卦，是象从数生也。”古人对象、数的探讨往往最终归结到易占上，梅花易数也不例外。梅花易数在强调易占的过程中，在探讨梅花易独特的易占方法时，不像其他筮法只关注某些筮占格式的探讨而忽略义理在筮占中的作用或应用，相反，梅花易在应用象、数筮占的时候，非常注重义理的探讨，非常注重对于天、地、人三才之道的探讨，非常注重日常生活中的常理在易占中的应用，从而使其学说更臻完善。在讲象、数的同时，注重义理的探讨，注重日常生活中常理的应用，这是梅花易占的一大特色。

先天后天论

先天卦断吉凶，止以卦论，不甚用《易》之爻辞；后天则用爻辞，兼用卦辞，何也？盖先天者未得卦，先得数，是未有《易》书，先有《易》理，辞前之《易》也，故不必用《易》书之辞，专以卦断。后天则以先得卦，必用卦画，辞后之《易》也，故用爻之辞兼《易》卦辞以断之也。

又后天起卦，与先天不同，其数不一。今人多以坎一、坤二、震三、巽四、中五、乾六、兑七、艮八、离九，此数为用。盖圣人作《易》画卦，始以太极、两仪、四象、八卦加一倍数，自成乾一、兑二、离三、震四、巽五、坎六、艮七、坤八。故占卜起卦，合以此数为用。又今人起后天卦，多不加时，得此一卦，止此一爻动，更无移易变通之道，故后天起卦定爻，必加时而后可。

又先天之卦，定时应之期则取之卦气。如乾、兑，则应如庚辛及五金之日，或乾为戌、亥之日时，兑为酉日时。如震、巽当应于甲、乙及五木之日，或震取卯、巽取辰之类。后天则以卦数加时数，总之而分行、卧、坐、立之迟速，以为事应之期。卦数时类，应近而不能决诸远者，必合先后之卦数取决可也。

又凡占卦中决断吉凶，其理洞见，止于全卦体用生克之理及参《易》辞，斯可也。今日以后天卦，却于六十甲子之日，取其时方之魁、破、败、亡、灭迹等，以助决断。盖历象选时，并于《周易》不相涉，不可用也。

译释：

用先天起卦法来推测事物之吉凶，往往只就卦象的生克比和来论断，不常使用《周易》古经的卦爻辞。而用后天起卦法来推测吉凶，除了看卦之体用互变的生克比和关系之外，还用爻辞，有时也兼用卦辞，这是为什么呢？因为先天起卦法在未成卦之前，先求取卦数，由数而起卦，这时还没有《周易》之书，而先已有了《周易》之理，这是用的《周易》成书之前的易理。因为那时还未有《周易》卦爻辞的存在，所以专以卦的体用或卦象来推断吉凶，而不必用《周易》之书的卦爻辞。而后天起卦法则是先取得卦，然后再根据卦象之生克比和关系来推断吉凶，这是用的《周易》成书之后的易理。

既然用的《周易》成书后的易理，则后天起卦法必须用《周易》古经之爻辞，有时亦兼用卦辞来推断吉凶。

后天起卦法与先天起卦法的不同，还在于它们所用的卦数不一。今人（指著者那个时代的人，并非指今日之人）多以坎一、坤二、震三、巽四、中五、乾六、兑七、艮八、离九后天之数为用。大概古圣先贤当时画卦作《周易》的时候，开始时以太极、两仪（指阴与阳）、四象（太阴、太阳、少阴、少阳）、八卦加一倍法而成，自成一个乾一、兑二、离三、震四、巽五、坎六、艮七、坤八之先天卦数体系。所以，在占卜起卦的时候，常常用先天卦数，而少用后天卦数。同时，现代人（亦指著者那个时代的人）用后天起卦法起卦，常常不加时辰数，取得一卦之后，只取得一个爻动，更不用“移易变通”的道理，因而常常难免舛误。所以，我们用后天起卦法取动爻，必须加时辰数，这样才能符合后天起卦的道理。

先天卦定应期的方法与后天卦定应期的方法亦不同。用先天起卦法断卦定应验之期，常常用卦气来确定。如果是乾、兑卦，因为乾、兑属金，那么应期应定在庚日、辛日或五行中属金的日子（如申日、酉日）。或者乾之应期定在戌日、亥日，因为乾在八卦方位中为西北方，而戌、亥亦为西北方；或者兑之应期定在酉日或酉时。再比如，震、巽之应期当定于甲日、乙日，以及五行中属木的日子（如寅日、卯日），或者震卦定在卯日或卯时，巽卦定在辰日或辰时，等等。后天起卦法定应期则多以卦数加时数来定，又根据当时求卜者当时行、卧、坐、立的姿态或求占者心情的迟缓与急迫的情况，来确定事物的应验之期。用卦数加时数来定应期的方法，是应在近期而不是应在长远之期的，就没有必要断为长远之期。有许多复杂情况，必须综合先天卦数与后天卦数来判断应期，亦不可执于一端。

大凡在占卦中决断吉凶的过程中，其中的道理清楚明白的，只在全卦中用体用互变生克比和的道理以及参看《周易》的卦爻辞就可以了。今天的人（亦指著者那个时代的人）用后天卦法决断吉凶，却根据六十花甲子的时日排列，用求占之日时的时辰、方位的星煞、月破、大败、空亡、灭迹等，来帮助推断吉凶，这是何等错误。因为在历象选时的过程中，与《周易》并不相干涉，所以不可用那些可怕的星煞和术语来帮助决断吉凶。

评析：

此节讲先天卦不用看《周易》古经之卦爻辞，而后天卦可兼看《周易》古经之卦爻辞，这仅是一家之言，在实际应用中未必都是这样。

梅花易数既讲先天八卦方位，又讲后天八卦方位；既讲先天八卦卦数，又讲后天八卦卦数，难以一下子区分其中的差异。需注意的是，梅花易数多用后天八卦方位（即离南坎北，震东兑西，巽东南艮东北，乾西北坤西南）和先天八卦卦数（即乾一、兑二、离三、震四、巽五、坎六、艮七、坤八），而先天八卦方位和后天八卦卦数则很少使用，不可混淆。

关于先天卦定应验之期，此节只说须用卦气而定之，实际上，不独后天卦可用卦气说定应验之期，用其他方法（如卦数加时数、卦数加动爻数）亦可定先天卦之应验之期。但需要注意的是，由于八卦的时、空概念具有一定的模糊性，本身没有一个明确的时间界度，这就增加了时间判断的难度。

关于卦数加时数定应验之期，不独后天卦可用此法，先天卦亦可用之。在梅花易数的诸多占例中，多数以本卦上下卦数之和加时辰数，参照当时占者的迅疾程度（如行卧坐立）、事情本身的速缓以及占者当时心情的急躁与沉静的情况来测断应期。此种方法的一个变种即是用卦数加动爻数定应验之期，是由上法活变而来的。

还可以以生克体之卦数定应验之期。一般来讲，有生体之卦则吉，事应之必速。便看生体之卦，用卦数或卦的时序数定应验之期。如兑卦生体，兑数为二，可定二年、月、日、时为应期。兑卦的时序数为二、四、九，应期亦可定在二、四、九年、月、日、时。生体是互卦，则渐渐成；生体是变卦，则稍稍迟。若有生体之卦，又变出克体之卦，则事有阻节，为好中不足。如有克体之卦，无生体之卦，事不成。有生体而无克体，则事吉，应之必速。但此种方法由于灵活性太大，是用卦数还是用时序数难以把握，加之卦数、时序数皆为定数，有时难免有死板之嫌。

卦断遗论

凡占卜决断，固以体用为主，然有不拘体用者。如起例中“西林寺额”，得山地剥，体用互变俱比和，则为吉，而仍不吉，何也？盖寺者，纯阳人居之地，而群阴爻象，则群阴剥阳之义显然也。此理甚明，不必拘体用也。又若有人问“今日动静如何”，得地风升，初爻动，用克体卦，俱无饮食矣，而亦有人相请，虽饮食不丰而终有请，何也？此人当时，必有当日之应，又有如何二字带口，为重兑之义。又有用不生体，互变生之而吉者，若“少年有喜色”，占得山火贲是也。又有用不生体，互变俱克之而凶者，如牛哀鸣占，得地水师是也。盖少年有喜色，占则略知其有喜，而《易》辞又有“束帛戋戋”之吉，是两者俱吉，互变俱生，愈见其吉矣。虽用不生体，不吉，不为其害也。“牛鸣之哀”，则略知其有凶，而《易》爻复有“舆尸”之凶，互变俱克，愈见其凶，虽用爻不克，不能掩其凶也。盖用《易》断卦，当用理胜处验之，不可拘于执一也。

译释：

大凡梅花易占卜决断吉凶祸福，固然以体卦用卦之生克比和关系为主，但也有不按照体用生克比和关系来决断吉凶的，例外的情况总是存在。比如在《梅花易数》起卦例中的“西林寺牌额占”中，起得山地剥卦，体卦、用卦、互卦、变卦五行俱属土，俱为比和，按说应为大吉之象，然而仍然断为不吉，这是为什么呢？因为寺庙本来是纯阳之人（即和尚僧侣）居住的地方，应显现纯阳之象，但所起之卦却是阴爻、阴卦居多，阴气过盛之象，故对寺庙不吉，有阴人之累。况且山地剥卦本身有群阴而剥一阳之象，故必对寺庙不利。像这样的道理已经非常明显，因而也就没有必要拘执体用，而可以直接据理而断。再比如有人问“今日动静如何”，起得地风升卦，初爻动，用卦克制体卦，本来是无饮食之象，但是最终却断为亦有人来请客。虽然酒食并不丰盛，但最终有人相请，这是为什么呢？因为那人当时求问，必然有当日应验的事情。况且“如何”二字都带着“口”，双“口”为重兑之义，而兑为口，则知必有饮食。还有用卦虽不生体卦，但互卦、变卦却生体，亦断为吉。比如少年无故而面带喜色，占得山火贲卦。还有用卦不生体卦，互卦、变卦都克体卦而最终凶的，比如“牛哀鸣占”，占得地水师卦。因为少年已面带喜色，未占就已经略微感知其必有喜事，而《周易》贲卦六五爻辞又说，“贲于丘园，束帛戋戋，吝，终吉”，亦是喜事无疑。因而外应、卦爻辞都属吉占，互卦、变卦又都生体，更显示其大吉利的兆象。所以，虽然用卦不生体卦为不吉利之占，但最终并不为害。牛在鸣叫的时候已有哀声，已经略微知道其不吉；而《周易》师卦六三爻辞说“师或舆尸、凶”，也显示为凶兆，互卦、变卦都来克，愈益增加其凶险的兆征，可见其灾难已难避免。就此例来看，虽然用卦不克体卦，因已有以上几处凶险之象，也难以掩饰其凶险之象了。用《周易》的基本原理和筮法来判断卦的吉凶祸福，应当从事理充分允当的地方来验证，不能偏于一见、执其一端，而应综合判断之。

评析：

梅花易法求占的一大显著特点就是以体用为主，根据体用互变的生克比和关系来综合占断吉凶，但在具体的占断过程中亦不尽然，又有以卦理而断，或以外应而断，或以日常生活之理而断等具体变异情况，皆不拘体用，以理求断。任何事情都不可过于追求统一划一，过于追求完美，此易理中有变通之处，既济之后有未济之义所在也。

以理而断、不拘体用有如下几种情况：

第一种情况是，虽体用比和，但卦象不吉，或卦义与所占之事不符，难以言吉，则弃体用不用，而以理求断。如占出行得天地否卦，虽用生体卦，终有不能沟通之义。

第二种情况是，看当时的具体情况，灵活施占。如“今日动静如何”占，虽从体用看为俱无饮食之象，但此人当时即以动问，必有当日之应，何况话中有重兑之义。

第三种情况是，若卦中体用生克比和之吉凶意义不是很明显，则参照外应和卦爻辞而断。外应显吉则往吉方断，外应呈凶则往凶处推。亦可参照卦爻辞的吉凶意义来断，若卦爻辞辞义现吉，可往吉推；若卦爻辞辞义呈凶，可往凶断。如以上所提之“少年有喜色占”和“牛哀鸣占”，即是非常典型的例子。

需要注意的是，不拘体用，据理而断，强调的是在进行象的推衍和数的推断过程中，必须时刻以易理或日常生活之理为基础为准的。所以本节一再强调“盖用《易》断卦，当用理胜处验之，不可拘于执一也”。

八卦心易体用诀

心易之数，得之者众；体用之诀，有之者罕。余幼读《易》书，长参数学，始得心易卦数。初见起例，仅知占其吉凶，如以蠡测海，茫然无涯。后得智人，见授体用心易之诀，而后占事之诀，疑始有定。据验则验，如由基射箭，百发百中。其要在于分体用之卦，察其五行生克比和之理，而明乎吉凶悔吝之机也。于是易数之妙始见，而易道之卦义备矣。乃世有真实人，罕遇之耳。得此者，幸深秘之。

译释：

属于《周易》玄奥理论“心易”的易数推衍方式，得到其传授的人还是比较多的，但得到其真谛的人却很少；而关于体用生克比和与其吉凶意义的秘诀，知道的人就更少了。我从小开始研读《周易》，长大之后又研习术数之学，才开始悟得心易卦数的真谛。开始时见到《周易》之卦例，并试着起卦剖断，仅仅知道占断事情的吉凶而已，却难得其真法，就好像以蠡测海，茫然而无边际，令人不知所措。后来碰到一个智人并得到其精心指点，教授我心易中体用生克比和的秘诀，方茅塞顿开。尔后依照其占事之秘诀来剖断吉凶，原先的疑惑或疑难才慢慢解决了，并逐渐开始有定准。这样以后，用之占验吉凶祸福，就好像楚国神射手养由基射箭一样，百发而百中。由此我认识到占卜的关键在于首先区分体用之卦，然后考察体卦用卦之五行生克比和的道理，从而才能明了所占之事吉凶悔吝的玄妙契机。于是，才慢慢发现了《周易》八卦之数的玄妙和渊深，而体载《周易》之道的卦德和卦义也就慢慢掌握了。世上确实有真正明白通晓易数的人，只不过一般人难以遇到罢了。易数玄妙无穷，渊奥博深，有幸得其真传的人应该珍惜收藏，不可轻易传于非研易之人。

评析：

梅花易数与其他筮法的不同，就在于其筮占方式是以体、用为基础，以体卦、用卦的五行生克比和的关系来推测吉凶，这与纳甲筮法将天干地支纳入八卦中，然后根据干支的刑冲克害来剖断吉凶完全不同。梅花易数的特点是起卦灵活、简便，随时、随地皆可施占，但又因其太灵活，虽易掌握，但在具体的施占中又难以把握，因而增加了梅花易占断的难度。

体用总诀

1. 体用云者，如易卦具卜筮之道，则易卦为体，以卜筮用之。此所谓体用者，借体用二字以寓动静之卦，以分主客之兆，以为占例之准则也。大抵体用之说，体卦为主，用卦为事；互卦为事之中间，刻应变卦为事之终应。

体之卦气，宜盛不宜衰。盛者，如春震巽，秋乾兑，夏离，冬坎，四季之月坤艮是也。衰者，春坤艮，秋震巽，夏乾兑，冬离，四季之月坎是也。

宜受他卦之生，不宜受他卦之克。他卦者，谓用、互、变也。生者，如乾、兑金体，坤、艮生之；坤、艮土体，离火生之；离火体，震、巽木生之。余皆仿此。克者，如金体火克，火体水克之类。

译释：

所谓“体用”，比如《周易》之八卦一方面涵括《周易》之道，另一方面又具有占卜的功用，那么我们就可以讲易道的易卦为体，而把卜筮算做《周易》的一个功用，这就是此处所指的体用。梅花易数所讲的体用，是借助“体用”来区分动卦与静卦，来作为主卦和客卦的征兆，并把它作为占筮的准则。

关于体用的学说，大抵可以这样概括：以体卦作为主体，作为自己；以用卦为他人，也为所占之事。互卦表示所占事物中间所出现的人或事，外应和变卦则表示所占事物最终发展阶段上所出现的人或事以及事物的最终结局。

体卦的卦气宜于旺盛，不宜于衰弱。卦气旺盛的，如春天震、巽卦气旺，秋天乾、兑卦气旺，夏天离卦气旺，冬天坎卦气旺，四季之月（每季之最后一月，用干支表示则为辰月、未月、戌月、丑月，皆为土用事，为土旺相之月）则坤、艮卦气旺。卦气衰弱的，春季坤、艮卦气衰，秋季震、巽卦气衰，夏季乾、兑卦气衰，冬季离卦气衰，四季之月坎卦气衰。

体卦宜于受他卦的生扶，不宜受他卦的克制。所谓他卦，是指用卦、互卦、变卦。所谓体卦宜受他卦之生，比如体卦是乾、兑金卦，则宜于受坤、艮土卦生；坤、艮为体卦，离火可以生之；离火为体卦，则震、巽卦可以生之。其余的可以仿此。体卦受克者，如金卦为体，则火卦克之；如火为体，那么水来克之，等等。

2. 体用之说，动静之机，八卦主宾，五行生克。体为己身之兆，用为应事之端。体宜受用卦之生，用宜见体卦之克。体盛则吉，体衰则凶。用克体固不宜，体生用亦非利。体党多而体势盛，用党多则体势衰。如卦体是金，而互变皆金，则是体之党多。如用卦是金，而互变皆金，则是用之党多。体生用为之泄气，如夏火逢土（亦泄气）。

体用之间，比和则吉。互乃中间之应，变乃末后之期。故用吉变凶者，先吉后凶；用凶变吉者，先凶后吉。体克用，诸事吉；用克体，诸事凶。体生用有耗失之患，用生体有进益之喜；体用比和，则百事顺遂。

译释：

体用的学说，包含着事物动、静的玄机，可以区分主卦、宾卦，并有着五行生克比和的诸种不同。体卦表示所占者自己这方面的征兆，用卦表示所占之人或所占之事方面的端绪。体卦宜于受用卦生扶，用卦宜于被体卦克制。体卦卦气旺盛则吉利，体卦卦气衰弱则凶险。用卦克制体卦固然不好，体卦生用卦也不是吉利的事情。体卦的同类多（即用卦、用互卦、体互卦、变卦之五行与体卦五行同类多者）则体卦卦气、卦势旺盛；用卦的同类多则体卦卦气、卦势必然衰弱。体卦去生用卦为泄气，即为耗损自已的力量，当然不吉利，比如夏天的火碰到土即为泄气。

体卦和用卦之间，比和卦最为吉利。互卦表示事物发生中间阶段所发生的人或事；变卦则表示事物发展末后阶段所发生的人或事，或是事物发展的最后阶段。所以，用卦吉而变卦凶的，往往是先吉后凶；用卦凶而变卦吉的，往往是先凶后吉。如果是体卦克用卦，那么所占诸事往往吉利；如果是用卦来克体卦，往往所占诸事凶险。体卦生用卦，常常有耗损的忧虑和祸患；用卦生体卦，常常会有进益的喜庆。如果是体卦和用卦比和，那么则是百事顺意、心想事成。

3. 又看全卦中有生体之卦，看是何卦：

乾卦生体，则主公门中有喜益，或功名上有喜，或因官有财，或问讼得理，或有金宝之利，或老人上进财，或尊长惠送，或有官贵之喜。

坤卦生体，主有田土之喜，或于田土进财，或得乡人之益，或得阴人之利，或有果谷之进，或有布帛之喜。

震卦生体，则主山林之益，或因山林得财，或进东方之财，或因动中有喜，或木货交易之利，或因草木姓氏人称心。

巽卦生体，亦主山林之益，或因山林得财，或于东南得财，或因草木人而进利，或以茶果得利，或茶果菜蔬馈送之喜。

坎卦生体，有北方之喜，或受北方之财，或因水边人进，或因点水人称心，或因鱼盐酒货文书交易之利，或有馈送鱼盐酒之喜。

离卦生体，主有南方之财，或有文书之喜，或有炉冶场之利，或因火姓人而得财。

艮卦生体，有东北方之财，或山田之喜，或因山林田土获财，或宫音带土姓人之财，物当安稳，事有终始。

兑卦生体，有西方之财，或喜悦事，或食物玉金货利之源，或商音之人、或市口之人欣逢，或主宾之乐，或朋友讲习之喜。

译释：

在全卦之中（指用卦、互卦、变卦）看何卦为生体之卦：

如果乾卦是生体之卦，则主公门中（即现在的政府机关）有喜庆之事或有进益之喜，或在功名、事业上有喜庆之事，或因晋升职务或因见官而得到财富，或者是因为打官司而得理胜诉，或有金银财宝上的利益，或者有领导、长辈惠送之利，或者老人上进财，或因领导、有地位的人而有喜事。

如果坤卦生体卦，则主有田土方面的喜庆，或者于田土上而进财富，或者得到同乡人的好处，或者因女性之人而得利，或者有瓜果或谷物进益，或者有布帛方面的喜益。

如果是震卦生体卦，则主有山林方面的进益，或者因为山上林木而得财，或者从东方进财，或者因为移动或行动而有喜庆之事，或者有木制品交易买卖的好处，或者因为姓氏上带草木旁的人而称心如意。

如果巽卦是生体之卦，那么也主得山上林木之喜益，或者因为山林而得财，或者在东南方而得财，或者因为花草树木而有进益之喜，或因姓氏上有带草木旁的人而进利，或因山茶瓜果而得利，或者有人馈送花茶、水果、蔬菜之喜。

如果坎卦是生体之卦，或者有北方方面的喜事，或者接受北方来的财物，或者因为居住在水边的人或当时在水边之人而有进益之喜，或者因为姓氏有带两点水或三点水偏旁之字的人而称心如意，或者因为鱼、盐、酒、文书、交易而得利，或者有别人馈进鱼、盐、酒之喜事。

如果艮卦为生体之卦，则主有东北方之财，或者因为山田而有喜，或者因为山林田土而获得财物，或者因为姓氏发宫音或姓氏带土旁的人而进财。若逢艮卦生体，则主事情办得非常安稳，有始有终。

如果兑卦为生体之卦，则主有西方之财，或者有喜悦之事而来，或者有食物、金宝珠玉、货利的来源，或者与姓氏带商音的人或与市井之人欣然相逢，喜事自来，或者主主人与客人尽皆欢娱，或者有朋友在一起讲习宴乐之美事。

4. 又看卦中有克体之卦者，看是何卦：

乾卦克体，主有公事之扰，或门户之扰，或有财宝之失，或于金谷有损，或有怒于尊长，或得罪于贵人。

坤卦克体，主有田土之扰，或于田土有损，或有小人之害，或有阴人之侵，或失布帛之财，或丧谷粟之利。

震卦克体，主有虚惊，常多恐惧，或身心不能安静，或家宅见妖灾，或草木姓氏之人相侵，或于山林有所失。

巽卦克体，亦有草木姓人相害，或于山林上生忧，谋事乃东南方之人，处家忌阴人小口之厄。

坎卦克体，主有险陷之事，或寇盗之忧，或失意于水边人，或生灾于酒后，或点水人相害，或北方人见殃。

离卦克体，主文书之扰，或失火之惊，或有南方之忧，或火姓人相侵。

艮卦克体，诸事多连，百谋中阻，或有山林田土之失，或带土人相侵，防东北方之祸害，或忧坟墓不当安稳。

兑卦克体，不利西方，主口舌事之纷争，或带口姓人侵欺，或有毁折之患，或因饮食而生忧愁。

生克不逢，止随本卦而论之。

译释：

又看卦中，有无克体之卦；如果有克体之卦，看克体之卦为何卦：

如果乾卦为克体之卦，则主有公事的纷扰或因公事而惹麻烦，或者有家事的烦扰，或者损失了财物货宝，或者于金玉物上有损耗，或者触怒于尊贵的长辈或师长，或者得罪了有地位有权势之人。

如果坤卦为克体之卦，主有田土地产房屋之类的争扰，或者在田土上有耗损，或者有阴险小人暗害，或者有女性之人的欺凌，或者损失布匹丝帛之财物，或者丧失谷物、粟米方面的利益。

如果震卦为克体之卦，主有虚惊不安之事，或者常多恐惧之事；或者自己的身心不能安静；或者家宅有妖孽或灾忧之事出现；或者有姓氏上带草或木偏旁的人来加害；或者于山上林木方面有所损失。

如果巽卦为克体之卦，则主有姓氏中带草、木偏旁的人加害于己，或者因为在山林上发生困扰，求谋办事需防东南方之人，居家过日子则忌有女性之人和小孩的灾厄。

如果坎卦为克体之卦，则主有凶险诬陷之事发生，或者有寇贼盗匪的忧患，或者失意于居住在水边之人，或者因酒后乐极生悲而生灾，或者有姓氏偏旁带三点水或两点水的人相害，或遭到北方之人的算计。

如果离卦为克体之卦，则主有文书、书信方面而起的烦扰，或者因为失火而受了惊吓，或者在南方有忧疑之事，或者有姓氏上带火旁之人来侵欺。

如果艮卦为克体之卦，很多事都牵连而难决断，诸多谋求往往中途受阻；或者在山林田土方面有耗失之患；或者有姓氏上带土旁之人来侵害；并注意防东北方之祸害；或者担忧坟墓不安稳。

如果兑卦为克体之卦，不利于往西方求财或办事，并多主有口舌纷争之事牵累，或者有姓氏上带口旁之人来欺凌，或者器物有毁折之担忧，或者因为饮食而生忧虑。

那些既非生体之卦又非克体之卦的卦，只随着本卦来论述就可以了。

评析：

用梅花易法剖析事物的发展趋势，主要是依据动爻区分体卦、用卦、互卦、变卦，然后依照五行生克比和、卦气旺相休囚的原理，依照八卦卦象的具体含义，以及《梅花易数》的具体占断原则来灵活运用、剖断祸福。

第一步首先是区分体卦用卦。用梅花易法取得动爻之后，便可区分体卦用卦、主卦客卦。主卦为体卦，代表求占者本身的处境或状况；客卦为用卦，代表所询问的人或事的情况。一卦之中的上下两经卦，动爻所在的那一经卦便为用卦，没有动爻的另一经卦则为体卦。互卦就是在所起的一卦六爻中，二、三、四爻可以组成一个经卦，三、四、五爻又可以组成一个经卦，是为互卦。加上原先的上下两个经卦，这样一卦可以分解出四个经卦，从而增加了一卦的内涵，能更加细致地分析事物发展的趋势。互卦代表事物发展过程中所出现的人或事，与全卦的生克比和关系构成事物发展的中间阶段。由用卦变化而来的卦即为变卦，变卦则代表事物发展的最后阶段，变卦、用卦与体卦的生克比和关系决定了事物发展变化的方向和最终结局。

第二步是分析卦气的旺衰，以明了彼此的情势。一般来讲，体卦旺，代表自己这方面的环境好、条件高，有足够的能力，能够影响事物发展的进程；体卦衰，则表示己方衰弱乏力，处于不利的境地。用卦、互卦、变卦卦气旺衰亦然。

梅花易所论之卦气旺衰，具体讲就是：

春天：震巽旺盛，离次之，乾兑坎休囚，坤艮死衰。

夏天：离旺盛，坤艮次之，震巽坎休囚，乾兑死衰。

秋天：乾兑旺盛，坎次之，坤艮离休囚，震巽死衰。

冬天：坎旺盛，震巽次之，乾兑坤艮休囚，离死衰。

其中坤艮在丑、辰、未、戌之月旺相。

卦气旺衰除随季节判断外，还可根据体党、用党多少来判断。所谓体党、用党，就是体卦、用卦的同类。同类多，则自来帮扶，故原先虽不旺，因有他卦来帮扶，则较原先旺盛。如体卦为金，而互、变尽为金，则是体党多，体卦旺。这就好比一个人的力量有限，若有人来帮助他，他的力量就增强了。用卦亦然。梅花易断卦以体卦为中心，认为体卦旺则诸事吉利，“体盛则吉，体衰则凶”。因而，体党多吉利；用党多则体势必衰，卦则不吉。

故非常强调“体党多而体势盛，用党多则体势衰”。

第三步是以体卦为中心，分析他卦（用卦、互卦、变卦）与体卦的关系，根据生克比和的关系再进一步判断吉凶。

梅花易强调体卦“宜受他卦之生，不宜受他卦之克”，“体宜受用卦之生，用宜见体卦之克”，“用克体固不宜，体生用亦非利”，“体生用为之泄气”。体卦好比自己，他卦来生好比有人来帮助，自然吉利；他卦来克体卦，好比自己受制于人，被束缚了手脚，自然不吉。体卦为己，体卦生他卦为泄气，好像自己失去了某些东西；体卦克他卦，说明自己有能力控制局面，能克制对方，算是吉利。在具体施占过程中，必须以体卦为中心，分析体卦的宜与不宜。

梅花易还进一步讲了生克比和关系与事物发展趋势之间的关系。他说：“体克用，诸事吉；用克体，诸事凶。用生体有进益之喜，体生用有耗失之患。体用比和，则百事顺遂。”一般来讲，用生体、体用比和最为吉利，体克用比较吉利，此三种情况皆属吉利之占；用克体大凶，诸事不可为，为必有失，属极不吉利之占；体生用虽有耗失之患，但不至大凶，属不吉之占。这是一般原则，但在具体占断过程中，由于生克关系比较复杂，具体的占断则要复杂得多。

在具体的应用中，单一的生克关系比较少见，往往是生中有克，克中有生，生克关系错综复杂。一般来讲，生体多者愈吉，克体多者则愈凶；受此处之生，得他处之克，谓之生中逢克；受彼处之克，得他处之生，谓之克中逢生。生谓之受他人之助益，或事情发展有利于自己的因素；克谓之受他方的牵制，或事情发展有制约自己的因素。受克逢生谓之有救，受克无生谓之无救。这就需要对复杂的生克关系予以综合考察，权衡轻重，分清主次，灵活剖断。在这一过程中，不仅需要有丰富的经验、熟练的技巧、敏税的感觉，还需要有一定的灵感和悟性。头脑中偶然闪现的思维火花，虽然像闪电一样疾逝而过，但捕捉到这一信息，往往对占断极为重要。

这种占断，已经远远不是那种数学上的简单加法原则，不是简单的生克力量对比，单看有几个生或有几个克，而是抓住最为关键的那个因素，抓住对事物发展起决定作用的那个因素。在某些时候，这种因素一个便足够了，而这一因素，就决定了事物发展的趋势和结局。何必再执著于细枝末节呢?

有一些事情，不能简单地用吉、凶这样的辞来剖断，因为有许多事情本身就很难用吉凶这样的辞来表达。有时事情发展的本身没有太大的起落，更多的则是某些平淡的过程和近于平淡的结局，说不上大凶，也难说大吉。事物发展过程中有有利的因素，有不利的因素，事物发展的过程错综复杂，发展的结果也好中有坏、坏中有好。

第四步，掌握卦象生克所代表的具体含义。弄清卦气的旺衰和五行生克比和的关系还远远不够，因为还只能简单地判断事情的好坏和吉凶，还只能大概地判断事情发展的大致趋势。而对于事物发展复杂情况的测知，对于事物发展过程中会出现什么人或事，中间要经历哪几个阶段，会出现什么大致的情况等的判断，则必须结合卦象生克的具体涵义进行更加细致的剖析。

需要注意的是，《梅花易数》一书只分析了生体之卦和克体之卦的具体含义，而对于体卦生他卦和体卦克他卦的具体含义则没有涉及，我们不妨参照生体之卦和克体之卦的具体含义来猜测之，亦可揭示其主要内涵。

总之，体、用、互、变是梅花易占断的基础，也是梅花易占断的核心，其中的生克比和关系是占断的关键。弄清其复杂的生克关系，对于施占至关重要。

天时占第一

凡占天时，不分体用，全观诸卦，详推五行。离多主晴，坎多主雨；坤乃阴晦，乾多晴明。震多则春夏雷轰，巽多则四时风烈。艮多则久雨必晴，兑多则不雨亦阴。夏占离多而无坎，则亢旱炎炎；冬占坎多而无离，则雨雪飘飘。

全观诸卦者，谓互、变卦。五行谓离属火，主晴；坎为水，主雨。坤为地气，主阴；乾为天，主晴明。震为雷，巽为风。秋冬震多无制，亦有非常之雷；有巽佐之，则为风撼震动之应。艮为山云之气，若雨久，得艮则当止，艮者止也，亦土克水之义。兑为泽，不雨亦阴。

夫以造化之辨固难测，理数之妙亦可凭。是以乾象乎天，四时晴明；坤体乎地，一气惨然。乾坤两同，晴雨时变；坤艮两并，阴晦不常。卜数有阳有阴，卦象有奇有偶。阴雨阳晴，奇偶暗重。坤为老阴之极，而久晴必雨；阴气泄散，而久雨必晴。若逢重坎重离，亦曰时晴时雨。坎为水必雨，离为火必晴。乾兑之金，秋高明清，冬雪凛冽。坤艮之土，春雨泽，夏火炎蒸。《易》曰："云从龙，风从虎。"又曰："艮为云，巽为风。"艮巽重逢，风云际会，飞沙走石，蔽日藏山，不以四时，不必二用。坎在艮上，布雾兴云；若在兑上，凝霜作雪。乾兑为霜雪霰雹，离火为日电虹霓。离为电，震为雷，重会而雷电俱作；坎为雨，巽为风，相逢则风雨骤兴。震卦重逢，雷惊百里；坎爻迭见，润泽九垓。故卦体之两逢，亦爻象之总断。

地天泰，水天需，昏蒙之象；天地否，水地比，黑暗之形。八纯离，更必旱，四季皆晴；八纯坎，冬必寒，四时多雨。久雨不晴，逢艮则止；久晴不雨，得此亦然。又若水火既济，火水未济，四时不测风云；风泽中孚，泽风大过，三冬必然雨雪。水山蹇，山水蒙，百步必须执盖；地风升，风地观，四时不可行船。离在艮上，暮雨朝晴；离互艮宫，暮晴朝雨。巽坎互离，虹霞乃见；巽离互坎，造化亦同。

又须推测四时，不可执迷一理。震、离为电为雷，应在夏天；乾兑为霜为雪，验于冬月。天地之理大矣哉，理数之妙至矣哉。得斯文者，当敬宝之。

译释：

凡是用梅花易数去占卜天气变化的情况，不必区分体卦和用卦，只须观察所有的卦（即上、下经卦以及上、下互卦），并根据五行属性来详细推测即可。卦中离卦多则主天气晴朗，坎卦多则主有雨。坤卦主天气阴晦昏暗，乾卦预示天气晴明少云。卦中震多则主春天夏天阵雷轰鸣，卦中巽多则主四季劲风烈烈。卦中艮多如果碰上久雨之天，那么则转为晴明；卦中兑多则不是有雨即是阴天。夏季占卜天时卦中离卦多而无坎卦，那么将是大旱，烈日炎炎；冬天占卜天时卦中坎卦多而无离卦，就预示着冬雨冬雪飘飘。

所谓“全观诸卦”，指的是观察包括互卦、变卦在内的所有卦，并考察八卦配属五行与天气变化的情况。离卦属于南方火，在天气上主晴明；坎卦在五行上属水，在天气上主有雨。乾卦为天，天在上，主天气晴朗；坤卦为地气，在天气上主阴天。震卦在天气上主雷，巽在天气上主风。如果秋天冬天卦中震多且无他卦来克制，也会有不寻常的雷声；如果卦中再有巽卦帮助，那么就会出现风声大作、雷声震天的怪异现象。艮卦在天气上主为山云之气，如果连续下雨不止而遇到艮卦，则久雨必止，天气转为晴明，因为艮卦本身有停止、阻止的涵义，而且艮为土，也有土克水而水止之义。兑卦为泽，所以在天气上主不是下雨即是阴天。

大自然万事万物的发展变化固然难以辨析、难以测度，但我们却可以凭借易数、易理的绝妙玄机来比附测度之。所以，乾卦的卦象象征天，在天气上有四时晴明之象；坤卦的卦象是体现大地的地气，地气属阴，象征地气重浊惨然。如果乾卦坤卦同处于一个卦中，那么或雨或晴而没有定准。如果是坤卦和艮卦连在一起，常常是天气阴晦、变化不常。

占卜用的易数有奇有偶，奇数属阳，偶数属阴；八卦的卦象有奇有偶，阳卦爻数为奇，阴卦爻数为偶。阴数象征着雨，阳数象征着晴明。奇偶明晦，各有所主，爻各交重，阴晦不常。坤为老阴之卦，为阴之极限，如果碰到久晴的天气则会有雨；如碰到久雨的日子，坤为老阴，老阴必变，则阴气泄散，那么久雨的天气就必然会转晴。如果碰到两个坎卦两个离卦重叠在一起，也常常是时晴时雨、变化不常的日子。碰到坎卦，坎为水，天气上主必雨；离五行上属火，天气上主必然晴明。如果碰到五行中属金的乾兑之卦，在秋天必然是秋高气爽、天明气清的日子，在冬天必然是雪花飘飘、北风凛冽的日子。如果是五行中属土的坤卦和艮卦，在春天则是细雨霏霏的日子，在夏天则是烈日炎炎、如火似蒸的日子。《周易》说："云从龙，风从虎。"又说："艮为山，山出云；巽为风，风四起。"如果是艮卦和巽卦逢在一起，不管是春夏秋冬哪个季节，必然是风烈云涌、飞沙走石、不见天日、气象昏蒙的日子。如果是坎卦在上艮卦在下（即水山蹇卦），常常是云遮雾罩、水雾蒙蒙的日子；如果是坎卦在兑卦之上（即水泽节卦），在秋冬则是凝结冰霜、雪花飘洒的日子。乾、兑卦在天气上表示为冰霜、雪花、霰、冰雹；离卦在五行中属火，在天气上则表示太阳、闪电、彩虹、霓霞。离在天气上主闪电，震在天气上主惊雷，如果是两卦碰在一起，必然是雷电交加、风吼雨淋的日子。坎卦在天气上主雨，巽卦在天气上主风，如果坎卦和巽卦碰到一起，那么必然是骤然间风兴雨起的时候。如果是碰到纯震卦，震为雷，那么必然是雷声大作、惊骇百里的时候。如果是碰到八纯坎卦，则必然是大雨滂沱、泽水四溢的日子。所以，如果碰到两个相同的卦体叠在一起（即碰到八纯之卦），也可以根据爻象来综合判断。

如果占天时得地天泰、水天需这样的卦象，必然是天昏地暗、迷迷昏蒙的日子；碰到天地否、水地比这样的卦象，必然是天昏地暗、日月无光的时日。如果碰到八纯离卦，在夏天必然是亢旱炎炎，不管春夏秋冬四季都是天气晴朗的日子；如果碰到八纯坎卦，在冬天必是寒冷的季节，不管春夏秋冬四季都是多雨、雪的日子。如果遇到久雨不晴的日子，碰到艮卦雨必止；如果遇到久晴不雨的日子，碰到艮卦必是晴转雨。又比如碰到水火既济、火水未济之卦，测天气必然是变化不常、风雷难测的日子；如果碰到风泽中孚、泽风大过卦，在冬天占天气必然是雨雪飘飘的日子。如果碰到山水蒙、水山蹇卦，坎为水为雨，必然是下雨的日子，所以在一百步之内可能就要打着伞；如果碰到地风升、风地观卦，巽为风必烈，所以在春夏秋冬四季不能行船。如果是离卦在艮卦之上，必然是早上晴朗黄昏下雨的日子；如果是在卦中有离卦且互出艮卦，如火山旅、火地晋等，则预示早晨有雨而晚上晴朗。如果在巽卦、坎卦之宫的卦中互出离卦，如风天小畜、风山渐、风火家人、水天需、水山蹇、水火既济等卦，有时天空中会出现雨虹和彩霞；在巽宫卦、离宫卦中互出坎卦，大自然也同样可以出现雨虹和彩霞等绚丽的天气。

预测气候，推测四时的风云变化，还必须根据春夏秋冬四季的具体情况，不可只执著于卦式、卦理，切忌执迷于死理。震为惊雷，离为闪电，只有在夏天才能出现；乾、兑卦表示冰霜和雪花，最验之时多在冬季，切忌不可将冰雪断在夏季，那就有悖常理。天地之间的变化规律是如此无常，易理和易数的变化又是如此玄妙。有幸得到这部书的人应像得到珍贵的宝物一样，确实应该好好珍藏。

人事占第二

人事之占，详观体用。体卦为主，用卦为宾。用克体不宜，体克用则吉。用生体有进益之喜，体生用有耗失之患。体用比和，谋为吉利。更详观互卦变卦，以断吉凶。复究盛衰，以明休咎。

人事之占，则以全体用总章，同决吉凶。若有生体之卦，即看该章八卦中生体之卦有何吉。又看克体之卦有何凶，即看前章克体之卦。卦无生克，只断本卦。

译释：

占卜人事的变化和发展，需要详细观察体卦和用卦。在判断的过程中，以体卦为主，以用卦为宾，以体卦为中心详细分析诸卦与体卦的关系。用卦克制体卦，不适于做所占的事情，属不吉之占；体卦克制用卦，表示能控制事情发展的局面，为吉利之占。若是用卦来生体卦，主有进益的喜庆；若是体卦去生用卦，则主有耗精、费力、失财等忧患。若是体卦与用卦为比和之卦，则表示所谋之事易于成功，谋为吉利。此外，还应详细观察互卦、变卦与体卦的关系及其各自具体的含义，来综合判断吉凶祸福。还应查明体卦用卦的卦气旺衰情况，才能够明断事情发展的吉凶悔咎的情况。

占测人事的好坏与吉凶，可以根据体用总章所阐述的具体原则及其具体内容，来决断吉凶祸福。如果在卦中有生体之卦，即看体用总章中该生体之卦有何吉利之处。再根据体用章中克体之卦有何凶的论述，看看该卦中有无克体之卦，若有克体之卦又有何凶险之处。如果没有生、克体卦的情况，那么只随本卦而论就可以了。

家宅占第三

凡占家宅，以体为主，用为家宅。体克用，则家宅多吉；用克体，则家宅多凶。体生用，多耗散，或防失盗之忧；用生体，多进益，或有馈送之喜。体用比和，家宅安稳。如有生体之卦，即以前章人事占断之。

译释：

大凡占测家宅的吉凶祸福的情况，以体卦为主，以用卦作为所占之家宅。若遇体卦克制用卦，则主居此家宅多有吉利之事；若遇用卦克制体卦，则主居此家宅多有凶险之事。若遇体卦去生用卦，则主居此家宅常常有耗散钱财或耗费精力之事，或有失盗的忧患；若遇用卦来生体卦，则主居此家宅有进益钱财货力之喜庆，或有其他诸多之美事。若遇体用比和之卦，则主居此家宅安安稳稳，诸事遂心。

屋舍占第四

凡占屋舍，以体为主，用为屋舍。体生用，居之吉；用克体，居之凶。体生用，主资财冷退；用生体，则门户兴隆。体用比和，自然安稳。

译释：

大凡占测所居屋舍之吉凶祸福，以体卦为主，以用卦代表所占之屋舍。若遇体卦克制用卦，则主居此屋吉利；若遇用卦克制体卦，则主居此屋凶险。若遇体卦去生用卦，则主居此屋资财耗损、暗暗减少；若遇用卦来生体卦，则主居住此屋门户兴隆、家居发达。如果遇体用比和之卦，则主居此屋自然安稳、吉祥如意。

婚姻占第五

占婚姻，以体为主，用为婚姻。用生体，婚易成，或因婚有得；体生用，婚难成，或因婚有失。体克用可成，但成之迟；用克体不可成，成亦有害。体用比和，婚姻吉利。

占婚姻，体为所占之家，用为所婚之家。体卦旺，则此家门户盛；用卦旺，则彼家资盛。生体，则得婚姻之财，或彼有相就之意；体生，则无嫁奁之资，或此去求婚方谐。若体用比和，则彼此相就，良配无疑。

乾，端正而长。坎，邪淫黑色，嫉妒奢侈。艮，色黄多巧。震，美貌难犯。巽，发少稀疏，丑陋心贪。离，短赤色，性不常。坤，貌丑，大腹而黄。兑，高长，语话喜悦，白色。

译释：

凡占测婚姻的状况，以体卦为主，以用卦代表婚姻。若遇用卦来生体卦，则婚姻容易成功，或因为婚姻而有所得；若遇体卦生用卦，则主婚姻难成，或者因为婚姻而有所损失。若遇体卦克制用卦，此婚可以成功，但成功的时间较长；若遇用卦克制体卦，所测之婚姻不能成功，即使勉强成功亦无益有害。若遇体卦与用卦为比和卦，那么所测之婚姻美满而多利。

占测婚姻的状况，体卦代表所占之家的状况，用卦代表所求婚之家的情况。体卦卦气旺盛，则主所占之家的门户兴旺发达，所占之家的门第超过对方；若用卦卦气旺盛，则主所求婚之家资财富足。若是用卦来生体卦，就会因婚姻而得财产，或者对方有亲附相就之意图；若是体卦生用卦，则主婚姻难得嫁妆之资财，或者所占之家必须前去求婚方能和谐。若是体卦跟用卦比和，则双方情投意和，必是美满婚姻无疑。

从相貌、品行、肤色、身材来看，乾卦象征长相端庄而身材颀长。坎卦象征对方淫荡邪恶，皮肤呈黑色，嫉妒心强，奢侈浪费。艮卦象征对方皮肤黄色，伶俐聪明，手艺很巧。震卦象征貌美而艳冷，别人难以亲近。巽卦象征对方头发少而稀疏，丑陋难看，贪心很强。离卦象征对方身材短小，皮肤色赤，而性不常。坤卦象征对方相貌丑陋，腹大而肤色黄。兑卦象征对方身材高大颀长，说话招人喜爱，肤色白。

评析：

婚姻预测是梅花易占中一个重要的课题，也是其他筮法的重点，因而历来都受到重视。在《周易》古经里，也有一些具体的论述。天风姤卦说："女壮，勿用取女。"姤卦有一女而遇五男之象征，遇到这样的女子，自然不宜娶之为妻。风天小畜卦有"夫妻反目"之语。占遇此两卦，古人认为占婚姻也是极为不利之占，应大忌之。

生产占第六

占生产，以体为母，用为生。体用俱宜乘旺，不宜乘衰；宜相生，不宜相克。体克用，不利于子；用克体，不利于母。体克用而用卦衰，则子难完；用克体而体卦衰，则母难保。用生体，易于母；体生用，易于生。体用比和，生育顺快。

若欲辨其男女，当于前卦审之。阳卦阳爻多者则生男，阴卦阴爻多者则生女。阴阳卦爻相杂，则察所占左右人之奇偶以证之。如欲决其日辰，则以用卦之气数参决之。日期，用卦之气数者，即看何为用卦，于八卦时序之类决之。

译释：

占测分娩的情况，以体卦作为产妇，用卦代表分娩。体卦、用卦卦气皆宜于旺相，不宜于衰弱；体卦用卦宜于相生，不宜于相互克制。体卦克制用卦，不宜于孩子；用卦克制体卦，不利于母亲之平安。体卦克制用卦，而且用卦卦气极衰弱，婴孩难以保全；用卦克制体卦，并且体卦卦气衰竭，产妇生命会有危险。用卦生体卦，产妇平安，易于分娩；体卦生用卦，易于婴孩的分娩。体卦、用卦为比和卦，那么生育顺利快捷，母子平安。

如果想分辨是男婴还是女婴，应当在本卦（即主卦而不是变卦）之中去审定。如果是阳卦阳爻多的，可能是男孩；如果是阴卦阴爻多的，则是生女孩的预兆。如果是阴阳爻相互错杂，就要观察当时在场人的奇偶之数来参考论证之，若是奇数则可能生男，若是偶数则可能生女。如果想确定分娩的日期，可以根据用卦卦气的气数来确定。要确定分娩的日期，看何为用卦，参考八卦时序旺相的时间来确定。

评析：

此节说“若欲辨其男女，当于前卦审之。阳卦阳爻多者则生男，阴卦阴爻多者则生女”。一般来讲，除乾坤两卦外，阴卦（巽、兑、离）必然是阳爻多，阳卦（震、坎、艮）必然是阴爻多，即阳卦则阳爻必少，阴卦则阴爻必少。可见，上面所说“阳卦阳爻多者则生男，阴卦阴爻多者则生女”是讲不通的，读者在阅读时应详细辨之。

饮食占第七

凡占饮食，以体为主，用为饮食。用生体，饮食必丰；体生用，饮食难就。体克用，则饮食有阻；用克体，饮食必无。体用比和，饮食丰足。又卦中有坎，则有酒；有兑，则有食；无坎无兑，则皆无。兑坎生身，酒肉醉饱。欲知所食何物，以饮食推之；欲知席上何人，以互卦人事推之。

饮食人事类者，即前八卦内万物属类是也。

译释：

大凡占卜饮食的情况，以体卦为主，用卦代表饮食的情况。用卦生体卦，饮食必然丰盛；体卦生用卦，食品就短缺。体卦克制用卦，则主饮食过程中会有阻碍；用卦克制体卦，则主根本就没有什么可食用的。体卦与用卦比和，饮食必然丰盛而富余。若卦中有坎，则必然有酒水；若卦中有兑，则饭菜必然丰盛；若卦中既无坎卦又无兑卦，则酒与饭菜皆无。若兑卦、坎卦来生体卦，必然是酒足饭饱。要想知道在饭桌上吃什么饭菜，以万物属类中“饮食”之项来推断；要知席上有什么人，则根据互卦所主的人事之项来推断。

所谓人事饮食之类，都是指前述“八卦万物属类”中的“饮食”、“人事”之项。如震卦指“人事”则为起动、怒、虚惊、鼓噪、多动少静等；“饮食”则主蹄、肉、山林野味、鲜肉、果酸味菜蔬等。

求谋占第八

占求谋，以体为主，用为所谋之应。体克用，谋虽可成，但成迟；用克体，求谋不成，谋亦有害。用生体，不谋而成；体生用，则多谋少遂。体用比和，求谋称意。

译释：

凡是占卜谋求计划之类的情况，以体卦为主，用卦代表所谋求计划方面的情况。体卦克制用卦，谋划虽然可以成功，但成功较迟；用卦克制体卦，则求谋难以成功，即使勉强去做，也只有害处而没有好处。用卦生体卦，稍一谋划而非常容易成功；体卦生用卦，谋划之事虽然很多但能成功的却很少。体卦用卦比和，则谋划称心如意，易于成功。

求名占第九

凡占求名，以体为主，用为名。体克用，名可成，但成迟；用克体，名不可成。体生用，名不可就，或因名有丧；用生体，名易成，或因名有得。体用比和，功名称意。

欲知名成之日，生体之卦气详之。欲知职任之处，变卦之方道决之。若无克体之卦，则名易就，止看卦体时序之类，以定日期。若在任占卜，最忌见克体之卦。如卦有克体者，即居官见祸，轻则上责罚，重则削官退职。其日期克体之卦气者，于八卦万物所属时序类中断之。

译释：

凡占测求取功名之类的事情，以体卦为主，以用卦为所求取之功名。体卦克制用卦，所求的功名可以成就，但成功需要一段较长的时间；用卦克制体卦，所求之功名不可能成就。体卦生用卦，所求之功名不可能成功，或者在求取功名的过程中有所损失；用卦生体卦，所求的功名易于成功，或者因为求取功名而又有所收获。体卦用卦比和，所求之功名易于成功，称心如意。

想知道功名成就的日子，可以根据生体之卦的卦气详细推断。要知道任职的地方，可以根据变卦的方位来详细推断。如果没有克制体卦的卦，那么功名容易成就。决断时看体卦的旺相和八卦卦序，以确定功成名就的日期。如果是在职期间占卜，最忌卦中出现克体之卦。如果卦中出现克体之卦，那么在任职期间可能会有祸害之事发生，轻的受到上级责备惩罚，重的降级撤职。确定责罚的日期，可以根据克体之卦的卦气，在“八卦万物属类”所属时序类中综合决断。

求财占第十

占求财，以体为主，以用为财。体克用有财，用克体无财。体生用，则有损耗之忧；用生体，则有进益之喜。体用比和，财利快意。欲知得财之日，生体之卦气定之；欲知破财之日，克体之卦气定之。

又若卦中有体克用之卦，及生体之卦，则有财。此卦气即见财之日。若卦中有克体之卦，及体生用之卦，即破财。此卦气即破财之日。

译释：

占测求财的情况，以体卦为主，以用卦为所求之财。体卦克制用卦代表有财可求，用卦克制体卦代表无财可求。体卦生用卦，不但不要去求财，还有损失、耗散财物的忧虑；用卦生体卦，就有进益财产的喜庆。体卦与用卦比和，则所求之财易求到手，称心如意。要想知道得财的确切日期，可根据生体之卦的卦气旺衰来确定；要想知道破财或损失财产的日期，可根据克体之卦的卦气旺衰来确定。

如果卦中出现体卦克制用卦的情况，或者有其他卦生体卦的情况，则主进财。考察体卦所克制用卦卦气旺衰的情况以及生体之卦卦气旺衰的情况，就可以确定得财的日期。如果卦中有克制体卦的卦出现，或者是体卦生用卦，则主破财。考察其卦气的旺衰即可确定破财的日期。

交易占第十一

占交易，以体为主，用为交易之应。体克用，交易成迟；用克体，不成。体生用难成，或因交易有失；用生体即成，成必有财。体用比和，交易易成。

译释：

占测交易的情况，以体卦为主，用卦代表交易方面的情况。体卦克制用卦，交易可以成功，但成功的时间较长；用卦克制体卦，交易不可能成功。体卦生用卦，所占之交易难以成功，或因为此交易而有损失；用卦生体卦，交易可以谈成，并且能够带来财利。体卦与用卦比和，所占之交易容易成功。

出行占第十二

占出行，以体为主，用为所行之应。体克用可行，所至多得意；用克体，出则有祸。体生用，出行有破耗之失；用生体，有意外之财。体用比和，出行顺利。

又凡出行，体宜乘旺，诸卦宜生体。体卦乾震多主动，坤艮多主不动。巽宜舟行，离宜陆行。坎防失脱，兑主纷争之应也。

译释：

占测出行的情况，以体卦为主，以用卦作为一路出行的情况。体卦克制用卦，可以出行，所到的地方大多很满意；用卦克制体卦，出行路上则有祸害。体卦生用卦，出行路上有破散、耗失的忧虑；用卦生体卦，出行路上会有意外的惊喜，并有意外之财。体卦用卦比和，出行一路平安，非常顺利。

又凡是出门远行，体卦卦气宜于旺盛，其他的卦宜于生扶体卦。体卦若是乾卦或震卦，多主能动，且易于出行；若是坤卦艮卦，坤为土淹滞，艮为止，皆有不能动之意。若体卦为巽卦，出门宜于乘船；若体卦为离卦，出门宜于走陆路。若体卦是坎卦，坎为险陷，路上需谨防失落财物；若体卦为兑卦，兑为口舌，路上难免有口舌纷争之事发生。

行人占第十三

占行人，以体为主，用为行人。体克用，行人归迟；用克体，行人不归。体生用，行人未归；用生体，行人即归。体用比和，归期不日矣。又以用卦为行人之盈旺，逢生，在外顺快；逢衰受克，在外灾殃。震多不宁，艮多有阻，坎有险难，兑主纷争之应。

译释：

占测在外之行人的情况，以体卦为主，以用卦为在外之行人。体卦克制用卦，行人在旅途中，归来还需要一段较长的时间；用卦克制体卦，行人在外，暂时没有返回的意思。体卦生用卦，人在旅途，没有归来；用卦生体卦，行人不久就要回来。体卦用卦比和，在外行人回来的日子不远了。此外，还可以根据用卦来判断在外之人顺利与否的情况，用卦遇他卦生扶，在外之人顺心快意；用卦卦气本已衰竭，又有他卦来克制，在外之人有灾殃之虑。若用卦为震，多主到处奔波、不能安宁；若用卦为艮，艮为阻节，多主在外四处碰壁、诸事受阻；若用卦为坎，坎为险为陷，多主在外有险难之事发生；若用卦为兑，兑为口舌、纠葛，多主在外之人有口舌纷争之事。

谒见占第十四

占谒见，以体为主，用为所见之人。体克用可见，用克体不可见。体生用难见，见之而无益；用生体可见，见之且有得。体用比和，欢然相见。

译释：

占测拜谒贵人或者外出访友，以体卦为主，用卦为所要拜见之人。体卦克制用卦，可以去拜谒所见之人；用卦克制体卦，不可去拜谒所要拜见之人。体卦生用卦，去了也难以见到所要拜见之人，即使见到了也不会有什么益处；用卦生体卦，可以去见所要拜见之人，而且见到之后必有收获。体卦用卦比和，双方欢然相见，彼此愉悦。

失物占第十五

占失物，以体为主，用为失物。体克用，可寻，迟得；用克体，不可寻。体生用，物难见；用生体，物易寻。体用比和，物不失矣。

又以变卦为失物所在。如变是乾，则见于西北，或公廨楼阁之所，或金石之旁，或圆器之中，或高亢之地。变卦是坤，则觅于西南方，或田野之所，或合廪之处，或稼穑之处，或土窖穴藏之所，或瓦器方器之中。震则寻于东方，或山林之所，或丛棘之内、钟鼓之旁，或闹市之地，或大途之所。巽则寻于东南方，或山林之所，或寺观之旁，或菜蔬之园，或舟车之间，或木器之内。坎则寻于北方，多藏于水边，或渠井沟溪之处，或酒醋之边，或鱼盐之地。离则寻于南方，或庖厨之间，或在明窗，或遗虚室，或在文书之侧，或在烟火之地。艮在东北方寻之，或山林之内，或近路边，或岩石旁，或藏土穴内。兑则寻于西方，或居泽畔，或败垣破壁之内，或废井缺沼之中。

译释：

占测失物能否找到，以体卦为主，用卦为所丢失的物品。体卦克制用卦，丢失的器物可以找到，但需要过一段时间；用卦克制体卦，丢失的物品就不能找到。体卦去生用卦，丢失的物品就难以找到；用卦来生体卦，丢失的物品容易找到。体卦用卦比和，物品并没有丢失，只不过是一时想不起来或放错地方而已。

还可以根据变卦来确定物品丢失的地方。如果变卦是乾卦，则失物可能在西北方找到，或丢在官邸、楼、阁等公共场所，或丢在金属、乱石之旁，或放在圆形器具之中，或丢在高而干燥的地方。

若变卦是坤卦，则可向西南方去找，或失物丢在田野之中，或丢在仓库之旁，或丢在农家耕种的地方，或丢在土窑、穴洞之中，或丢在泥瓦器具和方形器具之中。

若变卦为震卦，失物应往东方找，或失物丢在山林之中，或丢在丛棘之中，或丢在钟鼓等乐器之旁，或丢在热闹的市井中，或丢失在大路、大街之上。

若变卦是巽卦，则应向东南方寻找，或失物丢在山林之中，或丢在寺庙道观之旁，或丢在菜蔬果园之中，或丢在舟船车马之间，或丢在木制器具之中。

若变卦是坎卦，则应向北方去寻找，或失物藏在有水的地方，或在小溪、水井、沟洼、渠道之地，或在有酒、有醋的地方，或在有鱼、有盐的地方。

若变卦是离卦，则宜于向南方寻找，或在厨房之内，或在火炉之旁，或在窗明几净的地方，或丢在空房之中，或在有书籍的地方，或在有烟火的地方。

若变卦是艮卦，则宜于向东北方寻找，或失物丢在山林之地，或丢在靠近路边的地方，或丢在岩石之旁，或者藏在土穴孔洞之中。

若变卦为兑卦，则应向西方寻找失物，或处在沼泽、河岸，或丢在残垣破壁之内，或在废弃的水井和残损的池沼之中。

疾病占第十六

凡占疾病，以体为病人，用为病症。体卦宜旺不宜衰。体宜逢生，不宜见克。用宜生体，不宜克体。是故体克用，病易安；体生用，病难愈。体克用者，勿药有喜；用克体者，虽药无功。若体逢克而乘旺，犹为庶几。体遇克而更衰，断无存日。欲知生中有救，生体之卦存焉。体生用者，迁延难好；用生体者，即愈。体用比和，疾病易安。若究和平之日，生体之卦决之。若详危厄之期，克体之卦定之。若论医药之属，当审生体之卦。如离卦生体，宜服热药；坎卦生体，宜服冷药。如艮温补，乾兑凉药是已。

……

又问："乾上坤下，占病如何断?"

尧夫曰："乾上坤下，第一爻动，便是生体之义。变为震木，互见巽艮，俱是生成之义，是谓不灾，逢生之日即愈。"

又曰："第二爻动，如何?"曰："是变为坎水，乃泄体败金之义。金入水乡，互见巽离，乃为风火扇炉，俱为克体之义。更看占时外应如何，即为焚尸之象，断之死无疑矣。以春、夏、秋、冬四季推之，更见详理。"

又曰："第三爻动，坤变艮土，俱在生体之义，不问互卦，亦断其吉无疑。"

又曰："第四爻动，乾变巽木，金木俱有克体之义，互吉亦凶。木有扛尸之义，金为砖礅之推。是理必定之推，是埋尸必定之理。"

又曰："第五爻动，乾变离，反能生体，互交俱生体，是其吉无疑。更有吉兆则愈吉。凶则迟而忍死，其断明矣。"

又曰："第六爻动，乾变兑，则能泄体。互见巽艮，一凶一吉，其病非死必危。亦宜看兆吉凶，吉则言吉，凶则言凶。此断甚明。"

余卦皆仿此断，则心易无不验矣。

译释：

凡是占问疾病，以体卦为病人，以用卦为其病症。体卦卦气宜于旺盛不宜于衰弱。体卦宜于受他卦之生，不宜被他卦克制。用卦宜于生扶体卦，不宜于克制体卦。因此，体卦克制用卦，疾病易于痊愈，病体转安；体卦生扶用卦，疾病难以痊愈。体卦克制用卦，不用药而有病体自愈之喜；用卦克制体卦，即使服药就医也不会有功效。体卦虽然受克制，但体卦卦气旺盛，病体犹可以转危为安。体卦遇克而本身卦气衰竭，存活的日子就没有多久了。要知道能否转危为安、险中是否有救，就可以从生体之卦的卦气旺衰来推断。体卦去生用卦的，病情迁延而难以治愈；用卦来生体卦的，不久病体即可痊愈。体卦用卦比和，疾病宜于痊愈。如想推究病体转安和痊愈的日子，可以根据生体之卦来决断。若想详细知道病危的日期，根据克体之卦可以推断之。若想知道所服医药的温凉属性，应当详细考察生体之卦。如果是离卦生体，就适宜服用热性药物；若是坎卦生体，就宜于服用药性属凉的药物。如果艮卦生体卦，宜于服用温性之类的补药；如果是乾、兑之卦生体，服用凉性药物最为适宜不过。

……

有人问：“若是碰到乾卦在上，坤卦在下（即天地否卦），占问疾病怎样推断呢?”

邵尧夫先生说：“乾上坤下，假设初爻动，乾金为体卦，坤土为用卦，用卦来生体卦。初爻动，变卦为震木，互卦为巽卦和艮卦，坤、艮二土生乾金，都有生成之义，这就是说没有什么灾害，体卦碰到生扶之卦旺相的日子病就痊愈了。”

又问道：“假设第二爻动，又怎么样呢?”回答说：“第二爻动，下卦坤变为坎水，乾金生变卦坎水为泄气，有泄乾体之义。乾金入坎水之乡，互卦为巽卦和离卦，巽为风，离为火，风扇炉火，炉火愈旺，更有克制体卦乾金之义。再根据占卦时外应的表现征兆，来断吉凶何如。若征兆呈凶，切实见有火旺焚尸之象，可断必死无疑。依照春、夏、秋、冬卦气旺衰的情况来推断，可察见更详尽的道理。”

又说：“假设第三爻动，下卦坤变为艮土，俱有生乾体之义，不管互卦是什么，也可断病体转危为安，不日痊愈无疑。”

又说："假设第四爻动，上卦乾金变为巽木，坤体生乾金为泄气，巽木来克体卦坤土，即使下互卦与体比和，上互卦却有克体之义，这是先吉后凶之义，于事无补。而且巽木有扛尸出殡的含义，乾金有砖块砌墓的意象。这种道理再明白不过，必定是修理遗容、准备后事无疑。"

又说："假设第五爻动，乾金变为离火，反而能生体卦坤土，下互卦艮土与离卦离火都有生扶体卦的含义，这些都是吉兆无疑。如果还有别的吉兆，则是吉上加吉。如果征兆为凶，病人就只好迁延时日以待死期，这种占断也很明确。"

又说："假设第六爻动，用卦乾金则变为兑金，都为泄体气之象。上互卦巽木克体，下互卦艮土与体比和，一凶一吉，一吉难敌多凶。像这种情况，病人不是将死就是病危。也还需要参看外应的征兆，征兆吉则稍转其吉，征兆凶可言大凶。这样的推论亦很明确。"

其他各卦皆可仿此而断。卜者只要遵循心易的道理，则必然没有不应验的。

官讼占第十七

占官讼，以体为主，用为对辞之人与官讼之应。体卦宜旺，用卦宜衰。体宜用生，不宜生用；用宜生体，不宜克体。是故体克用者，己胜人；用克体者，人胜己。体生用，非为失理，或因官有所丧；用生体，不止得理，或因讼有所得。体用比和，官讼最吉，非但扶持之力，必有主和之义。

译释：

占测官司诉讼的情况，以体卦为主，以用卦作为对方和官司诉讼的情况。体卦卦气宜于旺盛，用卦卦气宜于衰弱。体卦宜于用卦来生，不宜去生用卦；用卦宜于去生体卦，不宜于去克制体卦。所以，体卦克制用卦的，必是自己得理，胜过对方；用卦克制体卦的，必是对方胜过自己。体卦去生用卦，不是自己失理，就是因为官司诉讼而有所损失；用卦来生体卦，不只是情理上胜诉，还可能因为官司诉讼而有所收获。体卦用卦比和，打官司最为吉利，不只是有人从中扶持调停，而且双方必定和好如初。

坟墓占第十八

占坟墓，以体为主，用为坟墓。体克用，葬之吉；用克体，葬之凶。体生用，葬之主冷退；用生体，葬之主兴隆，有荫益后嗣。体用比和，乃为吉地；大宜安葬，葬之吉昌。

译释：

占测坟墓的情况，以体卦为主，用卦作为所测之坟墓的情况。体卦克制用卦，在此地安葬吉利；用卦克制体卦，在彼地安葬大凶。体卦去生用卦，葬下去之后所葬之家门户渐渐衰微；用卦来生体卦，葬下去之后所葬之家兴隆昌盛，有福荫后代子孙的兆应。体卦用卦比和，必是吉利的墓地，宜于在此安葬，而且葬后世代吉昌。

右用体之诀，始以十八章占例，以示后学之法则。然庶务之多，岂止十八占而已乎？然此十八占，乃大事之切要者，占者以类而推之可也。

译释：

以上是用卦、体卦的具体应用秘诀，总共有十八章的占测例示，仅仅是作为示范后学的通用法则而已。天下的事物无穷无尽、纷繁复杂，十八占例原则又怎么能包括得了呢？然而，以上所列的十八占例示，乃是万事万物中大事件中的最主要者，占者只要明白以上的主要道理，其他的事情只要以类而推之就足够了。

三要灵应篇序

夫《易》者，性理之学也。性理具于人心者，当其方寸湛然，灵台皎洁，无一毫之干，无一尘之累。斯时也，性理具在，而易存吾心浑然。是《易》也，其先天之易也。及夫虑端一起，事根忽萌，物之著心，如云之蔽空，如尘之蒙镜。斯时也，汩没茫昧，而向之《易》存吾心者，泯焉尔。故三要之妙，在于运耳、目、心三者之虚灵，俾应于事物也。耳之聪，目之明，吾心实总乎聪明。盖事根于心，心该乎事。然事之未萌也，虽鬼神莫测其端，而吉凶祸福，无门可入。故先师曰："思虑未动，鬼神不知，不由乎我，更由乎谁?"

若夫事萌于心矣，鬼神知之矣。吉凶悔吝有其数，然吾预之知，何道与？必曰：求诸吾心易而已矣。于是寂然不动，静虑诚存，观变玩占，运乎三要。必使视之不见者，吾见之；听之不闻者，吾闻之。如形之见示，如音之见告。吾之璟然鉴之，则《易》之为卜筮之道，而《易》在吾心矣。三要不虚，而灵应之妙斯得也。是道也，寓至精至神之理，百姓日用而不知，安得圆机通三昧者，与之论此。先师刘先生，江夏人，号湛然子，得之王屋山人高处士云岩。

宝庆四年，仲夏既望，清灵子朱虚拜首序。

译释：

《周易》讲的是关于性命理气的大学问。当一个人心地湛然澄彻、心灵之中皎洁明了、没有丝毫的牵挂、没有些微的尘世拖累的时候，人本身所具的性命之理便存于人心之中。此时此境，性命之理就明明白白地存在着，而关涉天、地、人三才之道的博大易理也浑然而存在于我们心中。这就是先天易学。一旦思虑的端绪发动，事物之根因忽然萌发出来，世俗的凡物充塞着本心，这就好像无际的云翳遮蔽了晴朗的天空，层层的微尘蒙蔽了澄彻的明镜。斯时斯境，明净的心灵淹没在茫然昧暗的俗物中，而本来就存在于我们心灵之中的先天易学的精粹也就泯灭难寻。

所以，要觅寻先天之易的精粹，必须借助于玄妙灵机的耳、目、心三者之要，必须运用耳聪、目明、心思三者的空灵与澄彻，使之感应于事物的玄妙。耳之聪，目之明，而我们的心也囊括耳聪目明的功用。事物的发动根源于人的本心，而人的本心也总括了万事万物的道理。然而，在事情还未萌发的时候，即使是万能的鬼神也难以推测其神秘的端绪和机缘，更何况人呢。至于斯时斯境的吉凶祸福、休囚悔吝的玄机，更是无门可入。所以先贤师哲说道："在思虑未动的时候，即使是鬼神也不能知事物之玄机；这个时候，探测事物发生之先机，不由我来完成，还能由谁呢？"

至若事情的发展已萌动于心中，思念已动，而鬼神早已知道。事物的吉凶悔吝自有其定数，然而我们要去预知其定数，又是根据什么呢？答案只能是：向存在于我们本心之中的心易去探求罢了。因而，我们必须寂然不动，静心澄虑，诚意观物，观察事物的运化而玩味莫测的变占，充分运用耳聪、目明、心思的功用。一定要达到：一般人视而不见的变化，我们能够观察到；一般人听而不闻的事情，我们能够注意到。就好像事物之形已经昭然显示，事物之音已经皓然告知一样，我们都能够了然而明鉴之。那么，《周易》作为卜筮之道的功用已了然明彻，而《周易》玄妙的义理也早已存在于我们的心中。耳聪、目明、心思的功用若能运用自如，占筮之道的空灵玄应的妙处也就能够得到。这个道理，寓含着天下至精微、至神妙的玄理，而一般的人却整日使用它而浑然不知，这是何等的可悲。怎样才能遇到懂得耳聪、目明、心思之圆融、通达、玄妙的人，而与他谈论这玄秘高深的道理呢？我的先师刘先生，江夏人，号湛然子，得此妙道于王屋山人高云岩之处，就懂得此道的玄机和妙用。

宝庆四年，仲夏既望（即农历的五月十六日），清灵子朱虚敬拜顿首序之。

评析：

此节不仅谈《周易》卜筮之道的妙用，更重要的是指出性理之学才是《周易》的大学问、大智慧。因而，在学习《周易》的时候，不仅演习术数之卜筮之道，更重要的是探究囊括天、地、人三才之道的易理的哲学思想。

三要灵应篇

1. 三要者，运耳、目、心三者之要也。灵应者，灵妙而应验也。夫耳之于听、目之于视、心之于思，三者为人一身之要，而万物之理不出于视听之外。占决之际，寂闻澄虑，静观万物。而听其音，知吉凶，见其形之善恶，察其理之祸福，皆可为占卜之验。如谷之应声，如影之随形，灼然可见也。其理出于《周易》“远取诸物、近取诸身”之法。是编则出于先贤先师，采世俗之语为例。用之者鬼谷子、严君平、东方朔、诸葛孔明、郭璞、管辂、李淳风、袁天罡、皇甫真人、麻衣仙、陈希夷，继而得者邵康节、邵伯温、刘伯温、牛思晦、牛思继、高处士、刘湛然、富寿子、泰然子、朱清灵子。其年代相传不一，而不知其姓名者不与焉。

译释：

所谓“三要”，是指占测时运用耳聪、目明、心思三者的灵妙功用。所谓“灵应”，是指《周易》预测可以达到灵妙而应验的境地。耳为听觉器官，目为视觉器官，心为思维器官，这三者是人身上三种最为重要的器官，而万事万物的变化及其运动之理没有能超出我们的视听器官之外的。在占测决断的时候，寂静我们的闻听，澄清我们的思虑，静观万事万物的运化。辨识事物运化的声音，自然能推知事物发展变化的吉凶趋势。观察事物形迹的善恶意义变化，推察事物之理的吉凶祸福意义变迁，皆可为最终的占卜应验提供依据。这种灵验异常的情况，就好像空谷之回声的渐次传播，就好像影子与物形的相随相依，是鲜明而可察见的。其中的基本道理出自于《周易》的“远取诸物、近取诸身”的方法，取自于其基本的取类比象的原则。这一编则出自于先贤先师之手，并采用世俗的语言来列出最基本的例子，以为后人示范。使用这些基本理论的，有战国时期的鬼谷子，汉代的严君平、东方朔，三国魏晋时期的诸葛孔明、郭璞、管辂，唐代的李淳风、袁天罡，五代至宋的麻衣道人、陈抟、皇甫真人，继而又得此妙道的，有邵雍、邵伯温、刘伯温、牛思晦、牛思继、高处士、刘湛然、富寿子、泰然子、朱清灵子。其年代不一，相传各异，不知姓名的就不一一罗列了。

2. 原夫天高地厚，万物散殊，阴浊阳清，五气顺布。祸福莫逃乎数，吉凶皆有其机。人为万物之灵，心乃一身之主。目寓而为形于色，耳得而为音于声。三要总之，万物备矣。

右乃天地万物之灵，而耳、目、心三者之要，故曰“三要”。

译释：

至于天高远地深厚，万事万物分散而各不相同，阴气重浊而阳气轻清，五行（金、木、水、火、土）之气顺布于天下四方。事物的祸福没有能够逃脱那玄妙莫测的定数，人事的吉凶休囚悔吝也有其既定的机缘。人是万物中最灵长之类，而人的心则更是一身的主宰。目视天下万物而形成各种各样的形与色，耳听世间万物之各种各样的声音。耳、目、心三者会融其要，那么万事万物变化的道理就备于我们心中。

以上是叙述人为天地间万事万物之灵长，而耳、目、心是人一身之关健部位，故曰“三要”。

3. 是以遇吉兆而顺有吉，见凶兆而不免乎凶。物之圆者事成，缺者事败。此理断然，夫复何疑。

右乃占物克应，见吉则吉，遇凶则凶。

译释：

因此，如果在起卦和析卦的过程中遇到吉祥的征兆，那么所测之事办起来顺利而且吉利；如果见到凶而不吉的征兆，就难免有凶险之事发生。见到圆形的事物或器皿则表示所测之事能够圆满成功，见到残破缺损的事物或器皿则预示所测之事易流于失败。这样的道理显而易见，本来没有什么可疑惑的。

以上是说占测事物时所遇到的应验征兆，见到吉祥的征兆则吉利，遇到凶险的征兆则凶险。

4. 是以云开见日，事必争辉，烟雾障空，物当失色。忽颠风而飘荡，遇震雷而虚惊。月忽当面，宜近清光；雨乍沾衣，可蒙恩泽。

右乃仰观天文，以验人事。

译释：

所以，在占卦的时候乌云忽然散开而太阳又重新出现，所测之事必然会增光彩；烟雾弥漫忽然遮住了天空，万物就会顿时而失色，所占之事则暗淡而无光，难有理开的希望。忽然遇到一阵颠荡之风，则所占之事飘荡而没有定准；猛然听到震雷惊耳，则所占之事难免有虚惊之忧。月光忽然洒到了脸上，则主可以接近高雅清贵之人；小雨忽然沾湿了衣裳，则主可能得到贵人的恩惠和照顾。

以上乃是观察天文的变化，来验度人事变化的道理。

5. 重山为阻隔之际，重泽为浸润之深。水流而事通，土积而事滞。石乃坚心始得，沙乃放手即开。浪激主波涛之惊，坡崩主田土之失。旱沼之旁，心力俱竭；枯林之下，相貌皆衰。

右乃俯察地理，以验人事。

译释：

遇到重重山峦为事有阻隔不顺的象征，遇到大泽大沼为事有深厚浸润之力的象征。遇到流水则所测之事亨通顺利，遇到土丘则所测之事迟滞难办。遇到坚石则只有坚定信念才能获得成功，遇到散沙则只有将所行之事放手去干才能干好。波浪激荡主行船办事有波涛的惊险，山坡崩坏主有田土损失的忧郁。在干旱的沼泽之旁占测，则主所测之事使人心力交瘁，迁延难办；在枯干的林木之下占测，则主所测之事难办，使人都为之伤心而容貌衰竭。

以上是俯身观察地理的形貌，来测度人事运化的道理。

6. 适逢人口之来，实为事体之应。故荣宦显官，宜见其贵；富商大贾，可问乎财。儿童哭泣，忧子孙；吏卒叫嚣，忌官讼。二男二女，重婚之义；一僧一道，独处之端。妇人笑语，则阴喜相逢；女子牵连，则阴私见累。匠氏主门庭改换，宰夫则骨肉分离。逢猎者，得野外之财；见渔者，有水边之利。见妊妇，则事萌于内；遇瞽者，则虑根于心。

右乃人品之应，以验人事。

译释：

在占测析卦的时候，恰巧碰到有人来，则可根据来人的职业、地位、身份作为帮助判断占测之事的应验征兆。因而，如果走过来的是达官显贵，则所占之人可以去拜谒贵人而有得；若是富商大贾，则所占之人可以去求财利。如果有儿童哭泣，则所占之人为子孙之事而犯忧；若是官史差卒叫嚣喧闹，则应忌防官司诉讼。若是两男二女相伴而来，占测婚姻则有重婚的忧虑；若是一个僧人一个道士一路行来，占测之人则可能独身而未婚。若是妇女笑谈而来，所占之人则为阴喜之事；若是女子牵手而来，则因为隐私之事而受牵累。若是木匠、泥瓦匠，则主门庭即将改换；若是屠夫，则主有骨肉分离之事发生。若遇到狩猎之人，主所占之人可能得到野外的财富；若遇到打鱼的人，则所占之人会在水边得到好处。若遇到孕妇，则主所占之人的事情正在心里筹划；若遇到盲人，则虑从心中起。以上是观察所来之人的职业、身份、地位，来测度人事的变化。

7. 至于摇手而莫为，或掉头而不肯。拭目而喷嚏者，方泣；搔首而弹垢者，有忧。足动者有行，交臂者有失。屈指者多阻节，嘘气者主悲忧。舌出掉者有是非，背相向者防闪赚。偶攘臂者，争夺乃得；偶下膝者，屈抑而求。

右乃近取诸身之应。

译释：

至于有人摇手，则主所占之事属于不能做之类；若有人掉头而走或摇头，则主所测之事别人不答应。若是擦拭眼睛而打喷嚏的，则主正有哭泣悲忧之事；若是所占之人搔首而弹尘垢的，则主有忧疑之事而不能排解。若所占之人脚在不停地动，则主将要出行；若所占之人双臂交叉，则主有损失之忧。若所占之人手指屈曲，则主所测之事阻隔甚多；若所占之人唉声叹气，则主有愁悲忧疑之事而难排解。若所占之人舌头吐出口外，则主有是非口舌纷争之事；若所占之人背向着卜者，则主需防闪失、诈骗之事发生。若来人偶尔抱其双臂，则主所占之事需要经过争夺一番之后才能得到；若来人偶尔屈下双膝，则主所测之事需要卑躬屈膝而下求才能办成。

以上是通过观察测求之人的外应而判断。

8. 若逢童子授书，有词讼之端；主翁笞仆，防责罚之事。讲论经史，事体徒间于虚说；语歌词曲，谋为转见于悠扬。见赌博，主争斗之财；遇题写，主文书之事。偶携物者，受人提携；适挽手者，遇事牵连。

右乃人事之应。

译释：

若恰逢孩童授书，则主所占之人有官司诉讼的争端；若遇主人鞭笞仆人之事，则需防责备惩罚之事。若恰遇他人讲论经书史籍之类的学问，则所测之事往往流于空谈而难见其实；若恰逢有人笑语、欢歌、谱曲、作词，则主所谋划之事容易成功而悠扬快意。若恰遇他人正在赌博，则主所测之人有跟别人争夺财产的事情发生；若遇到题词写字之类的事情，则主所测之事与文章、书信、公文、案卷有关。若碰到有人偶然携带物品，则主所测之人有受人提携之义；若恰遇有人手挽着手，则主所测之人正遇某事有牵连。

9. 及夫舟楫在水，凭其接引而来；车马登途，藉之负载而往。张弓挟矢者，必领荐；有箭无弓者，未可试。持刀执刃，须求快利之方；披甲操戈，可断刚强之柄。缫丝者，事务繁冗；围棋者，眼目众多。妆花刻果，终非结实之因；画影描形，皆为妆点之类。络绎将成，可以问职；笔墨俱在，可以求文。偶倾盖者，主退权；忽临镜者，主赴诏。抱贵器者，有非常之用；负大木者，有不小之财。升斗，宜量料而前；尺剪，可裁度以用。见蹴鞠，有人拨剔；开锁钥，遇事疏通。逢补器，终久难坚；值磨镜，再成始得。玩斧磨钢者，迟钝得意；快刀砍木者，利器伤财。裁衣服者，破后方成；造瓦器者，成后乃破。弈棋者，取之以计；张网者，摸之以空。或持斧锯恐有伤，或涤壶觞恐有饮。或挥扇者有相招之义，或污衣者防谋害之侵。

右乃器物之应，即远取诸物之义。

译释：

至于遇到舟船停在水中，则所测之事需凭借别人的帮助和接济始能成功；遇到车马在征途中，必须凭借车马的负载才能前进。若遇到张开弓而挟着箭的人，则所测之事需要别人的引荐方能办成；若遇只拿箭而无弓的人，则所测之事连试都不用试，根本无成功的希望。若遇手持快刀利刃之人，则所测之事需找一个快捷麻利的方子始能成功；若遇披甲操戈之人，可断求测之人有强大的权柄。若遇到缫丝之人，则主所测之人事务繁杂、拖而难决；若遇到正在下围棋之人，则所测之事头绪繁多、难以清理。见假花假果，则所占之人没有扎实的成就可凭依；若遇到正在画影描形的人，则所测之人徒有其表。若遇缨络将要制成，则主所占之人可以占问官职方面的事；若遇笔墨俱全，则主可以参加文化考试之类的事情。偶尔见到别人翻转器盖的，主求测之人将离开所任职位；偶见别人忽然去照镜的，主所测之人可以去赴召。见他人怀抱贵重器皿的，主求测之人有非凡的才能；遇到背负大木材的，主求测之人要发大财。见到升和斗等衡量器具，主所求测之人应量力而行；见到尺子和剪刀，主求测之人应量材而用。见到别人在踢球，主求测之人背后有人挑拨事非；遇到别人正在开锁，则主所遇之事宜于疏通。遇到别人正在修补器皿，主所测之事终久难于久长；遇到别人正在研磨铜镜，主所测之事需二度才能成功。遇到使用斧头、磨制钢器的人，主所测之事迟钝才能获利；遇到快刀砍木之人，主利于所测之事，但财产上有损失。遇到裁制衣服，主所测之事先破损而后成功；见到制造瓦器，主所测之事先成功而后破败。见到他人正在弈棋，主所测之事需用点计谋方能成功；见到张网而捕鱼，主所测之事可望而不可即，没有准实。或遇到手持斧锯之人，恐求测之人会有伤害；或遇到洗涤壶觞的，主求测之人将有饮食之喜。见到有人挥扇乘凉，主求测之人被人招见；见到衣服被别人弄脏了的人，主求测之人须防别人的谋害和欺凌。

以上所讲的是器物与人事吉凶的关系，也是从远取诸物引延而来的。

10. 虽云草木之无情，亦于卜筮而有应。故芝兰为物之瑞，松柏为寿之坚。遇椿桧，则岁久年深；遇苗菰，则朝生暮死，占产占病，得之即死之兆。枝叶飘零当萎谢，根核流落主牵连。奇葩端的虚花，嘉果可以结实。

右乃草木之应。

译释：

虽然说草木无情，然而对于卜筮也有灵验的兆应。所以，灵芝兰草往往作为事物祥瑞的吉应，松柏往往作为健康长寿、生命坚强的瑞应。遇到椿桧之类的树木，则岁久年深，主所测之事宜于久长；若遇菌菇，为朝生暮死、不能久长的征兆，如占疾病、占生产，见此征兆，则标志即将死亡。看到枝叶飘零，则主人事衰败萎缩；看到树根露出、果核洒落，则主求测之人被事牵连。看到奇葩异花，主所测之事流于虚花，难以实成；看到饱满的果实，主所测之事必有好结果。

以上是草木与人事吉凶的关系。

11. 至于飞走，最有祯瑞。故乌鸦报灾，喜虫报喜。鸿雁主朋友之信，蛇虺防毒谋之害。鼠啮衣，有小口之灾；雀噪檐，有远行之至。犬斗恐招盗贼，鸡斗主有喧争。牵羊者，喜庆将临；骑马者，出入皆利。猿猴升木，身心不安；鲤鱼出水，变化不凡。绳拴马，疾病难安；架险禽，困人未脱。

右乃禽兽之应。

译释：

至于空中飞的、陆上跑的禽兽之类的动物，最具有预报事物发展趋势的祯瑞。所以，一般讲来，乌鸦预报有灾将至；喜虫（喜鹊之类）预报喜事将至。鸿雁主有远方朋友的信来，毒蛇大虫主有别人暗算谋害。老鼠啮咬衣服，主有口舌纷争之事；麻雀在屋檐下鸣叫，预告远道的客人将至。两狗咬架，恐怕招致盗贼，须宜防之；两鸡相斗，主有喧闹争执之事。若遇到牵羊的人，主将有喜庆之事；若遇到骑马的人，则主出入都会有所收获。见到猿猴爬到树上，主心神难宁；若见鲤鱼从水中跃出来，则主所测之事变化不凡。若遇绳索上拴着马，主疾病难于痊愈；若遇飞禽陷在木笼之中，则主受困之人未脱窘境。

以上是禽兽的变化与人事吉凶的关系。

12. 酒乃忘忧之物，药乃怯病之方。故酒樽忽破，乐极生悲；医师道逢，难中有救。藤萝之类堪依倚，虎豹之象可施威。耕田锄地者，事势必翻；破竹剖竿者，事势必顺。春花秋月，虽无实而有景；夏棉冬葛，虽有用而背时。凉，扇多主弃损；晴，伞渐逢闲废。泡影电光，虚幻难信；蛛丝蚕茧，巧计方成。

右乃杂见观物之应。

译释：

酒是引以忘忧的东西，药是借以消除疾病的良方。因而，酒杯忽然破碎，则主有乐极生悲之事；若在路上恰逢医生，则主所测之事在危难中有人救解。遇到藤萝之类的东西，则主求测之人有可以依靠的人；见到虎豹之类凶威的物兆，则主可以施展威力。见到有人正在耕田锄地，主所测之事必然翻腾；见到有人正在剖破竹竿，则主所测之事必然顺心遂意。春日的花，秋夜的月，虽然不结果实但有可欣赏的风景，主所测之事没有结果；夏天的棉衣，冬天的葛席，虽然有用处，但却已过了季节，主所测之事已过时而无用。凉天见到扇子，主所测之事已经弃损过时；晴天见到雨伞，主所测之事已被搁置而废弃。见到泡影电光，主所测之事虚幻难信；见到蛛丝蚕茧，主所测之事需用巧计才能成功。

以上是观察到一些外物而联系到与人事吉凶的关系。

13. 若见物形，可知字体，故石逢皮则破，人傍木为休。笠漂水畔，泣字分明；火入山林，焚形可见。三女有好私之扰，三牛有奔走之忧。一木两火，荣耀之光；一水四鱼，鳏寡之象。人继牛倒防失脱，人言犬中忧狱囚。一斗入空门者斗争，两丝挂白木者乐事。一人立门，诸事有闪；两人夹木，所问必来。

右乃拆字之应。

译释：

见到一些特殊物品的形象，再结合当时特殊的环境，亦可构知某些字体。因而，石头旁有皮衣，即构成“破”字；人站在树木之旁，则构成“休”字。斗笠在水中漂浮，“泣”字就非常分明；山林之中有火，“焚”字的形状就非常明显。三个女人聚在一起，就有“奸（姦）”私之事相扰；三头牛碰在一起，则有“奔（犇）”走的忧虑。一木加两火，则有“荣（榮）”耀之光。一水之中有四条鱼，则有“鳏”寡孤独之象。人继牛倒，防有“失”脱之事发生；人在狗群之中说话（言），则防有牢“狱”之灾。一个斗进入空门的，主有“斗（鬥）”争之事发生；一条白木杆上挂着两缕白丝，主有喜“乐（樂）”之事。一人立在空门之中，防诸事有“闪”失。两个人中间有一树木或木材，则主所问之人必然到“来（來）”。

以上是根据拆字的道理来说明人事变化的吉凶。

14. 复指物名，以叶音义。如见鹿可以问“禄”，见峰可以言“封”。犁主分离，桃主逃走。见李，问讼则得理；逢冠，问名则得官。鞋为百事和“谐”，盒则百事可“合”。难以详备，在于变通。

右即物叶音之义。

译释：

还可以指物称名，以事物之谐音来取事物吉凶祸福之含义。比如，见到鹿可以动问财禄，因“鹿”与“禄”音通；见到蜂虫可以问封官授职之事，因为“蜂”与“封”谐音。梨子主分离，因“梨”与“离”谐音；桃子主逃走，因“桃”与“逃”谐音。见到李子，则主打官司会得理；适逢帽子，求问功名则可以得官。鞋主诸事和谐，“鞋”与“谐”谐音；盒主诸事可以和好，“盒”与“合”谐音。像这种谐音取义的例子还有很多，难以一一列举，关键在于灵活、变通运用之。

以上讲的是事物谐音与人事祸福的关系。

15. 及夫在我之身，实为彼事之应。故我心忧者，彼事亦忧；我心乐者，彼事亦乐。我适闲，彼当从容；我值忙，彼当窘迫。

右即自己之应，近取诸身之应。

译释：

至于在我身上所表现出来的外应，亦可应在求占之人的身上。当我心情忧虑的时候，求测之人的事亦令人担忧；当我快乐的时候，其所测之事亦令人快乐。我正在闲适之时，求占之人一定也从容优游；我正在忙碌的时候，求占之人也一定处在窘迫的境地。

以上观察自己身上的外应来推断所测之事的吉凶，这取自《周易》的“近取诸身”之义。

16. 欲究观人之道，须详系《易》之辞。“将叛者其辞惭，将疑者其辞支。吉人之辞寡，躁人之辞多。诬善之人，其辞游；失其守者，其辞屈。”

右乃一动一静之应，近取诸身之义。

译释：

若想推究观察别人和自己的方法，还必须详细弄明白《周易·系辞》的基本道理。《系辞》说：“将叛变的人，说话时定有惭愧的神色；心中有疑惑的人，因为心里没有定准，说话时多支吾其词。吉祥之人言辞负责而正直，所以说话少而精；浮躁之人，因为没有安定的心性，因而轻浮而多言，言多必失。诬陷善良之人的人，因为心中有鬼，所以其说话游移而不太肯定；丧失操守的人，说话时语气卑屈而言辞难壮。”

以上是观察动静的变化与人事吉凶祸福的关系，也是有“近取诸身”的吉凶含义。

17. 既推五行，须详八卦。卦吉而应吉终吉，卦凶而应凶终凶。卦应一吉一凶，事体半凶半吉。明生克之理，察动静之机，事事相关，物物相合。此五行八卦及克应动静之理。活法更存乎方寸，玄机又在于师传。纵万象之纷纭，唯一理而融贯。务要相机而发，须要临事而详。

右言占卜之理，在人变通之妙。

译释：

根据五行生克制化的道理来推测吉凶，还必须详细考察八卦的含义和基本内容。从卦上看吉利，征兆又吉的，则所占测的人或事就都吉利；卦兆凶险，征兆虽吉，也不能掩盖所求占之人或事的凶险。卦义和外应一个吉，一个凶，所测占之人或事处于半吉半凶的状态。推测事物发展的吉凶悔吝的情况，必须深明五行生克制化乘侮的道理，详察动静之卦的玄机以及事物动静所特有的吉凶含义；任何事物都是相关联的，在某种程度上都有某些联系；一物与他物在某种层面上也有相合的契机。这就是五行八卦、克应动静所蕴含的基本道理。灵活运用的秘诀和方法只存在于自己方寸之心中，难以用言辞明白地叙述出来；玄秘的机缘和诀窍还在于先师的心传口授中，没有一定的造化难得其真传。事物纵然纷纭复杂，变化万千，但贯穿于其中的却只有一个道理，这就是我们所研究的玄机的义理。因此，我们在具体应用的时候，务必准确地捕捉住事物吉凶休囚悔吝的玄机，见机行事；务必结合所测之事具体分析，找出所测之事的契机。只有这样，才能灵活变通，准确施占。

以上是说，占卜的道理关键在于人的灵活变通使用。

18. 嗟夫！方朔射覆，知事物之隐微；诸葛马前，定吉凶于顷刻。皇甫坐端之妙，淳风鸟觉之占。虽所用之有殊，诚此理之无异。

右言三要灵应妙处。

译释：

是啊！汉代的东方朔射覆的时候，可以测知所测事物隐细微妙的情况；三国时的诸葛亮立于战马之前，能在顷刻之间预知战事的吉凶祸福。皇甫谧端坐之时，不用问可测知来人之事的神妙；唐代的李淳风可以通过鸟觉之占，而测知天下之事的吉凶。这是多么玄妙！虽然他们所用的方法迥异，但融贯于其中的道理却是一致的。

以上所述的是运用耳、目、心三要所带来的灵妙而应验的好处。

19. 可以契鬼神之妙，可以会蓍龟之灵。然人非三世，莫能造其玄；心非七窍，莫能悟其妙。故得其说者宜秘，非其人者莫传。轻泄天机，重遭阴谴。造之深，可以入道；用之久，可以通神。

右言灵应之妙，不可轻传妄授，宜秘之重之，以重斯道也。

译释：

梅花易占的灵应玄妙，可以同万能的鬼神的玄秘相契合，可以同蓍草神龟的灵验相媲美。然而，如果没有祖、父、自身世代的传授与参悟，便没有人能达到以上的玄妙境地；如果心性不是非常地伶俐聪明，便不能契悟到其中的灵验与玄妙。所以，有幸得到传授的人应该珍惜秘藏之，不是学习《周易》之人不可传授予他。否则，轻则随便泄露天机，重则将会遭到大自然的惩罚。造化好、天性高的人，可以进入到《周易》玄妙的境界里去；经常运用且年长日久、得其妙道的人，可以达到神妙的境界，就好像可以与神灵相通一样，必能出神入化。

以上所说的梅花易占三要的灵应玄妙的好处，其基本方法和基本道理不可轻易传授，不是习研之人不可妄授之。为了重视这一神秘的道理，应当秘藏珍惜，不可将此书轻易示人。

评析：

《梅花易数》中一个重要的观点，就是预测的准确性不仅取决于卦内功夫，而且还取决于卦外功夫，即“外应”。所谓外应就是占卜者悟性的高低、反应的灵敏度及对外界事变的深刻察悟，也就是《梅花易数》中所说的“克应”。

外应的应用，对于易占非常重要。一个易占高手，常常不占而知事物之情状，不筮而知事物之隐微，所谓“善易者不占而已矣”。但是这种不占，并不是真的什么也不凭借而胡编乱造，而是在于观察到了外在世界某种情态的变化，并由此种变化而准确地预知到了某事物的发展变化态势，这是所谓“不占而占”。这种不占而占的诀窍就在于善于把握外界事物发展过程中所表现出来的征兆，即善于观察和把握外应而已。

《梅花易数》盛赞“方朔射覆，知事物之隐微；诸葛马前，定吉凶于顷刻。皇甫坐端之妙，淳风鸟觉之占”，可谓千古盛事。说白了，“诸葛马前，定吉凶于顷刻”也只不过是孔明善于观察事物发展的征兆，善于把握外应，善于利用外应，也即“见微知彰”的功夫了得而已。

由偶然出现的小事联想到所要进行的大事的发展态势，不是无规则而毫无条理的，而是要观察到某些事物之间所特有的联系。也就是说，这种。“见微知彰”的功夫要有所凭借，要遵循某些特有的规则。这些规则，也就是“三要灵应篇”里所阐述的主要内容。掌握了“三要灵应篇”的主要内容，我们才能更好地适时、准确、灵活地把握外应，也才能更好地利用外应。

外应在断卦过程中起着重要作用。如“少年有喜色占”、“牛哀鸣占”，单看体用生克比和难断吉凶。在具体分析体用生克比和之后，因少年无故而喜可往吉断，遂断少年有币聘之喜；因牛无故而悲则可往凶推，故断牛有屠宰之害。外应从而起一个帮助分析吉凶的作用。

“三要灵应篇”关于外应的部分，几乎涉及了梅花易占应注意的所有方面，它不仅详细论述了各类物事的特性以及与人事的相关之处，而且还涉及了《梅花易数》的一些具体占断方法。

此外，“三要灵应篇”所列的具体事项，不仅使我们对梅花易外应占事的特点有一基本了解，对外应的基本物类有所把握，同时也为我们断来意提供了某些帮助。常有许多占者为难测求占者来意而苦恼，而不知所措，有了“三要灵应篇”之后，我们可以结合外应所提示的物类，依据卦象和卦的体用生克比和关系所提示的可能，以断来意。这为判断来意提供了一条较好的路子。纳甲筮法断来意，亦可参照“三要灵应篇”。

十应奥论

“十应”固出于“三要”，而妙乎“三要”。但以耳目所得，如见吉兆，而终须吉；若逢凶谶，不免乎凶，理之自然也。然以此而遇吉凶，亦有未然者也。黄金白银，为世之宝，“三要”得之，必以为祥；“十应”之诀，遇金有不吉者。利刃锐兵，世谓凶器，“三要”得之，亦以为凶；“十应”之说，遇兵刃反有吉者。又若占产见少男，“三要”得之，得为生子之喜；“十应”见少男则凶。占病遇棺，“三要”占之必死，“十应”以为有生意。例多若此，是占卜者不可无失应也。

译释：

“十应”固然从“三要”变化衍变而来，却比“三要”更加玄妙灵验。但是，凭借耳目所获得的外部信息，比如见到吉庆的征兆，而最终的结果必然吉利；若遇到凶险的谶兆，所做之事就难免凶险不断，这是自然的常理，没有什么好奇怪的。然而，仅仅以这种方法去判断事物的吉凶祸福，也常常有与此不尽然一致的地方。比如黄金白银，世人都视之为珍宝，用“三要”的方法来判断吉凶，必然认为是吉事的预兆；但是从“十应”这个方面来看，遇到黄金也有不吉祥的地方。锐利的兵器，世人多称之为凶器，从“三要”这方面来看，也认为遇利刃锐器为凶险之兆；若是从“十应”这一方面说来，遇到兵器反而也有吉利的情况。又比如占生产若遇到有少男在场，从“三要”这方面来看，应该为生子之喜兆；但从“十应”这方面来看，见少男则为凶兆。占疾病遇到棺木，从“三要”这一方面来看，为病人必死之兆；但从“十应”这一方面来看，病人却还有生存的预兆。像这样的例子还有很多，难以尽举。所以，占卜之人在占测的时候，必须灵活多变，不能忽略了以上所提到的一些情况。

十应目论

“十应”并以体卦为主，诸用卦为用。每以分内外体，用卦参看为妙。内卦不吉，而外卦又吉，可以解其不吉；内卦吉，而外卦不吉，反破其吉。若内外卦全吉，则断然吉；全凶，则断然凶。其内吉外凶，内凶外吉，又须详理以断吉凶，不胶柱鼓瑟也。外卦“十应”之目，则有“天时”、“地理”及“写字”等。其十一类之应，并以体卦为主，而随其所应，以为用也。

译释：

“十应”占卦之法，也以体卦为主为体，其他用卦（即用、互、变）为宾为用。并以以上所述诸卦为内卦，而以外部征兆之卦为外卦，并将两者结合起来参看才能达到妙处。内卦显示不吉利的，而外卦之征属吉的，可以缓解其不吉的程度；内卦显示吉兆，而外卦之征兆显示不吉的，反而可以破坏内卦之吉。如果内卦、外卦都属吉利之占，则断然为吉；如果内卦、外卦皆属凶险之兆，则断然为凶。其中内卦吉利而外卦凶险的，或内卦凶险而外卦吉利的，必须详细推测卦理及外部征兆的情况，才能明断所测之事的吉凶。在这个过程中，决不能胶柱鼓瑟，死搬教条，偏执一端，必须灵活占断。

外卦“十应”的项目，主要有“天时”、“地理”以及“写字”等。其具体的分类之应，皆以体卦为主，而随时随地参照外部的不同征兆，来作为判断吉凶的参照。

复明天时之应

如天无云翳，明朗之际，为乾之时，乾兑为体，则比和而吉；坎为体，则逢生而大吉；坤艮为体，则泄气；震巽为体，则见克而不吉矣。晴霁日中，为离之时，坤艮为体，则吉。雨雪为坎之时，震巽为体则吉，离为体则不吉。雷风为震巽之时，离为体则吉，坤艮为体则不吉。此天时之应也。

译释：

如果大气晴朗，万里无云，即为乾卦之时。在这个时候占测，若乾兑为体卦，则天时之乾与体卦乾兑比和，则为吉兆；若坎卦为体，则天时之乾来生体卦而体逢生，则为大吉之兆；若坤艮为体卦，则体卦生天时之乾为泄气，泄气则难言吉；若震巽为体卦，就会受天时之乾克制，受克则为不吉。雨雪之后而天气晴朗、日照万物之际，为离卦之时，若坤艮为体卦，天时之离来生坤艮之体，则为吉兆。若遇下雨飘雪的日子则为坎卦之时，如遇震巽为体卦，则天时之坎生震、巽之体，则所测之事为吉；如果离卦为体，则天时之坎克离卦之体，则为不吉之兆。打雷、刮风的日子为震、巽之时，若离卦为体，则天时之震、巽来生离体，则为吉兆；若坤艮为体，则受天时之震、巽之克，受克为不吉之兆。天时就是这样来作为预测应验的参考因素的。

复明地理之应

茂树秀竹，为震之地，离与震巽为体则吉，坤艮为体则凶。江湖河池，川泽溪涧，为坎之地，震巽与坎为体则吉，而离为体则凶。窑灶之地为离，坤艮并离为体则吉，而乾兑为体则不吉。岩穴之地为艮，乾兑与坤艮为体则吉，坎为体则不吉。此地理之应也。

译释：

茂密的树林、清秀的竹林为震卦之地貌。处在这样的环境预测，若遇离卦为体，则地理之震生之，若震巽为体卦，则地理之震与之比和，两者皆为吉占。若坤艮为体卦，则地理之震木克之，为不吉之占。

大江大湖，河流池塘，大川、沼泽、小溪、山涧，为坎水之地。在此卜占，若遇震巽为体卦，则地理之坎水生之，若遇坎卦为体卦，则地理之坎水与之比和，此两者皆为吉利之占。若离卦为体，则坎水克之，为不吉之占。

窑洞灶炉之类的地方为离卦之地。若坤艮为体卦，则地理之离卦生之，若离卦为体卦，则地理之离卦与之比和，此两者皆属吉利之占。若乾兑为体卦，则地理之离卦克之，属不吉利之占。

岩崖洞穴之类的地方为艮卦之地，处在此类地方占卦，若乾兑为体卦，则地理之艮卦生之，若坤艮为体卦，则地理之艮卦与之比和，此两者皆属吉利之占。若坎卦为体，则地理之艮卦克之，属不吉利之占。

这就是地理环境与人事吉凶祸福之间的关系。

复明人事之应

人事有论卦象五行者，有不论卦象五行者。论卦象，则老人属乾，老妇属坤，艮为少男，兑为少女之类。五行生克比和之理，与前天时地理之卦同断。其不分卦象五行者，则以人事之纷，了见杂出，有吉有凶，此应则随其吉凶而为之兆也。又观其事，则亦为某人。此人事之应也。

译释：

关于以人事来作为外部之征兆，在具体的测断过程中，有的按照卦象五行之理来推断，有的则不按照卦象五行之理来推断。

以卦象而论人事的，即年老的男人属乾卦，年老的妇人属坤卦，艮卦为年轻男子，兑卦为青年女子，等等。卦象之间的五行生克比和之理运用，与前面所述的天时、地理同断即可。

那些不依卦象、五行来论人事的，则以人事中纷乱或层出不穷的预兆作为预测吉凶的参考。还可随时观察人事所显示出来的吉凶预兆，以作为人事吉凶之兆的推断。这就是以人事的外部征兆来推测所占之事的吉凶。

复明时令之应

时令不必论卦象，但详其令，月日值之。五行衰旺之气，旺者，如寅卯月日，则木旺；巳午之月日，火旺；申酉之月日，金旺；亥子之月日，水旺；辰戌丑未之月日，土旺。衰者，如木旺则土衰，土旺则水衰，水旺则火衰，火旺则金衰，金旺则木衰。是故生体之卦气，宜值时之旺气，不宜衰气。如克体卦气，则宜乘衰。此时令之应也。

译释：

用时令季节作为卦应，则不必论卦象，只要推详当令的月日所值的五行旺衰之气就足够了。时令与五行旺相的关系：如月、日地支属寅卯的就木旺；若在巳、午之月、日占卦，则火旺；若在申、酉之月、日占卦，则金旺；若在亥、子之月、日占卦，则水旺；若在辰、戌、丑、未之月或日占卦，则土旺。五行死衰的，如木旺相则土死衰，土旺相则水死衰，水旺相则火死衰，火旺相则金死衰，金旺相则木死衰。因而，生体之卦的卦气，宜于值旺相之时令，而不宜值衰弱之时令。至于克体之卦的卦气，则宜于值卦气衰竭的时令。这就是时令与人事吉凶占测的关系。

复明方卦之应

即分方之卦，如离南坎北，震东兑西，巽东南，乾西北，艮东北，坤西南类也。论吉凶者，看来占之人在何方位，而以用卦参详。如坎为用卦，宜在坎与震巽之位，在离则不吉。离为用卦，宜在离与坤艮之位，在乾兑之位则不吉矣。盖宜在本卦之方，为用卦生之方，不宜受用卦克也。

若夫气在之卦，所在之方，又当审之。如水从坎来，为坎卦气旺；水从坤艮来，则坎之卦气衰。火从南来，为离卦气旺；如从北来，则离卦之气衰。余皆仿此。大抵本卦之方，生为旺，受克为衰，宜以体卦参之。生体卦气，宜受旺方；克体卦气，宜受衰方。此方卦之应也。

又震巽之方，不论坤艮；坤艮之方，不论坎；坎方，不论离；离方，不论乾；乾兑之方，不论震巽。以其寓卦，受方卦之克也。

译释：

所谓方卦，就是后天八卦之中所分属方位之卦，即离南坎北，震东兑西，巽东南，乾西北，艮东北，坤西南。以方位之卦而论断吉凶的，则是看来占之人站在何方位上，以其所在方位之卦对照用卦而判断吉凶。比如坎卦为用卦，来测之人则宜于在北方或东方、东南方，在南方则不吉。若离卦为用卦，则求占之人宜于在南方或西南、东北方，在西北方或西方则不吉。大抵说来，来占之人宜在本卦之方位，或者在受用卦所生的方位则吉，不宜在用卦克的方位。

分析所在之卦的卦气旺衰，也需要详细分析所论卦的方位。比如水从北方来，则坎卦卦气旺；水从西南方或东北方来，则坎卦卦气衰弱。若火是从南方而来的，则为离卦卦气旺盛；若火是北方而来的，则离卦卦气衰弱。其余皆仿此类推。大抵所论的本卦之方位，受方位之卦生的则为旺相，受方位之卦克的则为衰弱。也应该以体卦来推论。若是生体之卦，则所测之人宜站在使生体之卦卦气旺盛的地方，可增其吉庆。若是克体之卦，则所测之人宜站在使克体之卦卦气衰竭的地方，可稍减其凶。这就是方位之卦与人事吉凶的对应关系。

此外，若求测之人站在震、巽之方，用卦为坤艮则不必论之；若求测之人站在坤、艮之方，用卦为坎则不必论之；若求测之人在离方，用卦为乾则不必论之；若求测之人站在乾、兑之方，用卦为巽、震则不必论之。因为这一些卦受求测之人所在方位之卦的克制，故没有必要而论了。

复明动物之应

动物有论卦象者，乾为马，坤为牛，震为龙，巽为鸡，坎为豕，离为雉，艮为狗，兑为羊。又螺蚌龟鳖，为离之象；鱼类为坎之属。此动物之卦，以体详与。又不论卦象五行者，如乌鸦报灾，灵鹊报喜；鸿雁主有书信，蛇虫防有毒害；鸡唱为家音，马嘶为动意。此动物之应也。

译释：

以动物来作为预测人事吉凶的外兆时，有以八卦卦象而论的，如乾为马，坤为牛，震为龙，巽为鸡，坎为猪，离为野鸡，艮为狗，兑为羊类。此外，螺蚌龟鳖，可以归属为离卦之象，鱼之类可以归属为坎卦之象。这些动物之类的八卦卦象，可以结合体卦在剖断时详细考察之。

还有不根据八卦之象及其五行生克制化的道理来推测动物之征兆与人事关系的。比如，乌鸦主预报灾害的到来，灵敏的喜鹊预报喜事的来临；鸿雁主有远方的书信来，蛇虫提示人们应预防毒害的侵凌；鸡叫主有家书传音，马嘶主将要远行之兆。这就是动物的反应与人事吉凶的关系。

复明静物之应

器物之类，有论卦象者，如水属坎，火属离，木之气属震、巽，金之气属乾、兑，土之气属坤、艮，其体卦要参详。其不分卦象者，但观其器物之兆，如物之圆者事成，器之缺者事败。又详其器物是何物，如笔砚主文书之事，袍笏主官职之事；樽俎之具有宴集，枷锁之具防官灾。百端不一，审其器物。此静物之应也。

译释：

关于占测时周围环境中的静物之类，在预测分析时有以其卦象而推论的，如水属坎，火属离，木质的器物属震、巽，金属之类的器物属乾、兑，泥、瓦之类的器物属坤、艮。运用这些兆象时，应该以体卦为主详细推测其与人事吉凶的必然关系。

也有不以器物所属之八卦卦象而推论的，而是只观察器物所显示的外兆与人事的关系。比如，见到圆形器物预示着事情容易成功，见到破损器物预示着事情最终要失败。

此外，还需弄清器物属何类之物及其与人事的关系。若占测时忽见笔砚等物，则主与文章、奏章、案卷、文件等文书之类有关；若占测时看到官袍笏器之类的物品，则主与官职之类的事有关。若遇酒樽菜板之类的器物，则主将有宴饮欢聚之类的事情发生；若见到枷锁之类的刑具，则须预防牢狱之灾或官讼之扰。各种各样的器物多种多样，应该详细考察它们与人事的关系，加以参考而论人事之吉凶。

这就是静物与人事吉凶的关系。

复明言语之应

闻人言语，不论卦象，但详其所言之事绪而占卜之。应闻吉语则吉，闻凶语则凶。若闻闹丛言语喧集，难以决断。若定人少之处，或言语可辨其事绪，则审其所言何事，心领而意会之。如说朝廷迁选，可以求名；论江湖州郡，主出行；言争讼之事，主官司；言喜庆之事，利婚姻。事绪不一，随所闻而依之。此言语之应也。

译释：

听到别人说话，难以取论卦象，只要详细注意所说之事的端绪并与所占之事联系起来考察就可以了。听到吉祥的话语，则为吉利的征兆；听到凶险的言语，则为凶险的征兆。如果是在人群丛集、言语嘈杂的闹市，难以取言语之应而断，可不必论之；若在寂静人少的地方，或在所说之话语可以分辨其端绪的地方，则应该详细审查所说的是什么事，从而心领神会，继而测断与所占之事的关系。如所说的是有关朝廷提升选拔之事，则预示可以求取功名，或与求取功名之事有关。若正在谈论江河湖泊、州县府郡等地的风俗与民情，则主与出行之事有关。若正在谈论纷争、诉讼之类的事情，则主与官司词讼之类的事有牵连。若正在谈论喜悦欢庆之类的事情，预示着利于婚姻之类的喜事。

事情的端绪不相同，应随着所听到的具体内容而依事以断其吉凶祸福。这就是言语之应与人事吉凶的关系。

复明声音之应

耳所闻之声音而论卦象，则雷为震，风声为巽，雨声为坎，水声为坎。鼓拍梎柝之声，出于木者，皆属震巽；钟磬铃铙之声，出于金者，皆属乾兑。此声音之论卦象，若为体参详决之。如闻声有欢笑之声，主有喜；悲愁之声，主有忧；歌唱之声，主快乐；怒号之声，主争喧。至若物声，则鸦报灾，鹊声传喜。鸿雁之声主远信，鸡凫之声为佳音。此类推声音之应也。

译释：

耳所听到的声音，也可以声音所属的八卦属象来推论。那么，雷声属于震卦，风声属于巽卦，雨声、水声属于坎卦。鼓拍梎柝之类的声音，凡是由木制乐器或与木有关之乐器发出的声音，皆可归属震卦或巽卦。钟声、馨声、铃声、铙声之类，以及其他金属性的乐器发出的声音，皆可归属乾卦或兑卦。这是以声音所属的卦象来推论，在具体决断事物之吉凶时，还必须以体卦为主而详细参论之。

此外，还可根据所听声音的感情色彩来推断吉凶。若听到欢笑的声音，则主有喜事；若听到悲伤愁叹的声音，则主有忧虑之事；若听到欢快的歌声，则主有快乐之事；若是愤怒呵斥之声，则主争纷喧闹。至于动物的声音，则乌鸦叫预报灾害将至；若闻鹊声，则主将有喜事传来；若闻鸿雁之声，则主将有远信来；若闻鸡鸣鸭叫之声，则主将有佳音传来。这是以声音来类推人事吉凶的变化。

复明五色之应

五色不论卦象，但以所见之色推五行。青碧绿色属木，红紫赤色属火，白属金，黑属水，黄属土。外应之五行，详于内卦之体用。生克比和，吉凶可见。此五色之应也。

译释：

青黄赤白黑五色，不以八卦之象来推论，只以所见颜色的五行来推断就可以了。青绿色、碧绿色五行属木，红色、紫红色五行属火，白色五行属金，黑色五行属水，黄色五行属土。关于颜色外应五行的吉凶意义，还必须结合本卦的体用生克比和之理来综合论断，才能推断所测之事的凶吉福祸。这是五色在推测人事吉凶中的应用。

遗　论

万物卦数，本由于《易》。今观此书，止五行生克之理，“十应”、“三要”之诀，例不同《易》，何也？盖未有《易》书，（先）有易理。《易》书作于“四圣”之后，易理著于“四圣”之先。人心皆有易理，则于《易》也占卜无非用卦，卦即《易》也。若得《易》卦爻，观其爻辞卦，以断吉凶悔吝，更为妙也，未尝不用《易》。又观寓物卦数，起例之篇，止用内卦，不用外卦，何也？盖泛泛人起卦之诀，“十应”为传授之诀，若观梅卦例曰：“今日观梅得革，知女折花有伤股。明日观梅得革，亦谓女子折花，可乎？”占牡丹例曰：“今日算牡丹为马践毁，异日算牡丹亦为马践，可乎？”是必明其理。又如地风升卦，无饮食之兆，而知有人相请，此要外应决之。

译释：

万事万物所蕴含的八卦之数，本根源于《周易》之书。而《梅花易数》一书，却只讲八卦五行生克制化之理，只讲“十应”、“三要”之歌诀，其体例、内容与《周易》不同，这是为什么呢？因为在《周易》未成书之前，《周易》所阐述的囊括天、地、人三才之道的易理就已明明白白地存在了。《周易》成书于伏羲、文王、周公、孔子四位圣人之后，而《周易》之理却在四位圣人之前就已存在了。人们的心中本来存有着《周易》的基本道理，但一般人却认为只有懂得了占卜、用卦才能懂得《周易》，把八卦看做是《周易》。这是何等错误的看法。取得一卦之后，看《周易》卦爻辞，根据《周易》卦辞来剖断事物的吉凶悔吝，也有非常奇妙之处，这也不能说它完全不用《周易》。

此外，观察万物并根据万物所属卦象、卦数来起卦的篇目，只用内卦而不用外卦，这又是为什么呢？这是教授一般人的起卦析卦方法，因而对其他的则不能过多涉猎。“十应”、“三要”是更高级的、进一步的传授方法。比如“观梅占”例，当时观赏梅花得革卦，断女子明日折花失惊坠股，若以后观赏梅花又得革卦，再断有女子折花断股，这样可以吗？再如“牡丹占”例，当时算牡丹次日中午为马所践毁，以后算牡丹再断被马所践毁，可以吗？这些显然是不行的。因此，在具体的剖断过程中，必须根据当时的具体情况，弄明其中的卦理以及其中的道理。再如占饮食得地风升卦，本无饮食的兆象，亦断有人相请，这其中的诀窍主要在于对外应的观察和应用。

评析：

“十应”在梅花易占中的应用，亦以体卦为主，诸用卦为用，每以分内体外用参看为妙。内卦（即所起之本卦、互卦、变卦，皆以体卦为主）不吉，外卦（即以十应法所论之卦）吉，可以稍解其不吉。若内卦吉而外卦不吉，可以稍破内卦之吉。如果内外卦全吉则断然吉，若全凶则断然凶。若吉凶参半，则需参看具体情况而断之。

“十应”在析断的过程中只起参考、辅助作用，不占核心地位。对事物的吉凶分析，最终还应建立在对内卦生克比和关系的分析上，若一味去观求所谓的“十应”，而忽视了对本卦的分析剖断，则难免错误百出。

体 用

凡占卜成卦，即画成三重，本卦、互卦、变卦也。使于本卦分体用，此一体一用也。以卦五行，明生克比和之理，此一用卦最切。看互卦变卦，互变亦用也，此内之体用也。又次看应卦亦用也，此合内外之体用也。然则不止一体一用，所谓体一用百也。生克即分，体用则论吉凶。生体则吉，克体则凶，比和则吉，不必论矣。生体多者则愈吉，克体多者则愈凶。然此卦生体，诸卦又有克此卦者，颇减其吉。然此卦克体，诸卦又有克此卦者，稍解其穷。有生此卦者吉，有克此卦者凶，此体用之生克也。然卦之生克有不论体用者，如占天时，有震则有雷，有巽则有风，逢坎则有雨，逢离则晴，此一定之理。又有不然者，如主卦中乾兑多，则震无雷，巽亦无风。又必有此诀也，皆隐然外卦之意。如观梅有女折花，算牡丹有马践，地风升有饮食兆，此又非外应之兆不能决也。

译释：

大凡占卜时成卦之后，应把卦划分成三重，即本卦、互卦、变卦。接着便在本卦之内依据动爻而区分体卦和用卦，这就是一体一用。根据八卦之五行，明确生克比和之理，这对于看用卦与体卦的关系最为重要。互卦、变卦也属于用卦的一部分，体卦与用卦、互卦、变卦构成的关系，这是内卦的体用关系。还要看外部的预兆，即应卦，而应卦亦属于体用的一部分，再加上内卦的体用关系，这是综合内外之卦的体用关系。

然而，在具体的占断过程中，并不仅仅看体卦与用卦的关系，而是要看所有用卦（包括本卦之用卦、互卦、变卦，亦包括方位、声音、言语、地理、天时之类的应卦）与体卦的关系，所谓“体一用百”。生克的道理既然已经明确，就可以根据体用关系来推测所测之事的吉凶。用卦生扶体卦则吉，用卦克制体卦则凶，体用比和则吉利，这是最简单的道理，就没有必要展开论述了。生扶体卦的因素越多，则所测之事就越吉利；克制体卦的因素越多，则所测之事就越凶险。然而又有生生克克相互交织的情况。若此卦生扶体卦，但其他各卦有克制生体之卦的，那么所测之事的吉利就会减损。若此卦克制体卦，而其他各卦又有克此克体之卦的，就可以减轻克制体卦的凶咎。在其他各卦中，若有生此克体之卦的，则所测之事大多凶险；若有克制此克体之卦的，则所测之事可化凶为吉。这是就体卦、用卦之间生克关系而推论吉凶。

然而，还有只论八卦生克而不论体用的情况。比如，在占天时时，卦中有震则有雷，有巽卦则有风，遇到坎卦则可能有雨，遇到离卦则天气晴朗，这是一般的常理。然而又有例外的情况，若主卦中乾、兑卦多，则卦中即使有震也不会有雷，即使有巽也不会有风，因为震巽遭乾兑克制而无力矣。这是必然的应用之理和具体使用时的秘诀，同时亦隐含着以外应为用的道理。例如“观梅占”中断有女子折花，“牡丹占”中断牡丹为马所践毁，地风升卦断有饮食之乐的预兆，这一些若不是利用外应之兆则不能推断。

评析：

这是说，就梅花易起卦来论，有本卦、互卦、变卦之分，有一体一用之论。如果要明了体用关系，还需看互卦、变卦，但这一些全都是就卦本身而言的，尚没有考察到卦以外的情况，故称之为“内之体用”。明了“内之体用”对于一般断卦者来讲，已经足够了，已经足可判断吉凶。但仅仅如此，还难以达到高水平的易断。要达到高水平的易断，这就需要看外应，看当时的外部条件（如天时、地理、动物、静物、方位、人事、言语、声音）和随时有可能出现的预兆，此属于外之用。只有“合内外之体用”，综合论断，方臻上乘。

事物的发生发展往往吉凶参半，有吉有凶，因而其过程难免是复杂的。要达到知其过程这一步，除明了简单的体用生克关系、明了外应对于体用的关系外，还必须明了如下原则，即“生体多者则愈吉，克体多者则愈凶。然此卦生体，诸卦又有克此卦者，颇减其吉。然此卦克体，诸卦又有克此卦者，稍解其穷”。生生克克的关系非常复杂，弄懂这些复杂的生克关系，对于正确施占非常重要。

体用类

心易寓物之用，以体为主。然人知一体一用之常，不知一体百用之变并体之变。全卦为内卦，内亦不只一用，而互变皆用也。“三要”、“十应”之卦，外卦也。外亦不一，无非用也。学寓物者，得体用以为至术，“十应”则罕有之。后则“三要”以为全术，且谓体用自体用，“三要”自“三要”，遂以体用决吉凶，以“三要”为吉凶之兆，孰知“三要”、“十应”、体用之致。呜呼！体用不可无“三要”，“十应”不可无体用。体用、“三要”、“十应”，理无间然也。如此者，是为心易之全术，而可以尽占卜之道也。

又如乾兑多，则巽无风；坤艮多，则坎无雨；坎多，则离不晴。盖以乾兑之金克震巽之木，坤艮之土克坎水，坎水克离火也。此又须通变而推验之。又若占饮食，有坎则有酒，有兑则有食；如遇坤艮，则坎亦无酒；离值，则兑亦无食。余皆可以类推。故举此二类，为心易生克之例耳。

译释：

心易之诀寓于万物之体用关系中，而以体卦为主。然而，一般人只知有一体一用之定例，却不知有一体多用之变通，以及体卦有变通的情况。把全卦（即本卦中之体卦、用卦、互卦、变卦）视为内卦（相对于外之应卦而言），却不知道内卦里面也不止一个用卦，而互卦、变卦亦皆可以看做用卦。“三要”、“十应”所述的外应之卦，可以称为外卦。外卦也各种各样，但无非都可以看做是用卦。学习寓物之数的人，得到体用之说就以为全部掌握其精义，而关于“十应”之说则很少有得到的。以后的人则以“三要”之说为全部的要义，而且体用就是体用，“三要”就是“三要”，两者截然分途，从不结合观之，于是以体用断事物之吉凶，而以“三要”为吉凶之预兆。有谁知道“三要”、“十应”、体用的一致之处呢。唉！分析体用的关系不可不运用“三要”，分析“十应”的吉凶不可抛开体用，三者的道理本来就是一致的，根本就没分开过。只有这样，才能得到心易的全部精髓，才可以掌握占卜之道的精义。

又如预测天时，卦中乾、兑多，即使有巽卦也无风；卦中坤、艮多，即使有坎卦亦无雨；卦中坎多，则卦中即使有离天气也难以晴朗。因为乾兑之金来克制震巽之木，则震巽受克而无力；坤艮之土克制坎水，则坎水受克而无功；坎水克制离火，则离水受克亦无能。这必须依照变通的原则推断方能应验。

再比如占饮食，卦中有坎则主有酒，卦中有兑则主有菜食；如果卦中又遇坤艮之卦，则坎水受坤艮之土克制，则主无酒；如果卦中有离卦值日用事，则兑受克，亦无菜食。其余的都可依此类推。这里举此两例，只是作为心易之法生克之理的示范罢了。

评析：

这里强调梅花占断吉凶，必须以体用为主，参照“三要”、“十应”而综合判断，始能臻上乘之功，若只注重体用生克比和之理的分析，而忽视外应的观察和应用，则不为尽得梅花易之全术，不为尽得梅花易之精髓。需三者相互为用，相得益彰为妙。

衰 旺 论

既明生克，当看旺衰。旺者，如春震巽木，夏离火，秋乾兑金，冬坎水，四季之月坤艮土是也。衰者，如春坤艮，夏乾兑，秋震巽，冬离，四季之月坎是也。

凡占卜体卦宜盛旺，气旺而又逢生则吉，衰遇克则凶。若体衰而逢克，则其凶甚矣；体衰而有生体之卦，则衰稍解。大抵体之卦宜旺，生体之卦气亦宜旺，克体之卦气宜衰。此心易论衰旺之诀也。

译释：

明了体卦用卦的生克比和关系之后，还应当审视体卦用卦的卦气衰弱与旺盛情况。卦气旺盛的，如春天震巽木气旺盛，夏天离卦火气旺盛，秋天乾兑金气旺盛，冬天坎卦水气旺盛，四季之月（每季之最后一个月，即辰、未、戌、丑之月）坤艮土气旺盛。卦气衰弱的，如春天坤艮卦气衰，夏天乾兑卦气衰，秋天震巽卦气衰，冬天离卦卦气衰，四季之月坎卦卦气衰。

大凡占卜预测，体卦卦气宜于旺盛，卦气旺盛，有他卦来生扶，则为吉利之占；若他卦（用卦、用互卦、体互卦、变卦）重重来克，则为凶险之占。若体卦卦气本已衰竭，而又遇他卦来克制，则为极为凶险之占。若体卦卦气虽衰，但有他卦来生扶，则卦气衰竭可以稍稍缓解一下。大抵体卦卦气宜于旺盛，生体之卦的卦气也宜于旺盛，克体之卦的卦气宜于衰竭。这是心易之法论卦气衰旺的秘诀。

内 外 论

凡占卜，体用为内，诸用卦为外卦，此占卜之例也。诸应卦与“三要”之应，与“十应”之应，必合内外卦而断之也。苟不知合内外卦为断，谓体用自体用，“三要”、“十应”自“三要”、“十应”，如此则鲜见其有验者。

然“十应”罕有知者。如前奥论云，金银为世宝，“三要”为吉者，若震巽为体，则金克木反为不吉。兵刃为世凶，“三要”为凶者，若坎为体，则金生水，反为不凶。占产见男子，谓有生子兆，设坎为体，少男为艮土，土克水，产反不吉。占病见棺必死，若遇离体，则木生火而反吉。似此之类，则内卦不可无外卦，外卦不可无内卦。占卜之精者，无非合内外之道也。

译释：

大凡占卜预测，可以把体、用、互、变之类的卦总称为内卦，可以把诸多外部预兆之类的应卦称为外卦，这为占卜预测的通例。所有的外部预兆的应卦以及耳、目、心“三要”之类的应卦和“十应”之类的应卦，都必须与内卦一起来综合论断之。如果不懂得结合内、外之卦而综合剖断，只是一味地说体用，只孤立地看体用，说“三要”、“十应”只孤立地看“三要”、“十应”，那么占卜应验的机会必然少。

然而，世人对“十应”却了解得很少，能应用的则极少。如前文“十应奥论”所讲的，金银财宝在世人眼里为珍宝，在“三要”也为吉兆，但在

“十应”，若震、巽为体，则金克体卦，震、巽之木反不吉利。兵刃在世人眼里为凶器，在“三要”也为凶兆，但在“十应”，若坎为体卦，则兵刃之金反生体卦之坎水，反而就不是凶兆。占妇女分娩，若见男子，谓有生男婴之吉兆，但在“十应”，假设坎为体卦，则少男为艮，艮土克体卦之坎水，分娩反而会不吉利。占病人安危，如遇到棺材，在“三要”为必死之兆，但在“十应”，若体卦为离，则棺材之木生体卦之离，病人就会转凶为吉。像这样的情况，看内卦之时不可不看外卦，看外卦之时不可不看内卦。那些精于占卜的人，不过是善于结合内、外之卦而知综合判断罢了。

动　静

凡占决，虽明动静之机，然有理之常，有事之变。阳动而阴静，一动一静者，理之发；此静而彼动，一静百动者，事之变也。天下之事物，纷纷群动，我则以一静而待之。事物之动，各有其端，我则以一静而测之。不动不占，不因事不占。

占卜之际，察其群物之事。物动而凶者，兆吾卦之凶；物动而吉者，兆吾卦之吉。然于闹喧市廛之地，人物杂扰，群物满前，何事拈何物为吉。吾占卜之应此，又推乎理而合其事。盖于群动之中，或观其身临吾耳目之近者，或以先见者，或以群事分明者，或以吾之一念所在者，此发占之所用。若求名，则于群物之中，或遇官府，或有文书及袍笏仪卫之物，则为得官之应。若求财利，则遇巨商富贾，或有钱宝货财之物，则厥为获财之应。若占讼事，而忽逢笞杖枷锁之具，则讼终不吉。占病而不见蓑麻棺椁之物者，病当无恙。凡此，所谓事事相关，物物相应，是以验吾占卦之切要也。

至若坐则应迟，行则应速，走则愈速，卧则愈迟，此则察其动之端也。吾心本静，人来求占，起念以应之，即动也。以此动而测彼动，于此之念而求彼之验，诚而神知之。知此者，可以知动静之机矣。

译释：

凡是占卜决断，即使明了动静迁变的玄机，然而还有不变的常理与具体事件的变异之间的差异。阳气躁动而阴气沉静，一动必有一静，这是事物常理的表现；此处静止而彼处运动，一物静止而百物纷动，这是具体事物的变异。天下的万事万物纷纷运动，变化不常，而我却以寂察静观的态度等待着它。事物的运动和变化，各有自己的端绪和轨迹，我则以寂静不变的方法去测度它。事物没有运动则不去占测它，不是因为有其事变则不去占测它。

占测的时候，要观察万事万物的端绪和变迁。事物之动有凶险之兆的，则预示我所测之事亦有凶险之趋势；事物之动有吉祥之兆的，则预示我所测之事必然吉利。然而在嘈杂喧闹的市井之中，人群混乱纷杂，物品满目皆是，占何事选择何为吉兆来作为我占卜之外应，这是非常困难的。因而，此时必须按照卦理和常理去推测，而又必须合乎事物发展的道理。一般来讲，在纷乱、流动、嘈杂的人群中，或者观察离我较近而最先映入自己眼帘或进入自己耳朵的事情，或者观察自己最先见到的事情，或者观察事物之中最为分明、清楚的事情，或者用我的意念所关注的东西，这就是我们占卜所用的东西。

求取功名，若在混乱的人群中，遇到官府之人，或者遇到官府所用的文书、袍笏、仪仗之类，这就是功名易得的征兆。求财问利，若遇富商巨贾，或者遇到钱财、珍宝、货物等财物，就是得财获利的预兆。占问官司词讼，若忽然碰到刑杖、枷锁之类的刑具，那么官讼最终不吉。占问疾病，若未见棺材、孝服之类的物品，其病则没有大的妨碍。凡此种种，所谓事与事相互关联，物与物相互感应，都可以作为占卜应验的重要依据。

至于求测者若坐着占问，则应期较长；若在行走过程中占问，则应期较短；若跑着来占问，则应期更短；若躺着占问，则应期更长。这是观察求测者的动静状态和心情的急缓来确定应验之期长短。我的心本来是寂静的，人来求测占问，意念起动而响应之，则我之心念亦动。以我心念之动而测度他心念之动，以我心念之灵动而探究他事的发展态势，只要诚心静意，没有不灵验的。知此玄妙之理的人，可以掌握事物动静变化的契机。

评析：

这里提出了梅花易占的一个重要原则，即“不动不占，不因事不占”。《周易·系辞》曰：“君子居则观其象而玩其辞，动则观其变而玩其占。”说的也是无事不占，没有行动之事或事情未发生变异则不占，强调对卜筮要诚敬，卦不可乱占。所谓“心诚则灵”，指的都是一种敬德修业的精神。

《易经》蒙卦卦辞还提出了“初筮告，再三渎，渎则不告”的原则。这是说，不要接二连三地连续占。因为有许多人第一次占问不吉，则侥幸认为第一次不灵，再来一次，试图多占几次来求得较好的结果，这种做法是不可取的。因为，只要起卦方法正确，第一次占问往往是正确的，因而没有必要再连续占了。

这里还提出了“既以动念，必有事应”的原则。“动静”强调说：“吾心本静，人来求占，起念以应之，即动也。以此动而测彼动，于此之念而求彼之验，诚而神知之。”这是说，话已出口，念已发动，诚而神知，则必会有事来应验。

向　背

凡占卜求应，必须审其向背。向者为事物之应，相向而来；背者为事物之应，相背而去也。如鸦报灾，鸦飞适来，其灾将至；鸦飞而去，则灾已过去也。如鹊报喜，鹊飞适来，其喜将至；鹊飞已去，则喜已过去也。

至于外应之卦皆然。其克体之卦，器物方来，其祸将至；去则祸散。其生体之卦，器物方来则吉，去则吉已过去矣。其他应卦皆然。此为占卦向背，至当之理也。

译释：

大凡占卜预测求取外应征兆时，必须审视征兆的向背情况。相向而来的，说明所测之事正在进行中，外应征兆的吉凶趋势刚刚开始。相背而去的，说明所测之事快要结束，外应征兆的吉凶意义将要终止。比如，乌鸦预报灾害，若乌鸦正向这边飞来，预示灾害即将到来；若乌鸦背着向远处飞去，预示灾害即将结束。再如喜鹊预兆喜庆，若喜鹊正向这边飞来，则预示喜事将至；若喜鹊背向这边飞去，则预示喜事即将过去。

作为外应之卦的情况也是如此。遇克体之卦，若作为克体之卦征兆的器物正向这边来，预示灾害将至；若作为克体之卦征兆的器物正向远方离去，则预示灾祸即将消散。遇生体之卦，若作为生体之卦征兆的器物正向这边来，则预示其吉将至；若背此而离去，则说明其吉将要过去。其他应卦的情况也是这样。这就是占卦时外应向背的基本意义，确实是至为精当的道理。

评析：

在析卦、断卦的过程中，有时还需分清卦中哪些事情是已经过去的事，哪些正处在目前的状态中，哪些归于未来发展的趋势。做到这一点往往很难。在这一点上，“向背”篇无疑为我们提供了很好的方法和很好的参考依据。

此外，分析事物存在的三种状态，还可以根据动爻来确定。若动爻为阳爻，则主事将要过去；动爻为阴爻，则主是未来之事。此法仅供参考，不具有普遍性，读者宜谨慎用之。

静　占

凡应占在静室，无所闻见，则无外卦，即不论外卦，但以全卦年、月、日值五行衰旺之气，以体用决之。

译释：

凡占卜时处在安静的斗室中，既看不到明显的事物变化，也无特别的声音传来，属于没有外应之卦的情况，则不必考虑外应之卦。只在全卦中按照年、月、日来考察各卦卦气的旺盛衰竭情况，用体用关系来决断就可以了。

观物洞玄歌

“洞玄歌”者，洞达玄妙之说也。此歌多为占宅气而发。昔牛思晦尝入人家，知其吉凶先兆。是故家之兴衰，必有祯祥妖孽之谶，识者鉴之，不识者昧之。故此歌发其蕴奥，皆理之必然者，切勿以浅近目之也。盖此术云：

世间万物无非数，理在其中遇。
吉凶悔吝有其机，祸福可先知。
五行金木水火土，生克先为主。
青黄赤黑白五行，辨察要分明。
人家吉凶何以见，只向玄中判。
入门辨察见闻时，于此察兴衰。
若遇宅气如春意，家宅生和气。
若然冷落似秋时，从此渐衰微。

自然馨香如兰室，福至无虚日。
鸡豚猫犬秽熏腥，贫病至相侵。
男妆女饰皆齐整，此去门风盛。
家人垢面与蓬头，定见有悲忧。
鬼啼妇叹情怀悄，祸害道阴小。
老人无故泣双垂，不见日愁悲。
若见门前墙壁缺，家道中消歇。
溜漕水势向门流，财帛永难收。
忽然屋上生奇草，益荫人家好。
门户幽爽绝尘埃，必定出高才。
偶悬破履当门户，必有奴欺主。
长长破碎左边门，断不利家君。
遮门临井桃花艳，内有风情染。
屋前屋后有高桐，离别主人翁。
井边倘种高梨树，长有离乡土。
祠堂神主忽焚香，火厄恐相招。
檐前瓦片当门坠，诸事愁崩破。
若施破碗坑厕中，从此见贫穷。
白昼不宜灯在地，死者还相继。
公然鼠向日中来，不日耗资财。
牝鸡早晚鸣伊喔，阴盛家消索。
中堂犬吠立而啼，人眷有灾厄。
清晨鹊叫连声继，远行人将至。
蟒蛇偶尔入人家，人病见妖邪。
雀群争逐当门盛，口舌纷纷定。
偶然鹏鸟叫当门，人口有灾连。

入门若见有群羊，家主病瘟黄。
舟船若安在平地，虽稳成淹滞。
他家树荫过墙来，多得横来财。
阶前石砌多残折，成事多衰灭。
入门茶果应声来，中馈主家财。
三餐时候炊烟早，勤俭渐基好。
连宵宿火不成时，人散与财离。
千门万户难详备，理在吾心地。
斯文引路发先天，深奥入玄玄。

右“洞玄歌”与“灵应”，同出而小异。彼篇多为占卜而诀，盖占卜之际，随所出所见，以为克应之兆。此歌则不特为占卜之事，一时而入人家，有此事必有此理，盖多寓观察之术也。然有数端，人家可得儆戒而趋避之，或可转祸为福。偶不知所因而宥于数中，俾吾见之，则善恶不逃乎明鉴矣。

译释：

“洞玄歌”就是洞察通晓事物玄妙之处的歌诀。此歌诀是为占测宅气的兴盛与衰竭而写的。从前牛思晦曾经一踏进人家家门，便能知人家的吉凶祸福之兆。因此，家宅的兴隆与衰竭，必有其吉利的祥瑞或凶险的谶兆，识者明鉴之，不识者浑然而不觉。所以，此歌诀所阐发的家宅中所蕴含的奥妙之处，都属于必然之理，切不可等闲视之。此术云：

世上万事万物都可以归结为数，都难以逃脱其定数，数、理合一，而理又蕴含在万事万物中。事物的运动变化皆有其机缘，其中的吉凶祸福休咎悔吝皆可以通过预测而预先得知。预测时，以金木水火土五行为依据，注重的首先是其中的五行生克关系。青、黄、红、黑、白所属的五行，一定要分辨清楚。人家的吉凶祸福凭什么可以预测出来呢，这只有依据玄妙的“洞玄歌”，从其玄奥之处入手。

进门就仔细地观察，详细地分辨，才能逐步观察出是兴旺还是衰竭。如果家宅春意盎然，一派生机气象，必然家庭和睦。如果家宅呈现出秋天似的冷落、萧条、破败之气氛，这个家将慢慢衰败下去。如果像芝兰之宝一样馨香而富有生气，那么幸福的日子不久就会到来。如果到处都是猪、狗、猫、鸡的粪便和垃圾，必然是贫病交加。如果一家人穿戴整齐洁净，此家门户必然兴隆。如果一家人蓬头垢面，一定有悲伤忧愁的事情。如果家中妇人啼叹、孩子烦扰，一家人同床异梦，那么祸害不久就会到来。如果家中老人无缘无故地泪眼低垂，愁悲的日子不久就会到来。

如果门前的墙壁残缺不全，那么家道将逐渐败落。如果家中溜槽水（即排水之处在门旁）朝向门流，那么家中永无富足的日子。如果屋上忽然生出一些奇异花草，那么这一家一定过得好。如果门户幽静清爽，没有尘埃之气，必定能出一个有非凡才能的人。门口上偶然挂着一双破鞋，一定有奴才欺骗主人之事。如果左边门破碎不堪，一家之主必然不安。如果桃树花开得非常艳丽，遮住了门户或临着井边，家中一定有风情之事。屋前屋后长着高高的桐树，家中有人必然长年不在家。井边若是种着梨树，家中一定有出门在外、背井离乡之人。祠堂里的香烛无故点燃，恐怕要发生火灾。屋檐上瓦片落到了门前，家中诸事定是一愁莫展。若将破碗放在茅坑、厕所中，家中慢慢就要贫穷下去。白天灯不宜放在地上，否则，将还会死人。

如果老鼠大白天跑到太阳光下，过几天就会耗费资财。母鸡早晚鸣叫，则阴气太盛，家道逐渐贫。如果狗像人一样站在中堂里乱叫，家眷将有灾厄。清晨喜鹊叫个不停，远行之人将要回家。蟒蛇偶尔进了人家，家中将有病人，还会有不正常的事情发生。鸟雀一群群地在门口争斗，家中定有口舌纷扰之事。猫头鹰偶尔在门口叫，家中人口之灾将不断。如果进门就见到一群羊，家中一定有人病得厉害。

如果船安放在平地之上，虽然安稳却诸事淹滞难办。别人家的树荫伸过墙来，多得横财。门前的石阶多有残破的，办事定是多成多败。进门茶果应声而来，主家财富足。三餐之时炊烟比别人家早，勤俭持家，根基将逐渐好转。连续几天炊烟没有定时，则亲人分散，财物分离。各门各户的情况难以详备，其中的道理都在心底里。这个歌诀阐发的先天之理，深奥玄妙难测，这里只是个引子而已。

以上所述“洞玄歌”和“三要灵应篇”，皆大同而小异。“三要灵应篇”主要是占卜的诀窍，在占卜的时候，随时观察所出现的外部征兆，以作为帮助占断之用。“洞玄歌”则不单单为占卜之事，而且还是占宅气之歌诀。一旦进入人家，观察到某些事情，其中便必然蕴含着事理，而多是由观察而得来的。然而其中的一些道理或原则，人们可以儆戒之而注意趋吉避凶，也有可能转祸为福。如果他人偶然不知其中的原因而宥于数之中，难以超脱，假使我见到了，那么其中的吉凶祸福的征兆则难以逃出我的眼睛。

评析：

“洞玄歌”虽然主要是为占测宅气而发，但其所论诸原则，不仅对于占卜取兆，也对于观察认识事物、察知事物之隐微有极大帮助。

“洞玄歌”不仅是察知他人、他人家宅的具体原则，也是认识、观察自己的具体原则。其中的一些原则，对于认识自己和周围的人或事助益甚大。古人曰：“未知人，先知己。”在未预知别人之前，应首先从自身上取证，累积经验，先做一验证，方能“知己知彼”。“知人”、“知己”，易占是其一道。有人又论曰：“未学易，先学筮。”“未知易理，先习筮道。”应结合易理和筮道的学习，察己观人，知己知彼，方能知天命而不忧。

起卦加数例

寅年十二月初一日午时，有数家起造，俱在邻市之间，有三家以此年、月、日、时求占于先生。若同一卦，则吉凶莫辨矣。先生以各姓而加数，遂断之而皆验。盖三家求占，有田姓者，有王姓者，有韩姓者。若寅年三数，十二与一，共十六，加王姓四画，得二十数，除二八十六，得四，震为上卦。又加午时七数，总二十七数，除三八二十四，得三，离为下卦。二十七中除四六二十四，零三，为（动）爻，得丰变震，互见兑巽。其田姓加以田字六画，得水风井变升，互见离兑。其韩姓加入二十一画之数，得益变中孚，互见艮坤。乃以各家之姓起数也，随各家之卦断之也。

不特起屋之年、月、日、时加姓也，凡冠婚及葬事，皆须加姓。然冠葬则加一姓可矣；若婚姻则男女大事，必加二姓方可。极北之人无姓，亦必有名，不辨其字，则数其声音。又无名，则随所寓也。

译释：

寅年十二月初一日午时，有数家建造房屋，都在邻近集市的地方。有三家同时以“寅年十二月初一日午时”这个时间，向先生求教建造房屋的吉凶。若用年月日时起卦，只能得一卦，则三家之吉凶就会混淆而难辨。于是，先生以时间之数，加各家姓氏笔画数，分别为他们起卦测断，结果都应验了。

具体的操作过程是：寅年以三数记，十二月为十二数，初一日为一数，再加上王字四画四数，记二十数，除以八，余数为四，则上卦为震。再加上午时七数，共二十七数，除以八余数为三，则下卦为离。以二十七除以六，余数为三，则三爻动，得雷火丰变震为雷卦，互卦为兑卦、巽卦。同样，田姓之家也加上“田”字之六画（注意，梅花易算笔画数遇折即为二画，而非当今之通行算笔画数，下同），得水风井变地风升卦，五爻动，互卦为离卦、兑卦。韩姓之家亦加“韩”字之二十一画数，得风雷益卦变风泽中孚卦，互卦为艮卦、坤卦。以上依各家之笔画数而起卦，并依所起之各卦而分断各家起造之吉凶。

不只是建造房屋可用年、月、日、时加姓氏笔画数而起卦，大凡婚姻嫁娶、殡葬丧事之类的事情，也可以采用加姓氏笔画数之法而起卦。对于殡葬之事，加一姓氏笔画数就可以了。但婚姻嫁娶之事是男女之大事，必须加上男女双方的姓氏方可。在遥远的北方居住的人们没有姓氏，也会有名字，可以加其名字之笔画数而起卦。如果其字难以辨识，也可以根据其声音起卦。如果连名字都没有，也可以根据其所住的地方之地名而起卦。

评析：

这是说，按年月日时起卦，一个时辰之内，只有某一特定的卦象。在同一个时辰内，可能有多人来求占，则不能以同一卦象而断之；或有多人同来问同一件事，亦不能以同一卦象而论之。为解决这一问题，可用加姓氏笔画数的方法，进行起卦决之。其原则是在年月日数中加上各自的姓氏笔画数，以八除之，余数为上卦。再加时数，以八除之，余数为下卦。其总数（年月日数加笔画数再加时数）以六除，余数取动爻，然后来决断吉凶。

屋宅之占诀

1. 寅年十二月初一日午时起屋者，其家田姓，其占水风井变地风升，互见离兑。巽木为体，用卦坎水生之。虽兑金克木，然得离火，火虽无气，终是制金。然有兑金，酉年月日亦当有损失之忧。亥子水年月日当有进益，或得水边之财，坎生体卦也。寅卯年当大快意，比和之气也。但家中必多口舌之聒，亦为兑也。木体近春，喜逢坎水，此居必然发旺。二十九年后，此屋当毁。盖二十九年者，全卦六卦之成数也。若非有兑在中，虽再见二十九年，屋当无恙也。

译释：

寅年十二月初一日午时，田姓之家建造房舍，为其预测时起得水风井变地风升卦，上互卦为离，下互卦为兑。巽木为体卦，用卦坎水来生之。虽然下互卦兑金克制巽体之木，然而上互卦为离火，离火冬季虽衰弱无气，但其性终是克制兑金，故无大妨碍。然而卦中既然有兑金来克制体卦，终为有害，故遇申酉之年月日金旺之时，应当谨防有损失财货之忧。巽木为体，遇亥子年月日水旺之时，旺相之坎水（用卦）来生体卦，应当有进益财物之喜，或者能得到水边之财。若遇寅卯年月日木旺之时，体卦巽木自然旺相，家中诸事必然如意。但因兑金来克巽体，兑为口舌纷争之事，所以家中难免口舌纷争的烦扰。巽木体卦逢春之时，或有坎水生扶之日，此宅必能兴旺发达。然而，二十九年之后，此屋必然毁坏。因为二十九之数，是全卦（即本卦、互卦、变卦）六卦之大成之数。如果卦中没有兑卦，即使再过二十九年，此宅也会安然无恙。

评析：

此段说，此卦以巽木为体卦，用卦坎水生之，巽木在冬季之末（丑月）接近春天，故体卦巽木转旺，此屋必能兴旺发达。

惜有体互兑金克体，美中不足。但卦中又互离火，在冬末虽衰弱而无气，其性终是制金，对兑金总有克制，平日无妨。唯申酉年月金旺之时，金旺盛则人难以制之，此居当有损失之忧。又兑为口舌，克体必主家中常有口舌纷争之事。虽家居兴旺，亦口舌纷扰难免，难得全家和气。

从流年来看，巽为体，坎为用生之，故逢亥子年月旺相之坎水生助巽体，家居必有进益之喜，或得水边（人）之财利，或得带水姓之人的帮助。寅卯年月木旺之时，巽木体卦自旺，故家居和畅，诸事快意。其他如丑、辰、巳、午、未、戌年月家居平常，有得有失。

因卦中含兑，兑为毁折为损扰，巽木遇金旺之时必毁。其毁期当在全卦成卦之总数，即本卦水风井上坎六下巽五，变卦地风升上坤八下巽五，互卦火泽睽上离三下兑二，总数二十九，故其屋二十九年必毁。盖物有成有毁，有成之日必有毁之日，成毁之时皆在数中。

2. 同时王姓之家起造，得雷火丰变震，互见兑巽。震木为体，离为用卦。兑为体之互，克体亦切，虽得离火制兑金，亦不纯美。用火泄体之气，破耗资财，每遇火年月日，主见此事；或因妇人而有损失，家中亦多女子是非。亥子寅卯之年月，却主进益钱财。盖震木为体，虽不见坎，终是利水年。生体之气不见，震巽宜逢寅卯，为体卦得局之时也。凡有震有巽，此居寅卯与木之气运年月，必大得意。亦主得长子之力，变重震也。二十二年后，为火所焚。

译释：

王姓之家也在同一时间内建房造屋，起卦得雷火丰变震为雷卦，上互卦为兑，下互卦为巽。震木为体卦，离火为用卦，体生用为泄气。兑卦为体互卦，体互卦与体卦的关系密切，则兑金克震木，而更直接。虽然用互卦离火克制兑金，其祸减轻，但亦不为美。用卦离火减泄体之卦气，因而破耗资财之事难免。若遇巳午火旺之年月，则主有破耗资财之事，或因妇人之事而致损失，家中也常常有因女人而招来的祸害。若遇亥子寅卯之年月，主有进益田地财产之事，因为震木为体，卦中虽无坎水之卦来生体卦，但遇亥子之年月水生震木则木旺。卦中虽然不见生体之卦气，但震巽木逢寅卯年月则旺相，此时为体卦得令当时。卦中有震卦有巽卦，巽来帮扶体卦，遇寅卯之年月木气旺盛之时，此居必顺心如意。又卦变八纯震卦，震为长子，故主得长男之力。二十二年之后，此居当为火所焚毁。

评析：

此段有如下之含义：

一、震木为体为此居，受体互兑金之克，兑金丑月旺相，火虽克之，惜为弱火，难克旺金，故不纯美，亦有毁损、口舌之患。

二、震木为体，离火为用，体生用泄体之气，主有破耗资财之患，或因妇人（离为中女、兑为少女）而有损失，或因妇人而有是非。每遇火年月日，火愈旺，泄体愈甚，破耗愈多，是非口舌不断。

三、主卦上互为兑为少女，下互为巽为长女，用卦为离为中女，故此居女子必多。又兑为口舌，巽为来回为摇摆，亦主是非口舌难免。

四、遇亥子年月水旺之时，震木受水之生，虽卦中无坎水，亦主体旺，故有进益钱财之喜，或因山林草木而进益，或因草木姓氏人而称心。遇寅卯年月木旺之时，震木自旺，为体卦得令当时，必大得意。其他丑、辰、未、申、酉、戌年月家居平常，有得有失。

五、变卦为重震，震为雷，亦主亥子寅卯年月声振名扬、快意之时。变卦比和，震为长子，亦主得长子之力。

六、震木为体，兑金克之，主宅当毁。卦中体卦为震，下互为巽，用卦为离，主木火焰烧，火旺木焚，必主此屋后被焚毁。

七、此居成毁之数亦为全卦之数，即本卦上震四下离三，互卦上兑二下巽五，变卦上下震皆四，总数为二十二，为此屋后被焚毁之日也。

3. 韩姓之居，得益变中孚，互见艮、坤，变兑克体，此居必有官讼，见于酉年月。申酉年连见病患。所喜用卦，其震与巽体比和，当见于寅卯年月。三十一年后，遇申酉年，此居当毁。若非有兑，或有一坎，再见三十一年，此居亦无恙也。

译释：

占测韩姓之住宅，得风雷益变风泽中孚卦，巽木为体卦，上互卦为艮，下互卦为坤。变卦为兑克制体卦，兑为官讼，故此居当有官讼之事，时间当在金旺的酉年月。逢申酉年还会连连出现病患。可喜的是用卦震木与体卦巽木比和，则主寅卯之年月将有喜事来临。三十一年后遇申酉年时，此屋当被毁坏。如果卦中不是有兑卦，或者卦中再有一个坎卦，则即使再过三十一年，此屋亦将安然无恙。

评析：

此段的意思是：

一、主卦风雷益巽为体卦，震为用卦，体用比和，此居较吉。又益有增益、收获、富裕之义。

二、惜变卦兑金克体，兑金丑月旺相，兑主口舌纷争，必主房主申酉年月日有官讼之忧，或申酉年月连连出现病患。因为十全十美永远都是不可能的，任何事物都是美中有不足。

三、主卦巽木用卦震木比和，遇寅卯年月木旺之时必有喜事降临，或因山林、草木、果蔬而得财进利，或受带草木姓氏之人的帮助。

四、从流年来分析，此居亥子年月亦较吉。其他丑、辰、巳、午、未、戌年月平常，有得有失。

五、巽亦为房舍，受变卦兑金之克，故其房屋必遭毁折。从应期来看，应毁于成卦之总数，即本卦巽五震四，变卦巽五兑二，互卦艮七坤八，总三十一数，故断后三十一年此屋当毁。

下面将此三例作一总结。

此三例皆为起卦加数法起卦断卦，虽在同一时间问同一事情，因加数不一，而各断不同，尽皆神验。此梅花易之神秘玄妙所在也。

此三例提到了长久之器物断流年和断应期的方法问题。断流年以体卦为主，看流年（即干支纪年中之子丑寅卯辰巳午未申酉戌亥年，因每年轮流运转，故称流年。每一年轮流之纪年，即为流年。如1993年为癸酉年，则流年为癸酉）是生体还是克体。一般来讲，生体之流年、与体相同相类（即比和）之流年主吉，克体之流年主凶，泄体之流年主损耗。但具体情况不同，断亦各异，须结合各卦情况，看其轻重、缓急、喜益与耗损。

断久长事物的成毁之期，亦应视具体情况而定，不可一概而论。若卦中重重克体，则凶而应期相对短。若卦中有生体之卦，有克体之卦，则可断其总全卦之数（即主卦、互卦、变卦之总数）为应期。若卦中多生体或比和之卦，其应期则相对长。此亦不可一概而论，当具体分析之。

器 物 占

大抵占器物，并不喜见兑卦，盖兑为毁折也。若坎为体，则见兑无伤。乾卦为体，亦无害。其余卦体，逢兑不久即破。木之器物，或震巽为体，见兑为用，必不禁耐用矣。破器之日，必申酉年月日也。又畜养之物亦不宜乾兑克体。种植之物，乾兑克体必不成；即成亦被斧斤之厄。种植之物，宜见坎也。又凡见器物，欲知其成毁，亦看卦体。无克者久长，体逢克者则不久。视其器物之气数可久者，以全卦之年数断之；不可久者，以月数断之；至速者，以日数断之也。

译释：

大抵占测器物，不宜遇见兑卦，因为兑有毁折、破损之义。若坎卦为体，即使卦中有兑物亦无伤。若乾卦为体，则乾兑比和，器亦无伤害。其余的卦体，若遇兑卦器物必有不久即破之兆。占测木质器物，若遇震巽为体卦，兑为用卦，兑金克制震巽之物，必是不能耐用之物。其破损之时，必在申酉年月金旺之时。

预测畜养动物之吉凶，也不宜乾兑之金克制体卦，因为乾兑主刀刃之利器，克体必有伤害之义。若预测种植之物，若乾兑克制体卦，也有不能长成之义，即使长成也难免遭刀斧之砍伐。预测种植之物，宜于见生木之坎水。

凡见到器物，欲知其成毁之期，也宜审看体卦的情况。若卦中没有克制之兆，必是久长耐用之器物；若逢克制，必是不能长久之器。断其成毁之期，还应看事物之气数是否久长，若是耐用久长之物，则以全卦之年数断之；若是不可久长之物，则以全卦之月数断之；若是极易损坏之物，则以全卦之日数断之。

卷三

观梅数诀序

嗟乎！《易》岂易言哉！盖《易》之为书，至精微，至玄妙。然数者，不外乎《易》理也。有先天后天之殊，有谐音取音之辨。明忧虞得失之机，取互变迟速之应。数有前定，祸福难测，《易》理灼然可察。予求得先天、玄黄、灵应诸篇，外采《易》辞，曰观梅数诀，列图明五行生克衰旺之理，分例指示避凶趋吉之道，后学君子幸鉴焉。

《易》辞曰："易有太极，是生两仪，两仪生四象，四象生八卦。八卦生万物。"邵子曰："一分为二，二分为四，四分为八。"《说卦传》曰："易逆数也。"邵子曰："乾一，兑二，离三，震四，巽五，坎六，艮七，坤八。"自乾至坤，皆得未生之卦；若逆推，四时之比也。后天六十四卦仿此。

译释：

是啊！《周易》一书，涵括天、地、人三才之道之至理，岂是那么容易阐述清楚的。因为《周易》可以称为世上最精微、最玄妙的一部书。然而，世人所津津乐道的所谓气数，并未超出《周易》之理的范畴。《周易》之学，有先天之易与后天之易的差别，有谐音、取音的辨微与识别，都是为了揭示忧虞得失的玄机，求取互卦、变卦、迅速缓急的征应。事物发展之数是预先安排好的，其吉凶祸福之机也难以测度，但是运用《周易》之理却可以清楚明白地揭示出来。

我悟求到"先天后天论"、"玄黄叙"、"三要灵应篇"等诸篇的精旨，兼采《周易》卦爻辞的精义，总称之为"观梅数诀"。并绘图说明五行生克衰旺的道理，举例指示避凶趋吉的方法，从而使后学者能有幸鉴察到它的精义。

《周易·系辞》说：“易有太极，是生两仪，两仪生四象，四象生八卦，八卦定吉凶，吉凶生大业。”邵雍先生说：“一分为二，二分为四，四分为八。”《说卦传》亦说：“数往者顺，知来者逆，是故《易》逆数也。”邵雍先生又说：“乾一，兑二，离三，震四，巽五，坎六，艮七，坤八。”自乾一数到坤八数，先天卦数皆成于卦书还未形成之前。要逆推万事万物之变化契机，就必须比照四时的变化来推断。后天六十四卦大概也是仿照这样的道理而制定的。

评析：

这里提出了“数有前定，祸福难测，《易》理灼然可察”这样一个观点。在《梅花易数》其他部分里，也有类似的说法。如“牡丹占”说，“莫不有数，且因问而可占”；“观物玄妙歌诀”说，“物之于世，必有数焉”；“万物赋”也说，“达时务者，近取诸身，远取诸物。观物理者，静则乎地，动则乎天。原夫万物有数，易数无穷。动静可知，不出于玄天之外；吉凶必见，莫逃乎爻象之中”。这都是说事物的发生、发展和衰旺莫不有其“定数”，好像冥冥中有什么力量早已规定好了，人们的力量并不能人为地去改变他，只能顺其自然，按照自然界本身所内定的规律去认识它，因为一切莫不在其“数”中。梅花易的功能就在于去发现这种数，为人们避凶趋吉提供帮助。这显然是一种有害、可怕的宿命论观点。但是，如果我们剔除了其神秘、玄妙的成分，按照事物本身规律这个角度来审视之，则会发现其中也含有某些合理的成分。

八卦定阴阳次序

乾为父，震长男，坎中男，艮少男；坤为母，巽长女，离中女，兑少女。

泽火革变泽山咸卦：离卦初爻阳动变阴，变艮卦。兑金为少女，离火克之；巽为股，乾金克之，曰“伤股”。得艮土生入兑金，断曰“不至于死”。

相生极美，比和次之。体用于变爻，作动静取之，动者为用，静者为体。（若——译者补）地雷复卦变地泽临，木是用爻，断出软物、文章之体也，将出是罗经。天泽履卦变乾卦，此卦断出是铁器之物，将出是剃刀也。泽火革卦变噬嗑卦，此卦乃用爻木，体火，夏火得旺，能出土必是土物也。归妹卦变火泽睽卦，用爻属木变火，体卦属金，四爻变卦成艮，土能生金，断出是铁。泽天夬卦变兑卦，此卦非金是石，断是破瓷碟也。泽火革卦变艮卦，本卦得泽火革，（兑——译者补）为少女，近物为口，远取羊。内离为中女，近目，远取雉。初爻变艮卦为土，土能生金，则扶起兑金之妹。次除去初爻，移上四爻，又成巽木，佐得伤股之灾，得初爻变艮土生兑金，是故有救而不至于死也。

近取诸身，八卦（为——译者补）乾头、坤腹、震足、巽股、坎耳、离目、兑口、艮手。远取诸物，乾马、坤牛、震龙、巽鸡、坎豕、离雉、艮狗、兑羊。

（又——译者补）天水讼卦变兑卦，欲要求财。盖卦是体生而乃泄己之气，其财空望。次得离卦属火，能克金，客来食去酒，反自消耗也。

占　卦　诀

又如占卦而问吉事，则看卦中有生体之卦，则吉事应之必速。便看生体之卦，于八卦时序类决其日时。如生体是用卦，则事即成；就生体是互卦，则渐渐成；生体是变卦，则稍迟耳。若有生体之卦，又有克体之卦，则事有阻节，好中不足。便看克体卦气，阻于几日，若乾克体阻一日，兑克体阻二日之类推之。如占吉事，无生体之卦，有克体之卦，则事不谐矣。无克体之卦，则吉事必可成就矣。

又如占不吉之事，卦中有生体之卦，则有救而无害；无生体之卦，事必不吉矣。若以日期而论，看卦中有生体之卦，则事应于生体卦气之日；有克体之卦，则事败于克体卦气之日。要在活法取用也。

译释：

占卜预测而问吉祥之类的事情，就要看卦中有无生体之卦；若有，则所测之吉事成就必迅速。再看生体之卦所对应的时间和节令，以判断吉事应验的时间。如果生体之卦是用卦，则所测之吉事不久就会成功；如生体之卦是互卦，则所测之吉事就会逐渐而走向成功；如果生体之卦是变卦，则成功之日就会更迟。

如果卦中既有生体之卦，又有克体之卦，则主事物在发展过程中会有阻扰，美中不足。再看克体卦气所主之日时，以决定其受阻的日期。若是乾卦克体，则受阻一日，若是兑卦克体，则受阻二日，其余类推。在占测吉事时，若没有生体之卦，只有克体之卦，则事情就不会成功；若无克体之卦，则吉事必能成功。

至于占测不太吉利的事情（如打官司），若卦中有生体之卦，则主所测之事遇险而有救，不会有什么祸害；若卦中无生体之卦，则所测之事就会极为不吉利。要推测其吉凶时间，若卦中有生体之卦，则事成功于生体卦气所主之日；若卦中只有克体之卦，则事必失败于克体之卦卦气所主之日。总之，预测的关键就在于灵活变通。

评析：

一般来讲，对于确定事情之吉凶应期而言，如果卦中多生体之卦则应之必速，生体是用卦则事即成，生体是互卦渐渐成，生体是变卦应之较迟。若既有生体之卦，也有克体之卦，则事情中间受阻，应之必迟。无生体之卦，有克体之卦，则事不成而亦应之必速，具体论断应期则以卦气论之。这仅是一个总的原则。在具体的占断过程中往往生、克、比和、泄诸种关系错综复杂，盘根错节，很难用一种简单明了的生克关系来概括，因而既给判断吉凶又给定应期增加了难度。以上所列的诸原则往往难以真正解决问题。在具体的应用中，往往根据具体情况，多用全卦之数、卦数加时数、卦数加动爻数定应期，盖亦因其本身的复杂生克关系。但概而言之，以上所列用生克助断应期的原则，对“近应日时，远应年月”之类的时间长短测度亦有相当助益。

体用互变之诀

大凡占卜，以体为其主，互用变皆为应卦。用最紧，互次之，变卦又次之。故曰：用为占之即应，互为中间之应，变为事占之终应。然互卦，则分其有体之互，有用之互。如体在上，则上互为体卦之互，下互为用之互；体卦在下，则下互为体之互，上互为用之互。体互最紧，用互次之。

例如观梅恒卦，互兑乾，兑为体互，见女子折花。若乾为体互，则老人折花矣。盖兑乾皆克体，但取兑而不取乾，此体互用之分。

大凡占卦，变卦克体，事于末后必有不吉；变生体及比和，则事事临终有吉利。此用互变之诀也。

译释：

大凡占卜预测，以体卦为主，互卦、用卦、变卦都作为克应之卦。用卦与体卦的关系，最为密切，互卦次之，变卦最次。所以说，用卦是所测之事的即时克应，互卦为所测之事的中间克应，变卦为所测之事的最终克应。然而，就互卦而言，则又有体互、用互的区别。如果体卦在上卦，则上互卦为体互卦，下互卦是用互卦；如果体卦在下面，则下互卦为体互卦，上互卦为用互卦。体互卦与体卦的关系更为密切，用互卦则次之。

例如，若观梅得雷风恒卦，互卦为兑、乾，兑为体互卦，则是有女子折花。若乾为体互卦，则是老人折花。因为互卦乾、兑皆克制体卦，而取兑克体断有女子折花，而不取乾克体断有老人折花，这就是体互卦与用互卦在断卦过程中的区分。

大凡占卜预测，若变卦克制体卦，则主所测之事在最后阶段必然不吉利；若变卦生体卦，或者与体卦比和，则所测之事最后阶段必然顺利。这就是用卦、互卦、变卦的占断方法。

评析：

以上是对体用互变之间的关系及其在事物发展过程中的各个阶段上的作用和吉凶判断的具体论述。一般来讲，在分析体用互变的关系时，应时刻以体卦为中心，围绕着体卦分析互卦、用卦、变卦与体卦的关系。用卦与体卦的关系最为重要，因为它决定了事物发展的总趋势，同时亦表示目前的状态。互卦处于次要地位，它与体卦的关系决定了事物发展中间阶段的情况，其中体互卦与体卦的关系比用互卦更为密切一些。变卦则更远一层，它与体卦的关系表示事物发展最后阶段的状况，从总体上并不能改变事物的吉凶；如果变卦克体，则表示事物的最后阶段不吉，若变生体及比和，则表示事物的最后阶段吉利。

体用生克之诀

占卦即以卦分体用互变，即以五行之理断其吉凶。然生克之理，于内卦体用互变一定之生克。若外卦，则须明其真生真克之五行，以分轻重，则祸福立应。何也?

假如乾兑之金为体，见火则克。然有真火之体，有火之形、色；真火能克金，形色则不能克。能克则不吉，不能克则不顺而已。盖见炉中火、窑灶之火，真火也；烈焰巨炷，真火也。乾兑为体，遇之不吉。若色之红紫，形之中虚，槁木之离，日灶之火，则火之形色，非真火之体，乾兑之金，不为深忌。又若一盏之灯，一炬之烛，虽曰真火，细微而轻，小不利耳。又若震巽之木体，遇金则克。然钗钏之金、金铂之金、成锭之银、杯盘之银，与器之锡，琐屑之铜铁，皆金也。此等之金，岂能克木? 木之所忌者，快刀锐刃、巨斧大锯，震巽之体值之，必有不吉。又若离火为体，见真水能克，然但见色之黑者，见体之湿者，与夫血之类，皆坎之属，终忌之而不深害也。余卦为体所值，外应克者，皆以轻重断之。

若夫生体之卦，亦当分辨。土与瓦器皆属坤土，金遇之土能生金，瓦不能生也。树木柴薪皆木也，离火值之，柴薪生火之捷；树木之未伐者，生火之迟也。木为体，真水生木之福重；如豕如血，虽坎之属，生木之类轻也。其余五行生克，并以类而推之。

译释:

占卜预测，将所得之卦首先区分为体卦、用卦、互卦、变卦，然后再按照五行生克之理来剖断吉凶。然而，五行生克之理，对于内卦之所属体、用、互、变而言，其生克是真实而一定的。而对于外应之卦而言，则必须明确是真生真克还是假生假克，以区别孰轻孰重。只有这样，所断之吉凶祸福才能立刻应验。这是为什么呢?

假如乾兑之金为体卦，见离火则受克。然而有表示真火之离火，也有表示火之形状和火的颜色之离火；那么，真火之离能克乾兑之金，形、色之离则不能克乾兑之金。真火能克制金则不吉利，形、色之火不能克制仅是不顺罢了。炉中之火、窑灶之火是真火，烈焰巨炷也是真火，若乾兑为体卦，遇之则不吉利。色之红紫、形之中空者、枯槁之木、太阳之光，皆属于形、色之离火，并不是真正的火，乾兑之体遇之，并不以为深忌。又如一盏油灯、一根蜡烛，虽说也是真火，只是细小而轻微之火，乾兑之作遇之，只是有小小的不利罢了。

再如震巽之木为体卦，遇金则木受克制。然而钗钏之类的金银首饰，金铂之类的金属，成锭的白银、杯盘之银，以及器皿上之锡，琐屑的铜铁，都属金。然而这样的金，怎么能克制震巽之木呢？木所忌讳的是快刀利刃、大斧长锯，若震巽木体遇之，必然不吉。

再如离火为体卦，遇真水则受克。然而，黑颜色、潮湿之物以及血液之类的东西，虽然也属于坎卦，但只是忌讳一下，而并没有大的危害。其余各卦为体若受外应之卦克者，也都应以其轻、重而详细推断之。

对于生扶体卦的外应之卦，也应当详细分辨。土与瓦器虽皆属坤土，但是金体逢土则能生之，遇瓦器则不能生。树木柴薪，皆属于木。若体卦离火遇之，柴薪生离火就快捷；那些还未砍伐的树木，生离火自然就迟缓一些。巽震之木为体卦，遇真水生之必然福深；若遇到猪、血之类的东西，虽也属坎卦，但木体受生扶的程度就差多了。其余各卦的五行生克，也都可以以此类推之。

评析：

这是从万物类象具体分析八卦五行生克的情况。因为世上万事万物纷繁复杂，虽都可归结为八卦，都可纳入五行，其性虽有基本相似之处，但毕竟万事万物差异太大，故而有真火假火之论、真土假土之辨。运用于五行生克，则有之能生，生助必旺，如真水生巽木；有克制不动，克而无益，如烛火难克旺金；有生之不能，生之无益，如艮石不能生金，故生而无助；有一克到底，彻底克尽，如巨斧克巽木，等等。能生能克则有功，能对体卦产生影响，可以影响事物的进程。不能克不能生则无益，于事不能产生影响。诸如此类，宜一一辨析之。

还有一种真生真克、假生假克的情况，这与卦气的旺衰有关。若卦气旺盛，则属真生真克，于事有功。若卦气死衰，本已太弱，则无力生克他卦，此为假生假克，于事没有太大影响。此在梅花易占中非常重要。

体用衰旺之诀

凡体卦宜乘旺，克体之卦宜衰。盖体卦之气，如春木、夏火、秋金、冬水、四季之月土，此得令之卦，乘旺之气，虽有他卦克之，亦无大害。用互变卦乘旺皆吉，但不要克体之卦气旺。而体卦象衰，是不吉之占。占者有此，若问病必死，问讼必败。若非问病与讼而常占，则防有官病之事。未临其期，在于克体卦气之日月也。若体卦旺，而复有生体之卦，吉事之来，可刻期而至矣。若内卦外卦，有生体者众，体卦虽衰，亦无大害也。内外并无生体，虽体之卦党多，皆是衰卦，终不吉也。故体用之卦，必须详其盛衰也。

译释：

体卦卦气宜于旺盛，克体之卦宜于卦气衰竭。如果体卦卦气，正遇春木气旺、夏火气旺、秋金气旺、冬水气旺、四季之月土气旺，则为当令得时，卦气盛旺。即使卦中有他卦来克，也不会有大的伤害。用卦、互卦、变卦卦气旺盛都是吉利的；但不宜克体之卦卦气旺盛，如果再遇体卦卦气衰竭便是不吉之占。占测之人若遇到这种情况，占问疾病，则病人必死；占问官讼，则官讼必败。如果是占问疾病、官讼之外的一般占问，则要预防疾病之灾或官讼之害。至于应验之期，可根据克体之卦来决断之。

如果体卦卦气旺盛，又有生体之卦，则必有吉利之事不日而来。如果内卦外卦中生体之卦很多，体卦卦气即使衰竭，也没有大害。内卦外卦并无生体之卦，体卦卦党虽多而卦气衰弱的，最终必不吉利。所以，分析体卦用卦的吉凶关系，必须分析它们卦气旺盛和衰竭的情况。

体用动静之诀

占卦体用互变既分，必以内外之卦察其动不动。不动不占亦不断，其吉凶悔吝生乎动也。夫体卦为静，互卦为静，用卦变卦则动也。此内卦之动静也。以外卦言之，方应之卦、天时地理之卦应皆静；若人事之应、器物之类则有动者矣。器物本静，人持其器物而来则动矣。若乾马坤牛，皆动者也。盖水之井沼、土之山岩，皆静者矣。人汲水担水而前，水之动也；又人持石负土而前，土之动也。于外卦之应，观其动而审其吉凶。动而吉者，应吉之速；动而凶者，应凶之速。不动而应者，吉凶未见也。此则外卦体用之动静也。

若夫起卦之动静，亦以我之中静而观其动者而占之。如雀之争坠，如牛鸡之哀鸣，如枯木之坠，皆物之动者，我以静而占之也。

又若我坐，则事应之迟；我行，而事应之速；我立，则半迟半速。此皆动静之理也。

译释：

占卜预测时体、用、互、变各卦既已分明，就必须详察内卦、外卦的动还是不动的情况。事物不动则不占，不占则难以判断其吉凶。事物的吉凶悔吝之机都是由动而产生的。

体卦是静止不动的，互卦也是静止不动的，用卦变卦则是动的。这是内卦的动与静的情况。就外卦而言，方位之外应卦、天时之外应卦、地理之外应卦皆静止不动。至于人事之类的情况或者器物之类，则有动的情况。器物本来是静止不动的，但人持器物而来，器物也随着动了。至于乾为马、坤为牛动物一类，皆在动之列。属水的水井、沼泽，属土的小山、岩石，也都属于静止不动之类。但是，如果有人取水、担水而前行，则水亦随着运动；如果人手持石块、肩负泥土而行，则土、石亦随着运动。对于外卦的应兆，则应观察其动静的情况而审视其动的吉凶涵义。若是动而有吉祥的，那么所测之事吉而成之必速；若是动而征凶的，则所测之事凶败之亦速。如果不动而未表现出任何征兆的，其吉凶涵义还未显示出来。这是外卦动静及其体用的吉凶情况。

至于起卦时的外界动静的吉凶情况，也以我寂静澄虑的心灵去审视之，并根据动的情况去推断之。比如，鸟雀之争枝坠地，牛鸡之哀鸣，枯枝之坠地，这都是物之动，而我则以已静而推它之动，以观吉凶。

再如在占测之时，若是卜者坐着预测，则所测之事成之必迟；若是在行走之中进行占断，则所测之事应之必速；若站着占断，则所测之事应之就会不快也不慢。这就是外应动静变化的道理。

占卜坐端之诀

坐端者，以我之所坐为中，八位列于八方，占卦决断之。须虚心待应，坐而端之，察其八卦八方应兆，以为占卜事端之应。随其方卦有生克之应者，以定所占之家吉凶也。

如乾上有土生之，或乾宫有诸吉兆，则尊长老人分上见吉庆之事。若乾上有火克之，或有凶兆，则主长上老人有忧。

坤上有火生之，或坤上有吉兆，则主母亲分上，或主阴人有吉利之喜。

坤宫见克，或有凶兆，则主老母阴人有灾厄。

震宫有水生之，及东方震宫有吉兆，则喜在长子长孙。见克而或见凶，则长子长孙不利。

坎宫宜见五金，及有吉利之谶，则喜在中男之位。若土克若见凶，则忧在中男矣。

离宫喜木生之，或有可喜之应，则中女有喜。若遇克，或见凶，则中女有厄矣。

艮为少男之位，宜火生之，见吉则少男有喜。若遇克，或见凶，则灾及少男。问产，必不育矣。

兑为少女，土宜生之，见吉则少女有喜，或有欢悦之事。

若问病，如乾卦受克，病在头；坤宫见克，病在腹。推之，震足，巽股，离目，坎耳及血，艮手指，兑口齿，于其克者，定见其病。

至于八端之中，有奇占巧卜者，则在乎人。此引其端为之例也。

译释：

所谓坐端，指的是以我所坐的位置为中心，以后天八卦所配之方位分别配置于八个方向上，从而占卦决断吉凶。使用这种方法，必须静心澄虑，心灵澄彻安详，静静地坐着等待外来之应兆，仔细观察八卦所处各个方向上所出现的征兆，来作为占卜预测事物发展之端绪的征应。依据八卦方位上所出现的生克变化的应兆，就可以断定所占之家的吉凶。

如果乾卦方向上（即西北方）遇到土来生扶的情况，或者西北方向上出现其他的吉兆，因为乾为尊长为老人，则主家中尊长、老人之辈有吉庆的事情。若西北方向上出现火，则火克乾金，或者有其他的凶兆，主家中老人辈上有忧疑之事。

若坤方（即西南方）出现火，则火生坤土，坤为母，或西南方上有其他吉兆，主母亲辈上或其他女性之人将有吉利之事。若坤方受克，或有其他凶兆，则主家中老母或其他女性之人有灾厄之患。

若震方（即东方）有水生之，或在东方出现其他吉兆，则主家中长子或长孙将有喜庆之事降临。如果震方受克或有其他的凶险之兆，则对家中长子或长孙不利。

坎方（即北方）宜于见到五行中属金的东西，或者在北方出现吉利的谶兆，则家中之次男必有喜庆之事。若坎方上见土来克，或有其他凶险之兆，则家中次男必有忧疑之事。

离方（即南方）喜欢有木来生，或者在南方出现可喜的征兆，则主家中次女将有喜庆之事。若离方见水来克，或有其他凶险之兆，则主家中次女将有灾厄之忧。

艮方（即东北方）为少男之位，宜见火来生，若在东北方遇其他吉祥之征兆，则家中之少男将有喜庆之事。若东北方有木来克制，或者有其他凶险之兆，则灾及家中少男。若问生产，必主不育。

兑方（即西方）为少女，宜有土来生之，若在西方还出现其他吉兆，则主家中少女有喜庆之事，或者有其他欢娱的事情。

求测疾病，若乾方受克，病症在头部；若坤方受克，病症在腹部。其他可以依次类推，即震在足部，巽在大腿，离在眼睛，坎在耳朵或血液，艮在手指，兑在口腔或牙齿。哪个方位受克，就主在所对应的哪个部位上有病症。

至于在八方端坐之中，有许多奇异、巧妙的占验方法，对它的掌握和运用则在于各人的悟性和天赋。这里只是举其大要，以做抛砖引玉罢了。

占卜克应之诀

克应者，所谓克期应验也。占卜之道无此诀，则吉凶成败之事，不知应于何时，故克应为卦之切要也。然克则最难，有以数而克之者，有以理而克之者，皆要论也。以数而刻期，必详其理。

如算屋宅之初创，男女之始婚，坟墓之方葬，器物之新置，俱以年、月、日、时加事物之数而起卦。卦成，则欲体用互变之中，视全卦之数，以为约定之期。如审其事端之迟速而刻之。如屋宅坟墓，永久者也。屋宅则以全卦之数克其期。如屋宅之终应，盖房屋有朽坏之期也。坟墓亦有时坏，然占墓但占吉凶，不计成败也。

男女之婚，远亦不过数年、年内之事，全卦之数可决。又不如屋宅之久也。然婚姻亦不过卜其吉凶，不必刻其期也。若吉凶之期，但以生体及比和之年月为吉期，克体之年月为不吉之期也。

器物之占，则金石之质终远，草木之质终不久也。远者以全卦之数为年期，近者以全卦之数为月期，又近者以全卦之数为日期也。如置砚，则全卦之数为岁计；笔墨亦可以全卦为岁计乎？笔墨之小者，以日计之可也。此器物刻期之占也。

如先天观梅与牡丹二占，俱旦夕之事，故以卦理推，则不必决其远日也。如后天老人、少年、鸡、牛之占，以方卦物卦之数，合而计之。老、少、鸡、牛之占，亦只可以日计也。若永远之占，则以日为月，以月为年矣。占者祥吉，必又寻常之占事刻期，则于全卦中细观生体之卦为吉应之期。克体之卦为凶；凶应之期，远则以年，近则以月，又近则以日也。

如问求名，则乾为体，看卦中有坤艮，则断其辰戌丑未之土月日，盖乾兑金体也。此为吉事之应。若问病而乾卦为体，见卦中有离，又看卦无坤艮及有凶犯，则断其死于巳午火日。此克体为凶事之期也。又若问行人，以生体之日为归期；无生体比和之日，则归必迟。

若此例者，具难尽载，学者审焉。

译释：

克应，就是指所测之事应验的时间。如果占测之道缺少断应验之期的秘诀，那么所测之事的吉凶成败趋势就不知道在什么时间应验。因此，占断应期就成为占卜预测的至为重要的一环。然而，准备判断所测之事的应期是一项非常困难的工作。有的需要以卦数来确定应验之期，有的则需要以义理来确定应验之期。这两者都是非常重要的理论。以卦数推断事物的应验之期，还必须详辨事物之常理。

比如，测算初建的房屋、始婚的男女、正要安葬的坟墓、新置办的器物的应验之期，都可以按照年、月、日、时再加上事物之数的方法而起卦。成卦之后，在体卦、用卦、互卦、变卦之中，以各卦卦数的总和，作为所测之事的应验之期，并根据所测之事的久长之类的具体情况而推断之。比如，屋宅、坟墓属于长久、不易毁坏的一类。占测屋宅之应期可以全卦之总数而决之，作为屋宅最终毁坏的日期，因为屋宅总有朽坏的一天。坟墓也有被毁坏之日，但占坟墓一般只占断吉凶悔吝的情况，并不需占其终毁之期。

男女婚姻之事，不过是在年内解决，多也不过数年，以全卦之总卦数可以决断其应验之期。婚姻之期不会像屋舍那样久远。然而，婚姻之事多是卜其吉凶福祸的，也不必测断其长短之期。如果确要测定吉凶的期限，则可以生体以及与体卦比和之卦来确定吉应之期，以克体之卦所对应的年月来确定不吉之期。

预测器物应期的长短，如果属于金属质地或石制的器物，其寿命就久远；如果属于草木质地的，其寿命就相对短。寿命久长的以全卦之数为年数断长短之期，寿命较短的以全卦之数为月数断长短之期，寿命更短的则以全卦之数为日数来断就可以了。再如购置砚台，可以全卦之数为年数来断。但笔墨用全卦之数为年数来断就不行，像笔墨之类使用时间短的东西，按日来计就可以了。这是占断器物的长短应验之期。

再如用先天法预测梅花和牡丹，两者都属于旦夕之间的事情，所以用卦理来推断相应的日期，而没有必要断为久长的时日。再如用后天法占老人有忧色、少年有喜色、鸡悲鸣、牛悲鸣之吉凶之期，用方位之卦的卦数与物卦的卦数之和来决断就可以了。这四者，因皆为日前之应，以日而断即可。若推算久远之物、事的应期，则可以年或月而计之。

占断一般事物的应验之期，吉庆之事则在全卦中以生扶之卦而断应期，凶险之事则以克体之卦为主断应期。远以年计，近以月计，更近者则以日计。

占测求取功名之事，乾卦为体，若见卦中有坤、艮之土来生，则其功名成就之日可断在辰、戌、丑、未之年或月。这是断吉事应期的方法。

占问疾病吉凶，还以乾卦为体，若见卦中有离火来克，而无坤、艮之土生扶，再有其他凶险之兆的，则断病人当危于巳、午火旺之日。这是以克体之卦气来断凶事的应验之期。

再如占问在外之人何时归来，则以生体之卦而断其归来之日，若卦中无生体之卦和比和之卦，则其归来必迟。

诸如此类，不一而足，学断应期的人应详细审查之。

评析：

此节说，在具体的定应期过程中，单用一种方法有时还往往难以判断，这就需要综合各种因素，从不同的角度予以考察，综合判断，最后才能确定真正的应期。

此外，在确定事物应期时，不单是通过卦数或生、克体之卦气定应期，还必须遵守事物发展的常理，做到与实际情况相符。这就不仅仅只是卦内的功夫了。梅花易断卦贵在活变，但这种活变不是无章可依、率性而发，而是必须建立在“常理”这个基础之上，以事物发展本身的“理”去活变。

万　物　赋

人禀阴阳，卦分先后。达时务者，近取诸身，远取诸物。观物理者，静则乎地，动则乎天。原夫万物有数，《易》数无穷。动静可知，不出于玄天之外；吉凶必见，莫逃乎变象之中。

未成卦以前，必虚心而求应；既成卦以后，观刻应以为断。声音言语，傍人谶兆，当遇形影往来，我心指实皆是。及其六爻以定，三才既生，始寻卦象之端，终测刻应之理。是以逢吉兆而终知有喜，见凶谶而不免乎凶。

故欲知他人家之事，必须凭我耳目之闻见。未成卦而闻见之，乃已生之事；既定卦而观察之，乃未来之机。或闻何处喧闹，主有斗争；或逢此间笑语，必逢吉庆。见妇啼叹，其家阴小有灾；东至军来，必有官司官讼。或逢枷锁，而枷锁临身；倘遇鞭杖，而鞭杖必至。讼若屠而负肉，此为骨肉有灾。倘逢血光，而又恐灾于兹畜。师巫药饵，病患临门。见诐则有犯家先，逢酒则欠神愿。阴人至，则女子有厄；阳人至，则男子当灾。

又须八卦中公，不可一例而论。卦吉而爻象又吉，祸患终无；卦凶而谶兆又凶，灾祸难免。披麻带孝，必然孝服临头；持杖而号，定主号泣满室。其人忧，终是为忧；其人喜，还须有喜。故当观色察形，以为决意断心。其或鼓乐声喧，又见酒杯器皿，若不迎婚嫁娶，定须会客宴酣。

欲知应在何日，须观爻象值数。巽五日而坤八日，离三朝而坎六朝。又观远近克应，以断的实之相期。应远，则全卦相同；应近，而各时同断。假如天地否卦，上天一而下地八；设若泽火革卦，上兑二而下离三。依此推之，万无一失。此人物之兆，察之可推也。及其鸟兽之应，仍验之有准。鹊噪而喜色已动，鸦鸣而祸事将来。牛犬之类，日辰不见，金日遇之，六畜有损。木日见猪，养猪必成。庚日见鸡鸣，丁日见羊过，此乃凶刃之杀。巳日值马来，壬日有猪过，此皆食禄之兆。

见吉兆而百事亨通，逢凶谶而诸事阻滞。或若求财问利，须凭克应以言。柜箱为藏财之用，绳索为穿钱之物。逢金帛宝货之类，理必有成；遇刀刃剑具之器，损而无益。

又看元卦，不可执一。逢财而有财，无财则无益。凡物成器，方系得全；缺损破碎，有之不足。或问婚姻，理亦相似。物团圆，指日可成；物破损，中途阻折。此又是一家闻奥。斯理明，万事昭然。

逢柴炭主忧，折麦主悲，米必奇，豆必伤。袜与鞋，万事和谐；棋与药，与人期约。斧锯必有修造，粮储必有远行。闻禽鸣，谋事虚说；听鼓声，交易空虚。拭目润睫，内有哭泣之事；持刃见血，外有蛊毒之谋。

克应既明，饮食同断。见水为饮食酒汤，遇火为煎炮熇炙。见米为一饭之得，提壶为酌杯之礼。水乃鱼虾水中物味，土乃牛羊土内菜蔬。姜面为辛味辣羹，刀砧乃熏腥美味。

此三天之克应，万物之枢机。能达此者，尚其秘之。

译释：

人禀受阴阳之气而分男女，八卦也因成时时间不同而有先天后天的区别。通达时务之人，近的从自己身上来取象，远的则从外界器物之中来取象。观察事物运行机理的人，静的取法山川大地安然不动之象，动的则取法日月星辰往来运转之象。万事万物都有其定数，而《周易》所蕴涵的数变化无穷。事物动静的情况可以测知，因为它们并未超出玄妙的自然之外。事物吉凶悔吝的情况都可以预知，因为它们的运行情况早已显示在八卦卦爻象之中。

在没有成卦之前，占测之人必须静心澄虑，心如明镜般地观察求取外部世界所显示的征兆而成卦。已经成卦之后，占测之人必须根据外部之征应来测断事物吉凶的情况。他人说话时的声音和言语、外界事物所表现的征应和谶兆，以及其他往来不定的形式和影像，在我的心里都以实际的面貌出现并留下影像。等到卦象确定下来，天、地、人三才明确之后，再观察卦象动静生克的端绪，最后测断事物吉凶悔吝之应期。因此，如果遇到卦象吉利之兆，则所测之事最后必然吉利；如果遇到卦象凶险之兆，则所测之事最终必然凶险。

因此，要知人家事情吉凶悔吝的情况，必须凭借敏锐的耳朵和明亮眼睛的所闻所见。在未成卦之前所观察到的情况，代表已经过去的事情。在成卦之后所观察到的情况，则预示着事物发生发展的未来机变。若听到喧杂吵闹的声音，则主将有争斗的事情；若听到欢快喜悦的声音，则主将有喜庆的事情。见到妇女啼哭叹息，则主所测之家的妇人或儿童有灾；看到军人从东方而来，则主所测之人将有官司词讼之扰。若遇到枷锁，则主所测之人将有牢狱之害；若遇到鞭子和刑杖，则主所测之人将被责罚。若占问官司词讼之事，忽见屠夫背肉而来，则主所测之人的亲人将有灾祸。如果碰到血光，要提防家禽受害。若遇到巫婆药师，则病患将要降临。看见邪僻的行为，则有可能触犯了家中的祖先。若占测时忽遇酒来，则主所测之人未还神愿。如果是女人到，则主家中女子有灾；若是男人来，则主家中男人遭厄。

必须客观公正地推求卦象生克之理，不能一概而论。所得之卦卦象吉利，爻象也吉利，自然没有祸害；所得之卦卦象凶险，再遇凶险征兆的，灾难祸害就很难避免。正在预测之时，若遇披麻带孝之人，则主所测之人家中亲人必有灾难临头；若遇持杖而号哭之人，则主所测之人家中将因悲伤的事情而悲泣。求占之人面色忧郁的，必主其有悲伤的事情；面带喜色的人，必主有喜庆之事将临。因此，应当察其颜色、观其神态，来作为占测决断的辅助。若见鼓乐喧天，又见有酒杯器皿的，如果不是有迎婚嫁娶的喜事，肯定会有宴客酣畅的佳事。

要想测知何时应验，必须依据卦象来推断。巽卦主五日，坤卦主八日。离卦主三天，坎卦主六天。再根据事物本身的久长以及外部征朕的兆示，来确定具体、切实的应验之期。应期久远的，则以全卦之数来推断；应期较近的，就根据各卦的具体情况而分别测断。假如测得天地否卦，上卦乾天卦数为一，下卦坤地卦数为八；如果测得泽火革卦，上卦兑泽卦数为二，下卦离火卦数为三。依此类推，必万无一失。这是预测人事的吉凶之兆，详细观察可以推断事物的吉凶应期。至于禽兽之类的外应之兆，同样准确而应验。喜鹊欢叫，则主喜庆之事已经开始；乌鸦悲鸣，则主伤悲之事将要来临。在五行中属金的日子遇到牛、狗之类的动物，则主家中六畜有损伤。若在寅、卯月日见到猪，则主养猪必能成功。若在庚日听到鸡叫、丁日见到羊群，则主有宰杀之凶兆。巳日有马走来，壬日有猪过去，这都为有进薪禄的吉兆。

析卦预测时，若遇到吉祥的征兆，则主百事亨通；若遇到凶险的谶兆，则诸事阻滞不顺。若有人求问财利的情况，也须凭借外部征兆来综合推断。木柜盒箱是收藏财物用的，绳索是为穿钱用的，占财遇之必财利亨通。占问财利，若遇到金银、丝帛、珠宝之类的贵重物品，则主所测之财定会谈成；若遇刀枪剑棍等兵器，则主财物受损而没有益处。

又看所测之卦的情况来推断，不可一概而论。外卦之应逢财物之类，则主有进益财物之喜；若外卦之应无财货之兆，则主所测之事难以获得财利。预测时，若遇成器之类的物品，则主所测之事结局圆满；若遇到残缺不全的物品，则主所占之事有难尽人意之处。若占问婚姻之事，道理也一样。若遇到方圆的物品，则主婚姻之事指日可成；若遇到破碎、残损的物器，则主婚姻中途会出现阻隔不顺的情况。明白了以上道理，则万事万物之理及其吉凶悔吝的情况便会昭然若揭。

占卦时，若遇柴薪木炭之类的物品，则主所测之人有忧愁之事；若遇有人正在收割小麦，则主所测之人有悲伤之事。若遇到米之类的谷物，则主会有奇事发生；若遇到豆之类的物品，则主会有损伤之事发生。若见到鞋袜之类，则主万事和谐；若遇到棋类和药类，则主所测之人正与人有约。若遇斧头、锯条之类，则会有修膳建造之事；若遇正在储备粮食，则主将有远行之应。若听到鸟禽鸣叫，则主所谋之事仅是说说而已；若听到鼓声，则主交易之事亦为空谈。若见擦拭眼睛而泪湿睫毛，则主将有哭泣悲伤之事；若遇持刀沾血而杀气腾腾，则须防外面阴毒的侵害。

克应之类的道理明了之后，饮食之类就可以根据同样的道理来推断。占饮食，若见水，则饮食中会有酒、汤之类；若遇火，则主饮食中多为煎、炮、烤、炙之类的食品。若见米，则主会有家常之便饭；若见提壶之类的酒具，则主必会有饮酒宴客之事。若遇水，则是鱼虾之类的海味；若遇土，则必是牛羊之肉以及菜蔬之类。若遇姜面，则主有辛辣的菜蔬；若遇菜刀砧板，则主必有荤、腥之类的美味。

以上是万事万物的外部征应与吉凶的关系。能得到其玄机的人，一定要珍惜密藏。

评析：

“万物赋”所讲的也是外应与事物吉凶祸福的关系，这在占断过程中非常重要，亦应志之。但值得注意的是，以上所录诸原则皆以在起卦、析卦过程出现的为准，起卦前或断卦后出现的则不必考虑。平常若出现以上情况，除非他人有事求占，则概不论之。若是为自己占测而求克应，或突有所感、所悟时，皆可以己事为中心而参照以上所列诸原则而论之；其他时候则概不论也。

以上所讲诸原则凡易占皆可通用。

饮 食 篇

夫乾之为象也，圆坚而味辛，取象乎卵，为牲之首，为马为猪，秋得之而食禄盛，夏得之则食禄衰。春为时新之物，水果蔬菜之属；冬为冷物，隔宿之食。有坎，乃江湖海味；有水，而蔬果珍馐。

艮为土物同烹，离乃火边煎炙。秋为蟹，春为马，凡内必多肉，其味必辛。盛有瓦器，伴有金樽。其于菜也为芹，其于物也带羽。克出生回，食必鹅鸭；生克出入，野菜无名。

坤其于坤也，远客至，故人来。所用必瓦器，所食米果之味。静则梨枣茄芋，动则鱼鲊鲜羊。无骨肉脯，杀亦为腌藏，亦为肚肠。遇客必妇人。克此必主口舌。克出生回，乃牲之味；克入生物，乃杂物之烹。见乾兑，细节薄披；见震巽，而新生旧煮。其色黑黄，其味甘甜。水火并之，蒸炊而已。四时皆为米麦之味，必带麻姜。仔细推详，必有验也。

巽之为卦，主文书柬约之间，讲论之际，外客婚姻，故人旧交，或主远信近期。其色白青，其性曲直，其味酸，其象长。桃李木瓜，斋辣素食，为鱼为鸡，其豆其面。非济挚而得之，必锄掘而得之。有乾兑食之而致病，有坤得之非难。为炊炒菜蔬，离为炒茶；带坎于中，酒汤其食。其无生，半斋半熏。其在艮也，会邻里有贵人，食物不多，适口而已。其橘柚菜果蔬，斫伐之山林带节。虎狗兔鹿，渔捕网罗，米麻面麦，克入杂食，克出羊肉，克入口舌是非阴灾，极不可食。其味甘甜，其色玄黄。

坎为水象也，水近信至海内，味香有细鳞，或四足。凡曰水族，必可饮食也。或闻萧鼓之声，或在礼乐之所。其色黑，其味咸。克出饮酒，生回食鱼。为豕，为目，为耳，为血。羹汤物味，酒食水酱。遇离而说文书，逢乾而为海味。

震之为卦，木属也。酒友疏狂，虚惊怪异。大树之果，园林之疏。其色青，其味酸，其数多，会客少。或有膻臭之气，或有异香之肴。同离多主盐茶，见坎或为盐腊。

离则文书交易，亲戚师儒。坐中多礼貌之人，筵中总英才之士。其物乃煎烤炙烧，其间或茶盐。白日之夕，照之以烛。春夏之际，凡物带花。老人莫食，心事不宁。少者宜之，宜讲论即有益。为雉为蟹为蛇。色赤味苦，性热而气香。逢坎而酒有争，逢巽则炒菜而已。

兑之为卦，其属白金，其味辛而色白。或远客暴至，或近交争。凡动物刃砧，凡味必有辛辣，凡包裹腌藏。其于暴（食）也，为芹，为菱；其于菜也，为葱，为韭。盛而有腥臭，旺而有羊鹅。坐间有僭越之人，或有歌娼之女。单则必然口舌，重则必然欢喜。生出多食，克出好事。

夫算其饮食，必须察其动静，动则有，静则无……

译释：

乾卦之象，象征形体圆而质地坚硬、口味辛辣，取象于卵。取诸物则为牲畜的头部，或者象征猪、马。秋天占饮食若得乾卦，乾金卦气旺盛，则食物必然丰盛；夏天占若得乾卦，此时乾金衰竭，则食物必然缺少。若春天占饮食得乾卦，必得时鲜水果、蔬菜之类。若冬天占得乾卦，则必是冷凉的食物或者是过宿的饭菜。若卦中再有坎卦，则必是江、湖、海之中出产的水产品；若外应为水，则会有蔬菜、果品、珍馐之类。

艮则主土产之物同烹一锅，离卦必是经过火煎烤的食物。秋天占得艮卦，主有螃蟹；春天占得艮卦，则主为马肉。占饮食得艮，主必是内部多肉的荤腥之物，口味必然辛辣。必盛在瓦器之中，或放在金樽之内。若是菜蔬，则为芹菜；若是动物之肉，必是带羽毛的禽鸟之类。受克主为支出，主食中必有鹅鸭之类的肉食；若他卦来生主收入，所食之野菜必难以辨别名称。

若占得坤卦，主有客人远道而来，或者旧日之相识不期而至。所用的器物必是瓦器之类，所吃的食物一定是谷物或者水果之类的土产品。若坤卦为静卦，则主为梨、枣、茄子、芋头之类；若坤卦为动卦，则食物必主鱼或羊肉之类，或者是无骨的肉脯、腌制的肚肠等。席中之客必为妇人。若坤卦受克，则主席中会有争执。若坤卦受他卦生扶，则必是牲畜身上的肉食品之类；若坤卦受他卦克制，则食物定是大杂烩。若卦中再见乾兑之卦，则主必是切得精细的食物；若卦中再有震、巽之卦，则主必是烹煮过久的时鲜之物。其颜色为黄或黑，其味道为甘甜。若卦中既有坎卦又有离象，则必是清蒸而已。在四季之月遇坤卦，则是米、面之类的食品，而且还带一点麻辣之味。依卦象仔细推断，必能应验。

若遇巽卦，则是宴请的往来函件、请柬、文约，或者是讲论辩驳，或者是他人婚宴，或者故人相识聚会，或是远方的来信，或是近期的约定。其色为青、白，其性为曲直，其味为酸，其象为修长之类。若是饮食，必为桃、李、木瓜之类，以及辛辣之类的素食，或是鸡、鱼之类。若不是捕捞而得，定是挖掘而来。若卦中再有乾、兑之卦，则可能因饮食而致病。若卦中遇坤卦，则主饮食非常容易。若卦中遇离卦，则定是烹炒的菜蔬。若卦中又遇坎卦，则主有酒有汤。若无生体之卦，只是一半荤菜一半素食而已。若卦中遇艮，必是宴请乡邻，且席上必有地位高身份高的人，食物不是很多，刚好可口而已。若是橘、柚、蔬菜、水果，必是刚从山林上采摘下来的带叶的鲜物；若是虎肉、狗肉、兔肉、鹿肉之类，也必定是通过罗网捕捉而来的。还有大米、芝麻、麦面等食品。若有他卦来生，主有他人宴请；若有他卦克制，则主宴请他人羊肉之类。若受克太重，则不要去赴宴，否则会有口舌、是非之类的阴灾。其味为甘甜，其色为玄黄。

坎卦之象主水，从近处之水一直到大海之水。若占饮食，遇坎必是味道香美而有细鳞的鱼类，或是四足的龟类，以及其他时令的水中之物。或者饮食时必有箫鼓之类的乐声，或是饮食是在有礼乐的地方进行。其颜色为黑色，其味道为咸。若坎卦受克制，则主支出酒食；若坎卦受生扶，则主收入鱼之类食物。坎卦物类象为猪，为眼睛，为耳朵，为血液。饮食则是羹汤、水酒、酱食之类。若卦中再有离卦，则主席间必谈论诗歌文章；若卦中再遇乾卦，则席间必有海味。

震卦之象，属于木之类。若占饮食卦体为震，席间必有狂放疏礼的酒友，或者有虚幻、轻浮、怪异的事情。至于饮食之物，则是大树上所结的果实，或是园林里所产的蔬菜。其颜色为青色，其味道为酸。占饮食遇震卦，必是所请者多，所来者少。或者席间有腥臊的气味，或者是异香的佳肴。若卦中再遇离卦，则主是茶、盐之类；若卦中又遇坎卦，必是盐、醋之类的佐料。

离卦则象征着文书、交易，或是亲戚、朋友、师长，或者席间多是文化之人，宴中多有精英奇才。所食之物则是煎炒烧烤之类的食物，席间还有茶水供应。虽然是在明亮的黄昏，却还要有蜡烛照明。若是在春夏之交，所食之物必是带花的植物。老人不宜食用，否则必然心绪不宁。少年之人则可食，宜在席间讲经论道，相互辩驳。若是肉食，必是野鸡肉、蟹肉、蛇肉之类。其色红赤，味道苦涩，食性属热，而香气袭人。若卦中再遇坎卦，则主席间争相行酒；若卦中再遇巽卦，则席上只是一些炒菜而已。

兑卦之象为白金，其味道辛而其颜色为白色。占饮食若遇兑卦，则主席上忽有客人远道而来，或者席间近邻争吵冲突。席上所食之物必有肉类，其味必有辛辣之感。此外还有成包的腌制品，还有芹菜、菱角、葱花、韭菜。如果兑卦卦气旺，席上必有羊肉、鹅肉之类的荤腥。席间一定有越礼的人，或者有歌女、艺妓。若兑卦卦气衰弱，席间必有口舌纷争；若卦气旺盛，席上定是皆大欢喜。他卦来生兑卦，主食品丰盛；兑卦克制他卦，主有喜事降临。

占卜预测饮食的情况，还必须观察外应动静的情况。动则饮食丰盛，静则饮食难丰……

观物玄妙歌诀

观物戏验者，虽云无益于世，学者以此验数，而知圣人作《易》之灵耳。物之于世，必有数焉。故天圆地方，物之形也；天玄地黄，物之色也；天动地静，物之性也；天上地下，物之位也；乾刚坤柔，物之体也。

故乾之为卦，刚而圆，贵而坚。为金为玉，为赤为圆，为大为首，为上之果物。见兑为毁折，逢坎而沉溺，见离为炼锻之金。震为有动之物，巽为木果为圆。坤艮，土中之石，得火而成器。兑为剑锋之锐，秋得而价高，夏得之而衰矣。

坤之为卦，其形直而方，其色黑而黄，为文为布，为舆为釜。其物象牛，其性恶动。得乾可圆可方，可贵可贱。震巽为长器，离为文章。兑为土中出之金，艮为带刚之土石也。

震之为卦，其色玄黄而多青，为木为声，为竹为萑苇；为蕃鲜及生形。上柔下刚，是性震动而可惊。得乾乃为声价之物，得兑为无用之木。见艮山林间之石，见坎有气之类。巽为有枝叶，见离为带花。

巽之为卦，其色白，其气香，为草木，为刚为柔。见离为文书，见兑乾为不用，乃遇金刀之物。坤艮为草木之类，坎兑为可食之物。为长为直，并震而春生夏长，草木之果蔬。

坎之为卦，其色黑，亦可圆可方。物为柔为腐。内则刚物，得之卑湿之所，多为水中之物。见乾亦圆，见兑亦毁，又乃污湿。得震巽而可食。（见）离水火既济，假水而出，假火而成。又为滞于物，兑为带口也。震巽为带枝叶，为带花也。

艮之为卦也，其色黄而青，体燥，其性则上刚下柔。为山石之物，土瓦之类。小石与大山，为门途之处。为物见乾而刚，兑而毁折，坤而土块。巽为草之物，而震为木物类也。坎并为河岸之物，离并为瓦器。震巽并见，篱壁之物。

兑之为卦，其色白，其性少柔而多刚，为毁折而不全，带口而圆。见乾先圆后缺，见艮则金石废器，见震巽为剥削之物，见坎为水之类。得乾而多刚，得坤而多柔。长于西泽之内，于水中之类，得柔而成器也。

译释：

观察事物并加以预测这样的游戏，虽然对于世人的趋吉避凶并没有什么帮助，而学习它的人可以依据它而检验易数的奇妙，从而推知古圣先贤所撰写的《周易》的灵验玄奥。因为世上的万事万物都有其定数，都不可能摆脱数的束缚和控制。因此，天是圆圆的，地是方正的，这是物体的基本形态；

天空是晴朗的，大地是玄黄的，这是物体的基本颜色；天在不停地循环运动，大地却安然不动，这是物体的基本特性；天高高在上，地低卑而在下，这是物体地位的基本区分；乾刚健有为，坤柔顺载物，这是物体的基本特性。

因而，乾卦的卦象，象征着刚键有为，浑融圆满，地位尊贵而质地坚硬。象征着金、玉、赤色、圆融、高大、头部，还象征着树上的果物。若再遇兑卦，必是易毁折之物；若再遇坎卦，则定是易沉没、淹溺之物；若遇离卦，必是被烧锻过的金属。若遇震卦，必是可动的有金属的物品；若再遇巽卦，则可能是圆圆的木材或水果之类。若遇坤、艮之卦，则是土中之矿石，卦中若再有离卦，则是可以锻炼成器的矿石。若遇兑卦，则可能是锐利的刀剑；若是秋天占得此卦，必然质优价高，若是夏天，必是价格低廉之物。

坤卦的卦象，它的形状是直而方，它的颜色是黑而黄。它象征着文章、布匹，或是大车、铁锅。其取象为动物中的牛，喜静而恶动。若卦中再见乾卦，则是可圆可方的物体，或是可贵也可便宜的物体。若卦中再见震、巽之卦，则可能是形状狭长的器物，若再遇离卦，必是文章之类。若遇兑卦，则可能是土中挖出的金属之类，若卦中再遇艮卦，则是刚硬的土或石之类。

震卦之象，其颜色青黄间杂而青色居多。象征着树木或声音，或是竹子、芦苇，或是生机勃勃的植物。其性外表柔顺而内里刚强，喜欢震动，有时亦有使人震惊之处。若再遇乾卦，必是能发声的器物，若再遇兑卦，则会是无用之木。若卦中再有艮卦，定是山林中的石头；若卦中再见坎卦，则会是雾气、水汽之类。若卦中再遇巽卦，则定是有枝叶的植物，若卦中又有离卦，则定是带花的草木。

巽卦之象，其颜色为白色，其气味有香气，可能是草木之类，也可能是刚柔相济的物品。若卦中再遇离卦，则是文章、信件、文书之类；若卦中再遇乾、兑两卦，则属无用之物，或者会遇到金属刀具之类。若卦中再见坤、艮两卦，则会是草木之类；若卦中再遇坎、兑两卦，则必是可以食用之物。

或是又长又直的东西；若遇震木比和，则属于春夏季生长的草木或果蔬之类。

坎卦之象，颜色为黑色，也是可圆可方的器物。为柔软或易腐烂的东西，或是外柔内刚之物，或是在低下潮湿的地方生长或得到的东西，并多是水中的物品。若遇乾卦，定是圆形之器物；若见兑卦，是易毁折之器物。或者是污秽、潮湿的东西。若卦中遇震、巽之卦，则是可以食用的水中之物。若卦中再见离，成水火既济卦，则是从水中捞出的、原先经火锻制的器物，或是滞长之物。若遇兑卦，则是带口之物。若遇震、巽之卦，则是带枝叶或带花草之物。

艮卦之象，其颜色为青黄色，多为外刚内柔的干燥之物，或者是山上的石头、烧制的泥瓦土器之类，或者是高山的砾石，或者是门前的小道。占测物品，遇乾卦必是刚硬的器物，遇兑卦则是易于毁折的器物，遇坤卦则是土块之类，遇巽卦则是草本植物，若遇震卦则是木本植物。若遇坎卦，则是属于河岸上的物品。若再遇离卦比和，则是烧制的瓦器之类。若卦中同时有震、巽两卦，则是篱笆、屏壁之类的物品。

兑卦之象，其颜色为白色，性质少柔软而多刚硬，多是毁折不全的器皿，或是有口的圆形器物。若卦中再遇乾卦，则是先圆而后损破之器物。若卦中再遇艮卦，则是金石之类的废旧器物。若卦中遇震、巽之卦，则是可以剥蚀、削尖之物。若卦中有坎卦，则会是与水有关的器物。若卦中遇乾卦，则是刚硬之物。若卦中见坤卦，则是柔性强之物。或是生长于西方沼泽之中的东西，或者是从水中捞取的金属器物之类。

诸物响应歌

混沌开辟立人极，吉凶响应尤难避。

先贤遗下预知音，皇极观梅出周易。
玄微浩瀚总无涯，各述繁言人莫记。
大抵体宜用卦生，旺相谋为总有益。
比和为吉克为凶，生用亦为凶兆矣。
问雨天晴无坎兑，亢旱言之终则是。
天时连雨问晴明，艮高贲卦响应耳。
乾明坤晦巽多风，震主雷霆定莫疑。
凡占人事体克用，诸事亨通须有幸。
比和为妙克为凶，又看其中何卦证。
乾主公门是老人，坤遇阴人曰土应。
震为东方或山林，巽亦山林蔬果品。
坎为北方并水姓，酒货鱼盐才取定。
离言文书炉冶利，亦曰南方颜色杂。
艮为东北山林财，兑曰西方喜悦是。
生体克用亦同方，编记以为诸事应。
凡问家宅体为主，旺相须知进钱财。
生用须云耗散财，比和家世安居处。
克体为凶决断之，生产以体为其母。
两宜生旺不宜衰，奇偶之中察男女。
乾卦为阳坤为阴，又有来人爻内取。
阴多生女阳生男，此数分明具易理。
婚姻生用必难成，比和克用大吉利。
若问饮食用生体，必知肴撰丰厚喜。
生用克体饮食难，克用必无比和美。
坎兑为酒震为鱼，八卦推求衰旺取。
求谋称意是比和，克用谋为迟可已。

求名克用名可求，生体比和俱可取。
求财克用若有财，生体比和俱称意。
交易生体及比和，有利必成无后虑。
出行克用用生体，所至其方多得意。
坎则乘舟离旱途，乾震动则坤艮止。
行人克用必来迟，生体比和人即至。
咸远恒迟升不回，艮阻坎险君须记。
若去谒人体克用，比和生体主相见。
兑主外见讼不亲，乾利大人长者是。
来问失物体克用，速可追寻依卦断。
相生比和终可寻，兑临缺处并井畔。
离为冶炉及南方，坤主方器凭推看。
疾病最宜体旺相，克用易安药有效。
比和凶则有救星，体卦受克为凶兆。
离宜服热坎服冷，坤土卦温补料亨。
亦把鬼神卦象推，震主妖怪为状貌。
巽为自缢并锁枷，坤艮落水并血衄。
凡占公讼用宜克，体卦旺相终得理。
比和助解最为奇，非止全仗他人力。
若问墓穴在何地，坤则平阳巽林里。
乾宜高葬艮临山，离近人烟兑兴废。
比和生体宜葬之，克用尤为大吉利。
若人临问听旁言，笑语鸡鸣亦吉美。
美物是为祥瑞推，略举片言通万类。

评析：

“诸事响应歌”以通俗平实的韵文形式，概括地说明了预测事物吉凶悔吝的具体原则，以及运用预兆、外应作为克用来助断吉凶的具体方法，并基本上涵括了十八类占断的主要内容，可谓言约义丰。

值得注意的是，不管是前列十八类分占原则，还是“诸事响应歌”，以及本书的其他部分，里面都有一些诸如“鬼神”、“宿命”之类的迷信思想或观点。对于这些东西，我们应坚决地予以抛弃。

诸卦反对性情

乾刚坤柔反其义，比卦欢欣困忧虑。
临逢百物观求之，蒙卦难明屯不失。
大畜其卦福之生，无妄若遇祸之始。
升者去而不复回，萃者聚而终不去。
谦卦自尊豫怠人，震则动而艮则止。
兑主外遇巽内藏，随前坎后偷安矣。
剥体消烂复自生，蛊改前非而已矣。
明夷内朗又逢伤，晋主外明并通理。
益拟茂盛损象衰，咸速恒迟涣远遁。
同人内亲睽外疏，解卦从容蹇难启。
离文美丽艮光明，遯退回身姤相遇。
大有曰众丰曰多，坎卦履险震卦起。
需则不进讼不宁，既济一定无后虑。
未济之卦男之终，归妹之辞妇之始。
否遭大往而小来，泰卦大来而小往。
革去旧故鼎从新，小畜曰寡噬嗑食。
旅羁其外大过颠，夬卦分明言快利。

要将字字考精详，杂卦性情反对是。

译释：

乾卦主刚健，坤卦主柔顺。比卦主欢欣，困卦有忧虑。临卦主遭逢百物，有施与之义，观卦主索求。蒙卦为蒙昧不明，屯卦为初生虽有困难但仍不失其操守。大畜卦主蓄集甚丰，必有福从之将生；若遇无妄卦，则会产生祸害。升卦主去而再也不回来，萃卦主聚集而不离去。谦卦有自谦、自尊之义，豫卦有安乐、慢待他人之义。震卦有震动之义，艮卦有停止之义。兑卦主喜悦显现于外，巽卦主性情隐伏于内。随卦有随顺、依附之义，坎卦有水下流之征，两者皆有苟且偷安之象。剥卦主果实剥落而逐渐自行消烂，复卦主复返而有自生之义。蛊卦有痛改前非之义。明夷卦主内部虽然明朗但外已被伤，晋卦外卦离火光明而通透。益卦主增益、茂盛，损卦主衰弱、减损。咸卦瞬间感应故主迅速，恒卦久长故主迟缓，涣卦主远远逃开。同人卦主朋友相亲，睽卦主与外人疏离。解卦主从容不迫，蹇卦主艰难而难以打开局面。离卦主文明、美丽，艮卦也有光明的意思。遯卦主回身隐退，姤卦有与人相遇之义。大有卦主众多、广有，丰卦主多事、繁杂。坎卦主艰难、险陷，震卦主起动、震惊。需卦主前有阻不能前进，讼卦主有争讼，不能安宁。既济卦主事情已结束，没有后虑。未济卦主男子没有退路，穷困不堪，归妹卦主女子出嫁才是妇女时期的正式开始。否卦是小来而大往，泰卦是小往而大来。革卦主革去旧故，鼎卦主取其新义。小畜卦主积蓄甚少，噬嗑卦主饮食。旅卦主羁旅在外，大过卦主过壮则易颠覆。夬卦主言行果断，快利分明。要将各个字的精义考察精详，必须掌握《杂卦》的主要含义。

占物类例

1. 凡看物数，看其成卦，观其爻辞。如得乾，曰“潜龙勿用”，乃曰不可用之物；“见龙在田”，乃曰田中之物；“或跃在渊”，乃曰水中之物；“亢龙有悔”，乃废物也。如得坤之直方大，乃曰直而方大器物；“括囊无咎”，乃曰包囊之物；“黄裳元吉”，乃曰黄色衣服之类，“其色玄黄”。“困于石”，乃曰石物，或“逢石而破”；“困于株林”，乃曰木物。又言爻辞不言物类而不能决者，须以八卦所属之象察之。

译释：

大凡察看物体的运数，必须观察其爻象，细辨其爻辞的含义。比如占乾卦，若初九爻动，辞曰“潜龙勿用”，有不可使用之义，故断为不能使用的物品。若是九二爻动，其爻辞曰“见龙在田”，则必是田土中出产的物品。若是九三爻动，其爻辞曰“或跃在渊”，则是从水中捕捞之物。若遇爻辞“亢龙有悔”，则是废弃无用之物。

若占得坤卦，坤卦九二爻辞曰“直方大，不习无不利”，则应该是直而且又方又大的物品。若六四爻动，爻辞曰“括囊，无咎、无誉”，则是包裹之物。若六五爻动，爻辞曰“黄裳元吉”，或上六爻动，其爻辞曰“龙战于野，其色玄黄”，则所测物品可能是黄色衣服之类。

占得困卦，若六三爻动，其爻辞曰“困于石，据于蒺藜；入于其宫，不见其妻，凶”，或遇“逢石而破”，则主可能为石头之类。若初六爻动，其爻辞曰“臀困于株林，入于幽谷，三岁不觌”，则主可能是与木有关的物品。

其他卦爻辞没有讲明物类的，则必须以八卦之象为据而判断之。

2. 又诀：体用断物之妙，生克制化之妙，于诸诀中，此诀极为美验。其所诀以生体者，为可食之物；克体者，为可近人之秽物；体生者，为不成之器；体克者，为破碎损折之物；比和者，乃有用成器之物。又生体象者，为贵物；克体象者，为贱物；所泄为废物也。

译释：

用体用法猜测求断事物的玄妙，五行生克制化的奥妙，在诸多歌诀中，这一歌诀是最为灵验的。此诀认为：用卦生体卦，为可食用之物；他卦来克制体卦的，是近人的污秽之物；体卦去生用卦的，则是不能成器之物；体卦克制他卦的，则为破碎损折之物；体卦用卦比和的，则是有用的、成形的器物。此外，他卦再有来生体卦的，则为贵重之物；他卦来克制体卦的，则为廉价之物；体卦生他卦泄自身之气，则为废弃之物。

3. 又诀：凡算此数，以体卦为主，看其刚柔。用卦看其有用无用。体生方圆曲直，可作可用。如用生体，乃可食用。变互卦看其色与数目。此互卦决其物之数目也。如互见乾兑，决为一二之数；互见艮坤，为七八之数也。但互卦重乾、重艮、重坤、重坎、重离之属，皆是两件物。乘旺物数又多，衰而物少。离为中虚之物，或空手无物。又决物之数者，如互艮卦，先天七数，后天亦不出八数之外。

译释：

凡算物体的个数，以体卦为主，并兼看物品的刚、柔之性。用卦可用来看物品是否有用。若体卦生用卦，则主为或方、或圆、或曲、或直的有用之物。若是用卦生扶体卦，则是可食用的物品。观察变卦互卦，可以推测其颜色和数目。可以用互卦推究的数目，若互卦中见乾、兑之卦，可断为一二件；若互卦为艮卦、坤卦，则为七八件。若互卦见重乾、重艮、重坤、重坎、重离之类，则都是两件。若卦气旺盛，则物数较多；若卦气衰竭，则物数必少。若遇离卦，则是中空之物，或者手中根本就没有东西。此外，判断物体数目，互卦为艮卦，若用先天之法起卦断卦，则物数为七；若用后天之法起卦断卦，物数亦不会超过八。

物数为体诀

凡算物数者，不但以体卦为体，凡卦之多者，皆可为体。如乾金多，而金为体则多刚。坤多，以土为体多柔。乾卦体卦，而用是乾，而互又是乾，固曰金为体而刚矣，便是圆健刚硬之物，非金即石。此为体矣。

观物有体互变卦，并无生旺之气者，为不入五行之物。观物观爻，如八卦中阳爻多，乃多刚之物；阴爻多，乃多柔之物。

又诀：观物变在五六爻，多是能飞动之物。

译释：

凡是预测推算事物的数目，不仅可以体卦为主，凡是卦党（在五行上同类之卦）多的亦可以之为体卦。若卦中乾金多，则可以金为体卦，则所测之物多为刚硬之物。若卦中坤土多，以坤土为体卦，则所测之物多为柔软之物。若乾卦是体卦，用卦又是乾卦，互卦还是乾卦，所以说是以金为体，所测之物必定是圆形刚硬之物，若非金属，则必是石块。这就是所谓体卦。

预测推断事物，须观察体卦、互卦、变卦的卦气旺衰情况。若卦中并无生旺之气的，则所测之物属于难入五行之类的物品。这时预测就要观察阴阳爻画的情况。若卦中阳爻多，则所测之物多是刚硬之物；若卦中阴爻多，则所测之物多是柔软之物。

此外，若动爻在五、六爻，则所测之物必是能飞翔的物类。

观物看变爻为主

凡观物以变卦为主应，用之应验也。如得乾初爻（动）变为巽，乃金刀削过之木物；二爻动变为离，乃火中锻炼之金；三爻动变为兑，乃毁折五金之器，虽圆而破处多也。

译释：

凡是预测事物，以变卦作为主要的应卦，这是用卦的应验之法。如预测物体占得乾卦，若初爻动变为巽卦，则预测之物为经过金质刀具削过的木质物体；若二爻动变为离卦，则所测之物乃是经过火锻制的金属器物；若三爻动变为兑卦，则所测之物乃是破损毁坏了的五金之器，虽然外形圆但破损之处极多。

观物克应法

凡算物之成败，又看体卦克应如何。成卦未决之际，见有圆物相遇，即断是圆物；见有负土者过，即断土中之物；见刚健之物，即言刚健之物；见有柔腐之物，即言柔腐之物。

译释：

凡是预测推算物体的成败，还要观察外部的克应情况。在成卦以后还未决断的时候，遇到或看到圆形之物，则可断为圆形之物；看见有挑土的人经过，则可断为土中之物；若看见刚硬的物品，则可断为刚硬之物；看到柔软

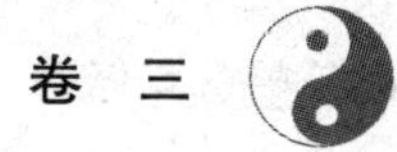

或易腐烂的东西，则可断为柔软易腐烂之物。

观物趋时诀

凡算物，趣时察理，无有不验。以春得震离为花，夏得震为有声之物，秋得兑为毁折成器之物，冬得坤为无用土物也。

译释：

凡是占测物品，必须根据天时而考察八卦之理及事物之理，则没有不应验的。春天占测，若震、离之卦，则可能是能开花的植物。夏天占测，若占得震卦，则是可以发声的器物。秋天占测，若占得兑卦，兑为毁折，则主已毁坏的成形的器物。冬天占测，若占得坤卦，坤为土，土冬天不能种植，故为毫无用处的土物之类。

观物用《易》例

有人以笼盛物者，算得地天泰之初（爻动）变升，互见震兑。曰："此必草木类，而生土中也。色青根黄，当连根之草木也。"盖爻辞曰："拔茅连茹，以其汇。"乃曰："此乃连根之草木也。"视之，乃草木连根，新采于土中也。互震为青色，兑为黄根也。

又有以令钟覆物者，令占之，得火风鼎之雷风恒。乃曰："此有身价气势之物，虽圆而今毁缺矣。其色白而可用。"盖其辞曰："鼎玉铉，大吉。"互见乾兑，虽圆而毁也。开视之，乃玉绦环，果破矣。

译释：

有人用笼子装着物品，起卦占测何物，卦得地天泰，初爻动，变为地风升，互卦为震、兑。断曰：这一定是生长于土中的草木之类。颜色青，根黄色，应该是根连在一起的草木。因为泰卦初爻爻辞说："拔茅茹以其汇，征吉。"是说拔茅草连带把根也拔出来了。所以说，这必定是带着根的草木一类。打开笼子，果然是刚从田中采的带根的草木。上互卦震为青色，故草青色；下互卦为兑，兑亦为黄白，故断根为黄色。

又有人让把物品用金钟藏了起来，令占卜测断何物，起卦得火风鼎卦，六爻动，变为雷风恒卦，于是断曰：这是标志身价高、气派非凡的东西，虽然是圆形的，但现在已经毁损残破了。其颜色为白色，现在还可以用。因为鼎卦上九爻辞说："鼎玉铉，大吉，无不利。"是说鼎有用玉做的铉，非常吉利。互卦为乾兑两卦，上互卦兑毁折，下互卦乾主圆形，因而是圆形的、但已破损的物品。打开金钟来看，果然是已经破损的玉环。

万物戏念数中不可常为之

凡猜手中物，乾金为圆白之物，其色白，其性刚，为宝货之物，有气无价物。坎为黑色，性柔，近水之物。又艮为土中之物，瓦石之类。有气，为成器之物。其色黄，逢兑克柔；无气，折伤之物。又震巽为竹木，有气为有用之物，为可食之物；无气为竹木之属，可食当时之果物。色青，有气柔，无气刚。震巽遇坎为污湿物，或有气；如无气，为烂朽之木。离色赤，性柔，有水有木，而火焚之，必炭之类。有气，为价值可货之物。坤为土中之物，色黄而性温。兑为毁折之物，带口。

凡占物，以春震巽，夏离，秋乾兑，冬坎，皆当以为可用之物，成器之物，否则，无用之物。值六虚冲破，则必无物而空手矣。

译释：

凡是猜测手中所藏的物品，若得乾金之卦，则是圆形的、白色物品，质地坚硬，亦可能是珠宝之类的珍贵物品。如果乾卦卦气旺盛，可能是无价的贵重物品。若占得坎卦，则是黑色、质地柔软的、靠近水边或是水中出产的物品。若占得艮卦，则是土中出产的或是从土中挖出的物体，比如瓦块、石头之类。若艮卦卦气旺盛，则是成形的黄色器物。若卦中再遇兑卦，则是坚硬之物。若艮卦卦气衰弱，则是损折之物。

若占得震、巽之卦，则是竹子树木一类。若震巽卦气旺盛，则是可以使用的竹木之器，或是可以食用的山果。若震巽卦气衰弱，则是竹木之类的物品，或是当时可以食用的山林之果。颜色为青绿色。震巽有气则是柔性强的物体；震巽无气则是刚硬易折木器之类。若卦中再遇坎卦，为有气，则是产于污秽潮湿之地的竹木之类；若无气，则是腐烂朽坏的竹木之类。

若占得离卦，则所藏之物质地柔软。若卦中再见水、木，则有火去焚木之象，必是木炭之类。若离卦卦气旺盛，则是有价值的、可以买卖的物品。

若占得坤卦，则是土中出产的或是从土中挖出之物。颜色为黄色，质为温性。

若占得兑卦，则所藏之物为带口的、曾遭毁损、破折的器物。

凡是占测物体，若春天占得震、巽之卦，夏天占得离卦，秋天占得乾、兑之卦，冬天占得坎卦，皆为卦气旺盛之卦，则当是可以使用的物品，或者是已成形的器物；否则，便是无用的器物。若值六虚冲破，必是手中无物。

评析：

以上“占物类例”、“物数为体诀”、“观物看变爻为主”、“观物克应法”、“观物趋时诀”、“观物用《易》例”、“万物戏念数中不可常为之”等都是为射覆占测物品而定的。这些规则具体而且繁杂，不易掌握，而且于今日的现实生活无多大裨益，故今人已很少为之。

占卜十应诀

凡占卜，以体卦为主，用为事应，固然矣。体卦既为主，用互变卦相应，参看祸福。然今日得此一卦，体用互变中决之如此。明日复得此卦，体用一般，岂可又复以此决之。然则，若何而可？必得“十应”之说而后可也。

盖“十应”之说，有正应、互应、变应、方应、日应、刻应、外应、天时应、地理应、人事应，所谓有十应也。夫正应者，正卦之应也；互应者，互卦之应也；变应者，变卦之应也。此二卦之诀也，占者俱用之，以断吉凶矣。至于正应之理，人有不知者，故必得诸诀之用，卦无不验；不得此诀，此占卜吉凶，或验或不验矣。得此诀者，宜秘之。

正应：正应者，即体用二卦决吉凶。

互应：互应者，即互卦中决吉凶。

变应：变应者，即变卦中决吉凶。

方应：方应者，以体为主，看来占之人在何方位上，即看其所坐立之方位。宜生体卦，又宜与体比和，则吉；如克体卦，则凶；如体卦生之，亦不吉矣。

日应：日应春，以体卦为主，看所自占卦属何卦，及体卦与本日衰旺如何。盖卦宜生体，宜比和，不宜克体，亦不宜体卦生之也。本日所属卦气，如寅卯木，巳午火，申酉金，亥子水，辰戌丑未土也。

刻应：刻应者，即“三要”之诀也。占卜之顷，随所闻所见吉凶之兆，以为吉凶之应。

外应：外应者，外卦之应也。占卜之际，偶见外物之来者，即看其物属何卦。如火得离，水得坎之类。如见老人、马、金、玉、圆物，得乾；见老妇、牛、土、瓦物，得坤之类。又如见此者为外应之卦，并看其卦与体卦生克比和之理，以决吉凶。

天时应：天时之应，占卜之际，晴明为离，雨雪为坎，风为巽，雷为震。如离为体，宜晴；坎为体，宜雨；巽卦为体，宜风；震为体，宜雷。火见雷为比和。参之生克，以定吉凶。

地理应：地理之应，占卜之时，在竹林间，为震巽之地；在江河溪涧池沼之上，为坎；在五金之处，为乾兑乡；在窑灶、炉火之所，为离；在土、瓦之所，为坤、艮。并为体卦，论生克比和之理以决之。

人事应：人事之应，即“三要”中人事之克应也。盖占卜之际，偶遇人事之吉为吉，偶遇人事之凶为凶。如闻笑语，主有吉庆之事；遇哭泣，主有悲愁之事。又以人事之属于卦者论之。老人为乾，老妇为坤，少男为艮，少女为兑。并看此人事之卦，与体卦生克比和，以决吉凶。

右“十应”之理，凡占卜之际，耳闻目见，以决吉凶，并以体卦为主，而详其生克比和之理。如占病症，互变中多有克体之卦，而本卦中又无生体之卦者，断不吉也。又看体之衰旺，若体旺，则庶几有望；体又衰，则无复生之理。如是，又看诸应有生体者，险中有救；又有克体，则不可望安矣。其余占卜，并以类推之。

译释：

凡是占卜测断，以体卦为主，用卦为所测之事的情况，这是应有之理。既然以体卦为主，分析用卦、互卦、变卦与体卦的关系，来参照决断事物之吉凶祸福。然而，今天得到一卦，用此卦中体卦、用卦、互卦、变卦的道理来这样决断事物的吉凶，假设明天又得到这一卦，体卦、用卦、互卦、变卦都是一样的，怎么可能决断吉凶跟前面一样呢。那么，既然不能这样决断，又怎样决断才行呢？必须掌握了“十应”的学说之后，才能正确决断之。

所谓“十应”之说，指的是正应、互应、变应、方应、日应、刻应、外应、天时应、地理应、人事应等十项应验方法。至于以上诸应的方法和道理，有许多人并不知道。然而占卜预测，若用以上的诸应之诀，则没有不灵验的；若不懂得以上的诸应之诀，这样占卜吉凶可能灵验也可能不灵验。得到这一秘诀的人，应谨慎秘藏，切不可轻易示人。

正应：所谓正应，就是只用体、用两卦决断事物之吉凶。

互应：所谓互应，就是用体互卦、用互卦来决断所测事物之吉凶。

变应：所谓变应，就是用变卦来决断所测事物之吉凶。

方应：所谓方应，就是以体卦为主，看来求占之人处在什么方位上，看其方位属何卦，以所处之方位之卦与体卦的关系来参考占断吉凶。方位之卦宜生体卦，或者与体卦比和，则所占之事吉利；若方位之卦克制体卦，则所占之事凶险；若体卦去生方位之卦，则所测之事亦属于不吉。

日应：所谓日应，就是以体卦为主，看所起的卦属于什么卦，以及体卦在本日卦气旺盛或衰竭的情况。日辰所属之卦宜于生体卦，宜于与体卦比和，不宜于克制体卦，也不宜于受体卦之生。本日所属的卦气，即寅卯日属木，巳午日属火，申酉日属金，亥子日属水，辰戌丑未日属土。

刻应：所谓刻应，即利用“三要灵应篇”中耳听、目视、心思所观察思考到的来决断吉凶。在占卜决断的时候，随时根据所听到、看到的吉凶征兆，来决断所测之事的吉凶。

外应：所谓外应，就是外卦之应。在占卜决断的时候，根据偶然见到的客观物体的变化及其所提示的征兆，来决断所测之事的吉凶。即在具体的占断过程中，看所遇之物属何卦，比如若见到大火之类的东西便为离卦，见到水之类或水中出产之物便属坎卦，等等。可依此类推。再如，若见到老人、骏马、金石、玉器、圆形物体，则皆属乾卦；若见到老妇人、牛、土、瓦之类物品，则属于坤卦。像这一类的，皆为外应之卦。在具体应用时，要看外应之卦与体卦的关系，从而根据它们之间的生克比和的道理来决断吉凶。

天时应：所谓天时之应，就是在占卜决断的时候，若天气晴朗明净，则属离卦；若天气飘着雨、雪，则属坎卦；若有风，则为巽卦；若有雷声，则属震卦。若离卦为体卦，则天气宜晴朗；若坎卦为体卦，则宜于在雨天占卦；若巽卦为体卦，则宜于在刮风的日子占卦；若震卦为体卦，则宜于在打雷的日子占卦。可以根据天时之卦与体卦的生克比和关系，来参照决断吉凶。

地理应：所谓地理应，就是在占卦时看所处的地理环境属什么卦，然后再看所属之卦与体卦的关系，以参照占断吉凶。若在竹林里占卦，则属震、巽之地；若在大江、大河、小溪、山涧、池塘、沼泽之地占卦，则属坎水之卦；若处在五行上属金的地方占卦，则属乾、兑卦之地；若在窑、灶等有火的地方占卦，则属离卦之地；若在有土堆、瓦块的地方占卦，则属坤、艮卦之地。以体卦为主，看地理之卦与体卦的生克比和关系，并据之参断吉凶祸福。

人事应：所谓人事之应，就是“三要”中有关的人事之类的克应关系。在占卜析断的时候，若偶然遇到人事中吉祥的征兆，则所占之事为吉；若偶然遇到人事中不吉的凶兆，则所占之事为凶。比如忽然听到老人说吉庆之话，则主有吉庆之事；若忽遇他人哭泣，则主所占之人有悲伤忧愁之事。还可以以人事中所属的卦象来推论。如老人属于乾卦，老妇人属于坤卦。少男属艮卦，少女属兑卦。察看这类人事之卦与体卦的关系，依照它们之间的生克比和之理来决断所占之事的吉凶。

以上所讲的“十应”之理，是指在占卜决断的时候，以耳听到的、眼看见的外部征兆，来参照决断吉凶祸福。并且以体卦为主，详细考察各应卦与体卦的生克比和关系。比如占断病症，若互卦、变卦中克制体卦较多，而本卦中又没有生体之卦的，可以断为病况不佳，难言吉利。还要看体卦卦气的衰旺情况，若体卦卦气旺盛，则病体康复就会不久即有希望；如果体卦卦气死衰，则没有再生的道理。除此之外，还可以看看诸外应之卦中有无生体卦者，若有生体卦者，则是险中还有救治的希望；若再有克制体卦的，则病体难以转危为安。其余的占卜，都可以此类推之。

卦 应

1. 乾为天，为圆，为君父，为首；为玉，为金，为寒，为冰；为大赤；为良马，为老马，为瘠马，为驳马；为木果（《九家易》云为龙，为直，为衣，为言）。

如姤、遯、否、履、无妄、讼、同人七卦，乾在上，刚于外。如大有、泰、大壮、需、夬、大畜、小畜七卦，乾在下，刚于内。

乾坤刚柔，四发八变，惟变动随时有异，不拘于一乾，性温而刚直，偏位西北，不居子午，而居戌亥。附于礼法，则为刚善，为明。不附于礼法，则为刚恶，为凶暴。

天文：雪，老阳。

天气：寒。

凶盗：军，弓手，贼，强横，停尸。

官贵：朝贵，盐司，太守，座主。

身体：顶，面颊，顺辅。

性情：刚健，正直，尊重，好高，战吉。

声音：正清，商音。

信音：朝中信物，诏书诰命，举荐，关升，义亲。

事意：上卦为形象之家，下卦为强横之辈。

疾病：手太阳脉弦紧，天威所罚上壅目热，寒热。

食物：丸子食物，饼子之赤者，手饼，馒头，荷包，猪头脑骨头，羹，珍粉，馄饨。

谷果：粟，栗，瓜，豆，龙眼，荔枝。

禽兽：雀，鹇，鹗，鹏，鹰（余备载于前）。

衣物：赤玄色。

器用：圆物盏，注子盘，水晶，玉环，定器，球。

财：恩义交货，钱马之类。

禄：壬申。

字：方圆形字，有头者，须旁八卦。

策：二百一十六。

轨：七百六十八。

译释：

乾为天，为圆形物，为君王，为父亲；为玉，为金，为寒冷，为冰冻；为大红色；为良马，为老马，为瘦马，为杂色马；为木果（《九家易》说，乾为龙，为直，为衣，为言）。

天风姤、天山遯、天地否、天泽履、天火同人、天雷无妄、天水讼诸卦，乾卦皆在上卦，上卦又称外卦，乾为刚，所以说以上七卦刚强于外。火天大有、地天泰、雷天大壮、水天需、泽天夬、山天大畜、风天小畜七卦，乾卦都在下卦，下卦又称内卦，所以说以上七卦皆刚强于内。

乾主刚健，坤主柔顺，阴阳的交替和变动随时都会有变化。这并不仅仅局限于乾卦。乾卦性温而刚直。乾卦在后天八卦方位中居西北，不居正南正北，而居于戌亥位上（戌亥亦居西北）。若依道德而论，则乾主刚健和善，为明达。若不依道德而论，则乾主刚硬凶恶，为凶残暴虐。

天文：白雪，老阳。

天气：寒冷。

凶盗：军士，弓箭手，盗贼，强横残暴，已僵硬之尸。

官贵：朝中权贵，盐司，太守，主考官。

身体：头顶，面颊，面辅。

性情：刚健，正直，尊重，好高远，战则吉。

声音：纯正清脆，商音。

信音：朝中信物，诏书诰命，举荐，关升，义亲。

事意：上卦可取为形象较好的家庭，下卦可取做强横粗暴之人。

疾病：手太阳脉象硬而长直，上天惩罚的由上焦气息阻塞而导致的目热症，寒热症。

食物：药丸之物，赤色饼子，手饼，馒头，荷包，猪头脑骨，羹汤，珍珠之粉末，馄饨。

谷果：粟，栗，瓜，豆，龙眼，荔枝。

禽兽：鸟雀，白鹇鸟，鱼鹰，鹏鸟，鹰（其余的在前边已有记载）。

衣物：赤玄色的衣物。

器用：圆形物盏，注子盘，水晶，玉环，定器，圆球。

财：讲信用而交之货，钱马之类。

禄：壬申。

字：方形、圆形字，出头之字，还必须参照八卦。

策：二百一十六。

轨：七百六十八。

2. 坤为地，为母，为布，为釜，为腹；为吝啬，为均；为牛，为子母牛，为大舆，为文，为众，为柄。其与地也为黑。坤上体矣外于八卦，柔在上；坤下于八卦，柔在内。坤厚，位居偏在西南申上。附于理法，则为圣贤；否则为邪荡。

天文：雾，露，云，阴。

地理：郡国，宫阙，城邑，墙壁。

人物：母，妻，儒，农，僧。

凶盗：奴婢藏在僻处。

官贵：大臣，教官，考校文字。

生育：女，肥厚。

性情：顺缓不信事，顽钝无慈爱。

声音：宫音。

事意：迟滞，顽懦，悭吝，从容。

疾病：手太阴候，腹痛，脾胃闭沉状。

饮食：藜羹，烧熬冻物，鹅，鸭，肺。

太牢饮食：饴糖。

五味：苦，辣，甘。

果品：取物件。

信音：顺遂可许为捷，应辰戌丑未月日。

财物：束修，抄题僧衣，布裳。

婚姻：富家，庄家，商家，丑拙性吝，大腹，壮，迟钝，面黄。

器用：轿，车，瓦器，田具，砂器。

禽兽：牛，牝马，鸥，雀，鸦，鸽。

字：圭、金、皿、牛旁。

禄：癸酉。

策：百四十四。

轨：六百七十二。

译释：

坤为地，为母亲，为布匹，为锅，为肚腹，为吝啬，为旬（即十日），为有身孕之母牛，为大车，为纹饰，为众多，为生育之本。对于地来说，其颜色为黑，坤卦在上体，即坤卦在外卦，则外表柔顺；坤卦在下体，即坤卦在内卦，则内里柔顺。坤卦主土厚载物，方位偏在西南方（后天八卦方位）。若依附于伦理法则，则会成为圣贤；否则，则会成为邪恶放荡之人。

天文：雾，露，云，阴。

地理：郡县，宫殿，城市，墙壁。

人物：母亲，妻子，儒者，农民，僧人。

凶盗：奴仆婢女躲藏在偏僻之处。

官贵：大臣，教官，考查校改文字。

生育：女，肥大厚重。

性情：柔顺，缓慢，于事无诚信；愚顽，鲁钝，没有慈爱之心。

声音：宫音。

事意：迟钝停滞，愚顽怯懦，悭怪吝啬，从容不迫。

疾病：手上有病，太阴候有疾，脾胃壅塞，脉象沉滞。

饮食：藜蒺汤，烧熬过又冰冻之物，鹅，鸭，肺。

大牢（祭祀用）饮食：饴糖。

五味：苦味，辣味，甘味。

果品：取物件。

信音：如果顺捷遂意，可定在辰戌丑未月日。

财物：送给老师的酬金，僧人衣服，粗布衣裳。

婚姻：殷富之家，庄家，商人之家，丑陋笨拙，性情吝啬，大腹之人，壮健，迟滞鲁钝，面带黄色。

器用：轿子，车，瓦器之物，农田用具，砂器。

禽兽：牛，母马，鸥鸟，鸟雀，乌鸦，鸽子。

字：带圭、金、皿、牛字旁之字。

禄：癸酉。

策：一百四十四。

轨：六百七十二。

3. 震为雷，为龙，为玄黄，为旉，为大途，为长子，为足，为决躁，为苍莨竹，为萑苇。其于马也，为善鸣，为馵足，为作足，为的颡。其于稼也，为反生，其究为健，为蕃鲜（《九家易》云为王，为鹄，为鼓）。春夏性严刚直，众所钦服，秋冬刚而不威，不能制物。不好闲附，性偏。而偶附于理，则为威严；否则，为躁暴。体用上卦为飞，下卦为走。

天文：雷，虹霓，电。

地理：屋市宅；门户枋，方所，正东。

人物：商旅，将帅，工匠。

凶盗：东去，男人盗。

官贵：监司，郡守，刑幕，巡检，法官。

生育：长男，转动，虚惊，怪异。

性情：始刚，故决断；急于动，故躁。

婚姻：官宦家，技巧工，女容，心神不好，动静易转。

声音：上下角，上平声，三音七声。

信音：所许不至。

事意：旧事重叠，有名无实。

疾病：气积冷伤胃，四体劳倦，温冷伤食，足太阳，脉洪浮。

宴会：酒会，玩赏，期集。

食物：面食，包子，酒，时新之物。

谷果：芋，小豆，稼，时新之果。

禽兽：蜂，蝶，白鹭，鹤。

器用：木器盘，竹器筐，算盘子，舟车，兵车，轿，器皿，瓶盏瓯，乐器，鼓。

衣物：裙腰带。

缠带：绳，匹帛，青玄黄之绦。

财：阴人取索竹木钱。

禄：卯。

字：走、竹旁，立画偏。

色：青，玄，黄。

策：百六十八。

轨：七百零四。

译释：

震为雷，为龙，为青黄杂色，为花，为大路，为长男，为脚，为决然躁动，为青色竹子，为荻或芦苇。就马而言，为善于嘶鸣，为后左蹄有白毛，为四足皆动，为额头有白斑。就庄稼而言，为戴甲而反生，其最终为刚健，为草木茂盛蕃然鲜明（《九家易》说，震为王，为鹄，为鼓）。若春夏占测得震卦，则主性格谨严，刚健正直，为众人所钦佩折服。若秋冬占测得震卦，则主刚健而无威力，不能控制他物。不喜欢闲静，也不喜欢依附他人，性格偏执。若偶然符合理义，则威武严肃；否则，则是急躁火暴之人。若体用上卦为震，则主是可飞之物，若为下卦，则是善跑之物。

天文：雷，霓虹，闪电。

地理：屋舍书宅，门枋，户枋，正东方之地。

人物：商旅之人，将帅，工匠。

凶盗：向东方去，盗贼为男人。

官贵：监司，郡守，掌管刑事的幕僚，巡检官，法官。

生育：长男，胎动，虚惊，怪异。

性情：开始刚健，故决断力强；急于行动，故躁动难安。

婚姻：官宦之家，技巧工之家，女子容貌姣好，心神不定，动静易变。

声音：上角音，下角音，上平声，三音七声。

信音：所许诺的信音未能按期送来。

事意：过去的事纠缠重叠，有名无实。

疾病：寒气滞积冷伤了脾胃，四肢劳顿倦乏，温冷不调而至食欲不佳，足太阳疾，脉象壅热洪浮。

宴会：酒会，玩赏，如期而集。

食物：面食，包子，酒，时下新鲜之物。

谷果：山芋，小豆子，庄稼，时下新鲜水果。

禽兽：蜂，蝶，白鹭，鹤。

器用：木制盘子，竹制筐子，算盘，舟船，车，兵车，轿子，器皿，瓶子，盏，瓯器，乐器，鼓。

衣物：裙腰带。

缠带：绳索，匹帛，青色或玄黄色的彩带。

财：女人来索取的竹木之钱。

禄：卯。

字：走字、竹字旁之字，立字偏旁的字。

色：青色，玄黄色。

策：一百六十八。

轨：七百零四。

4. 巽为风，为长女，为绳直，为工，为白，为长，为高，为进退，为不果，为鱼，为鸡。其于人也，为寡发，为顺颡，为多白眼，为股，为近利市三倍。其究为躁卦（《九家易》云为扬，为鹳）。春夏有权，号令谋略，秋冬刚柔不一，与物为害。巽入也，凡事敢为不退避。巽阴赋，性偏。附于礼法，则为权谋；否则，为奸邪。

天文：风。

地理：林苑，园囿。

人物：命妇，药婆，工术女。

凶盗：奴婢商量取去，宜急来之。

官贵：典狱，考校，干官，休究。

身体：耳，目，胆，发，命，口，肢。

生育：长女，胎月少，莹白。

性情：鄙野，悭吝，艰苦，号咷。

婚姻：命妇，宗室女，委望，进退。

声音：角音，角仄声，三声四声上下。

信音：召命，报捷，辟差，举状。

事意：荐举，呈发，申审，号令，所命。

疾病：手足厥会和之气候三十日，脉濡弱，饮食伤胃，宿酒痞膈，为臭，水谷不化。

附药：草药。

宴会：家筵，客不齐。

谷果：麻，粉，茶。

食物：长面，粉羹，脍，鸡，鱼，肠，肚，酸汤，下卦为鹅鸭。

器用：竹木草具，绳，丝弦索，乐器。

禽兽：鸡，鹅，鸭，鱼，善鸣之虫禽，上卦飞，下卦走。

衣物：衣，绳，丝。

颜色：青，绿，碧，白。

财：利市喜羹，租钱，料钱，那兔。

禄：辛。

字：草、木、竹旁（丝，鱼，菜，舟，齿，足疾，大豆，辣）。

策：百九十二。

轨：七百三十六。

译释：

巽卦为木，为风，为长女；为绳直（墨线），为工匠，为白色，为长远，为高大，为进退不宁，为不果敢决断，为鱼，为鸡。对于人而言，为头发稀少，为面额广阔，为眼白多而瞳仁小，为大腿；为在市场上获利三倍。其极为躁动不安之卦（《九家易》说，为扬，为鹳）。春天夏天占得巽卦主有权威，有谋略，号令分明；若秋天冬天占得巽卦主刚健与柔顺难以协调，对物会产生危害。占遇巽卦，主此人凡事敢作敢为，遇事不退避。巽卦为阴，有性格偏执的一面。若依循遵守礼法，则为有权有谋；否则，则为奸诈邪祟。

天文：风。

地理：苑林，园圃。

人物：有诰封之贵夫人，巫婆，精于手工之女。

凶盗：奴仆、婢女合伙偷盗，适于迅速追捕。

官贵：典狱官，考察校改之人，有才干之官，究役之人。

身体：耳朵，眼睛，胆，头发，命门，口，四肢。

生育：长女，胎孕月不足，莹白之人。

性情：鄙俗粗野，悭怪吝啬，艰难困苦，号咷大哭。

婚姻：有诰封之贵女人，有身份、地位家之女。

声音：角音，角仄声，三声四声上下。

信音：诏书号令，呈服捷迅，钦差，荐举之状。

事意：举荐，呈发，审查，号令，听命。

疾病：手足厥会和气候三十日，脉象虚弱，饮食不调致伤脾胃，经宿饮酒使膈不常，为臭味，水谷难以消化吸收。

附药：草药。

宴会：为家宴，客人到不齐全。

谷果：麻，粉，茶。

食物：长条面，粉羹汤，切细的肉丝，鸡，鱼，肠，肚，酸性之食物。若下卦为巽则为鹅鸭。

器用：竹、木、草编制的器具，绳索，丝绳，乐器。

禽兽：鸡，鸭，鱼，善于鸣叫的昆虫飞禽之类。若上卦为巽卦，则为飞禽；下卦为巽，则为善跑的动物。

衣物：衣，绳，丝。

颜色：青色，绿色，碧色，白色。

财：利于发财获利，喜羹之财货，租借之钱，材料之钱；兔。

禄：辛。

字：带草、木、竹旁之字。

策：一百九十二。

轨：七百三十六。

5．坎为水，为沟渎，为中男，为耳，为豕，为隐伏，为矫揉，为弓轮。其于人也，为加忧，为心病，为耳痛，为血卦，为赤。其于马也，为美脊，为亟心，为下首，为薄蹄，为曳。其于舆也，为多眚，为通，为月，为盗。其于木也，为坚多心。春夏性险，不顾危亡，为事多暴；秋冬性静，先难后易。有谋略，有胆志。坎险维心亨内，主坎陷，赋性而居北。坎之体，隐伏之物。附于理法，为刚；否则，为险陷。

天文：月，虹，云，霜。

地理：海阔，水泉，沟渎，厕，方所正北，丘墓中，狐兔穴中。

人物：僧，道。

凶盗：乘便而来，脱头露尾，易败必获。

官贵：漕运，钱粮漕官运属。

身体：发，膏，血。

生产：难产，中男，清秀。

性情：心机阴陷，智随方圆，委曲。

婚姻：富家，酒家，亲家用性。

声音：羽中上卦，羽平六声下卦。

信音：反复犹豫，小人欺诈，佞，狡狯，盗贼，狱讼。

疾病：足太阴之气，脉滑芤。

附药：补肾药，或用酒水下。

食物：酒，咸物，豕，鱼，海味，中硬之核，腰子。

谷果：麦，枣，梅，李，桃，外柔内坚有核。

禽兽：鹿，豕，象，豚，狐，燕，螺。

器用：酒器，车轮，败车。

衣物：青黑色。

财：争讼之财和合打偏财。

字：两头点水、全水、月、小弓之属。

禄：戌。

色：黑皂。

策：百六十八。

轨：七百零四。

译释：

坎卦为水，为沟渠，为中男，为耳朵，为猪，为隐忍屈伏，为矫曲而揉直，为矢弓车轮。对于人而言，为忧虑重重，为心脏病或心中有不快之事，为耳痛，为血卦，为赤色。对于马而言，为脊背美丽，为敏捷，为低头，为蹄子薄，为拖曳。对于车而言，为多灾难，为通达。为月亮，为盗贼。就木而言，为坚硬多孔之木。春天夏天性情阴险，不顾危亡，做事多粗暴。秋天冬天性情沉静，做事先难后易，有谋略，有胆识。坎主险难，然而只要心中信念坚定，事业终将亨通。坎卦之方位为北。若坎卦为体卦，则多为隐伏潜藏之物。若依附于礼法，则为刚健；否则，则为危险、艰难、阻隔。

天文：月亮，彩虹，云朵，霜。

地理：海阔，水泉，沟渠，厕所，正北方，土丘坟墓之中，狐穴兔巢之中。

人物：僧侣，道士。

凶盗：乘机而来，脱头露尾，痕迹已露，必容易擒获。

官贵：漕运官，钱粮漕运官之类。

身体：头发，膏，血。

生产：难产，中男，清秀。

性情：心机阴险毒辣，有智慧，能曲能伸，可方可圆。

婚姻：富家，酒家。

声音：若上卦为坎，则为羽中音；若下卦为坎，则为羽平六声。

信音：反复难决，犹豫不定，小人欺诈，狡猾诡诈，盗贼，牢狱官讼。

疾病：足太阴之气，脉象滑浮。

附药：补肾之药，或用酒水送服之药。

食物：酒，咸物，猪，鱼，海味品，外软中硬之物，果核，肾。

谷果：麦，枣，梅，李，桃，外柔内坚之物，果核。

禽兽：鹿，猪，象，小猪，狐狸，燕，螺。

器用：酒具，车轮，破败之车。

衣物：青黑色之衣物。

财：由争讼而得之财，合伙所劫之偏财。

字：带两点水、三点水、月、小弓偏旁之字。

禄：戌。

色：黑色，皂色。

策：一百六十八。

轨：七百零四。

6. 离为火，为日，为电，为中女，为甲胄，为戈兵。其于人也，为大腹，为目，为干卦，为雉，为龟，为蟹，为蠃，为蚌。其于木也，为科上槁

(《九家易》云为牧牛。正沫做牝牛)。春夏性明，文彩有断。秋冬晦而不明，始终不决。离，丽也，明察于心。赋性直，而居正南。附于礼法，则为文明，否则，为非也。

天文：日，霞，电，睛。

地理：殿堂，中堂，檐，厨灶，方所正南。

人物：为将帅，兵戈，甲胄之士。

凶盗：妇人盗，往南方去。

官贵：翰苑，教官，通判。任宜在南方。

身体：三焦，小肠，目，心。

生育：次女，多性躁啼哭。

性情：聪明，见事明了。

信音：朝信，文书，报捷，契券。

事意：忧疑，聒拓，喧哄，性急，虚忧。

疾病：手足两君太阳明三相火，气燥，热疾，发狂。

禽兽：凤有纹彩，鳖，螺，蚌，蟹，螯，蛤，蠃，鹑，鹤，飞鸟，牝羊。

食物：馄饨，蟹，鳖，蚌，介虫之属，中虚物，炙煎物。

谷果：谷实粱藕，外坚内柔之物，棘木之花叶枯枝。

器用：灯火之具，外坚内柔之物，屏幕，帘，旗帜，戈兵，甲胄，盘，甑，瓶缴壁一应中虚之物，窑，灶，炉，冶，盒子，瓮，笼。

衣物：赤色。

财：远旧取索意外之物。

字：火、日旁。

禄：巳。

策：百九十二。

轨：七百六十三。

译释：☲

离为火，为日，为电，为中女，为铠甲、头盔，为兵器。对于人而言，为大腹之人，为眼睛，为野鸡，为龟，为蟹，为海螺，为海蛤。对于木而言，为腐烂中空的枯干之木（《九家易》说为牧牛，又说为母牛）。春天木气旺盛，火气次旺，夏天火气旺盛，所以春夏性情明快，有文采而富于决断。秋天金旺火弱，冬天水旺火死衰，所以秋冬之火晦暗而难明，行动上难以决断果敢。离为丽，为明亮，心中能明察秋毫。赋性正直，其方位居于正南。若遵循礼法，则举止文明、行为得体；否则，必为非作歹。

天文：太阳，彩霞，闪电，晴朗。

地理：殿堂，中堂，屋檐，厨灶，正南方。

人物：为将帅，为披甲戴盔执兵器之士兵。

凶盗：盗贼为妇人，往南方去。

官贵：翰林，教官，通判。宜在南方任职。

身体：三焦，小肠，眼睛，心。

生育：次女，性情躁动而多啼哭。

性情：聪明，观察事物清楚明了。

信音：朝信，文书，捷报，契券。

事意：忧虑，聒躁，喧闹起哄，性情急躁，虚惊担忧。

疾病：手足太阳经相火，眼病，气燥，热病，发狂。

禽兽：纹采斑斓的凤凰，鳖，螺，蚌，蟹，螯，蛤，羸，鹌鹑，鹤，飞鸟，母羊。

食物：馄饨，蟹，鳖，蚌，介虫之类，中间空虚之食物，炙煎之物。

谷果：谷子，高粱，藕，外坚内软之物，棘木的草叶和枯枝。

器用：灯火器具，外坚内柔之物，屏幕，草帘，旗帜，兵器，铠甲头盔，盘子，甑瓶之类中间空的器物，窑，灶，炉，冶盒子，瓮，笼。

衣物：赤色、红紫色衣服。

财：在较远的地方获取意外之财。

字：带火、日偏旁之字。

禄：巳。

策：百九十二。

轨：七百六十三。

7. 艮为山，为少男，为手，为径路，为小石，为门阙，为果蓏，为阍寺，为指，为狗（《汉上易》作豹、熊、虎之子），为鼠，为黔喙之属。其于木也，为坚多节（《九家易》云为鼻，为肤，为皮革，为虎，为狐）。春夏性禀温和好善，秋冬执滞不常，为事迟缓。艮止也，有刚有柔，艮阳赋性偏而居东偏。附于理法，为刚直；否则，为顽梗。

天文：星，烟。

地理：山径，墙巷，丘园，门墙，阑，阍寺，宗庙，方所东北方。

人物：阍寺仆隶，官僚，保人。

凶盗：以下所使警迹人。

官贵：山郡，无迁转。

身体：手指，鼻，肋，脾，胃。

生育：损胎，次男。

性情：濡滞多疑，优游，外刚中软。

声音：清上平、一音十二音、三声。

事意：反复进退，去就多疑。

疾病：手太阳，久患脾胃，股疾，脉沉伏。

附药：湿土石药。

宴会：常酣，宴饮，期集。

谷果：豆，大小粟。

食物：妆点之物，所食不一，酒浆，杂熬之物，冻物，杂羹，有汁物，鸭，鹅，甘味。

禽兽：牝牛，子母牛，鸪，鹘，鸦，鹊，雀，鹜，鸥，鼠。

器用：轿，舆，犁具，兵甲器，陶冶瓦器，锅釜，瓶，瓮，篮，伞，钱袋，瓷器，踏蹬，螺，盒子，内柔外刚之物。

衣物：黄裳，僧衣，黑皂，彩帛，袋布。

禄：丙。

财：旧钱，置转货买田土，趁钱。

字：土、牛、田傍。

策：百六十八。

轨：七百零四。

译释：

艮卦为山，为少男，为手，为山间小路，为门台，为瓜果，为阍人寺人守门人，为手指，为狗（《汉上易传》作豹、熊、虎之子），为鼠，为黑色食肉兽。对木而言，为坚硬而多枝节（《九家易》云，为鼻，为皮肤，为皮革，为虎，为孤）。春天夏天禀性温和，好做善事；秋天冬天迟滞壅阻，做事迟缓。艮为止，有刚有柔，赋性偏执；方位居东偏北，多为东北。依附于礼法，则为刚健正直；否则，则为顽固不化。

天文：星辰，烟云。

地理：山间小路，墙巷，丘园，门墙，门栏，阉寺，宗庙，东北方之地。

人物：看门守门之人，官僚，保人。

凶盗：下役所驱使的警卫之人。

官贵：山郡之守，没有升迁转换。

身体：手指，鼻子，肋骨，脾胃。

生育：损胎，次男。

性情：怯懦，迟滞，多疑，优游，外刚中软。

声音：清上平、一音、十二音、三声。

事意：反反复复，进退难定，来去多疑。

疾病：手太阳，脾胃久病，大腿有疾，脉象沉伏。

附药：湿的土石类药。

宴会：常能酣饮，宴饮，至期而集。

谷果：豆类，大小粟。

食物：精心装点制作之食物，食物品种不一，酒浆，杂物熬制之食物，冻物，羹汤，有汁之物，鸭子，鹅，甘味。

禽兽：母牛，怀孕之母牛，鸪，鹘，鸦，鹊，雀，鸥，鼠。

器用：轿子，车，犁具，兵甲之器，陶器，瓦器，锅釜，瓶，篮，瓮，伞，钱袋，瓷器，踏蹬，螺，盒子，内柔外刚之物。

衣物：黄色衣裳，僧衣，皂衣，彩色丝帛，布袋。

禄：丙。

财：过去的钱财，卖别的货物去置办田土，家里有钱。

字：带土、牛、田偏旁之字。

策：百六十八。

轨：七百零四。

8. 兑为泽，为少女，为巫，为口舌，为毁折，为附决；其于地也，为刚卤，为妾，为羊（《九家易》云为堂，为辅颊）。春夏性说好辩，秋冬好雄。兑，说也。邪言伪行，无所不为，附波逐流。附于理法，则和顺；否则，邪佞淫滥。

天文：雨露，春雾，细雨，夏秋重雾，冬大雪，上为雨，下为露。

地理：井，泉，泗泽，方所西方。

人物：先生，客人，巫匠，媒人，牙人，少女，妾娼。

官贵：学官，将帅，县令，考校，乐友，赴任西方。

凶盗：家使童仆藏于僻地。

身体：口，肺，膀胱，大肠，辅颊，舌，太阳。

生育：少女一胎，月不足，多奇异。

性情：喜悦，口舌，多美。

声音：商上，下商之浊四声。

婚姻：平常之家，少女媚悦。

信音：喜酉丑时日至。

事意：唇吻，口舌，谗谤相欺，争打妇人，暗昧。

疾病：口痛，唇齿，咽喉，危困。

附药：㪷剂。

宴会：讲书，会友，请先生，吟赏。

食物：包子，有口舌物，糖饼，烧饼，肝肺。

谷果：栗，黍，枣，李，胡桃，石榴。

禽兽：羔羊，鹿，猿，虎豹，豺，鸷，鱼。

器用：席，铁，铜，钱，器皿，酒盏，瓶，瓯，有口器，或损缺。

衣物：彩。

财：束修，含水。

禄：丁。

字：家金，钓口旁。

色：素白。

策：百九十二。

轨：七百三十六。

译释：

兑卦为泽，为少女，为女巫，为口舌是非，为毁折，为附着决断。就地而言，为坚硬而含碱。为刚健正直，为小妾，为羊（《九家易》云为堂，为辅颊）。春天夏天性情喜悦而好辩驳，秋天冬天喜欢争强好胜。兑为喜悦。邪恶的言论，伪诈的行动，无所不做；随波而逐流，没有主见。若遵循礼法，则柔和顺美；否则，行为就淫邪而放荡。

天文：雨水，露水，春天之雾，蒙蒙细雨，夏秋浓重之雾，冬天的大雪。若上卦为兑，则为雨；下卦为兑，则为露。

地理：井，泉，泗泽，西方。

人物：先生，客人，巫觋，媒人，牙人（旧指介绍买卖从中取利的人），少女，小妾，娼妓。

官贵：学官，将帅，县令，考校官，乐友，任职宜在西方。

凶盗：家使童仆作案，藏在僻静的地方。

身体：口，肺，膀胱，大肠，辅颊，舌头，太阳。

生育：头胎为少女，不足月而生，多奇特怪异之事。

性情：喜悦，善于言说，多口舌是非，多有美好之事。

声音：商上音，下商音之浊四声。

婚姻：平常之人家，妩媚喜悦的少女。

信音：酉丑时日信至则有喜。

事意：唇吻，口舌是非，谗言诽谤相欺，争打妇女，暗昧之事。

疾病：口痛，唇齿有疾，咽喉有疾，危险困厄。

附药：折伤之药。

宴会：讲书，会友，宴请先生，吟诵赏玩。

食物：包子，有口舌之物，糖饼，烤饼，肝肺。

谷果：栗，黍，枣，李，核桃，石榴。

禽兽：羔羊，鹿，猿，虎豹，豺，鹜，鱼。

器用：席，铁，铜，钱，器皿，酒盏，瓶，瓯，有口的器皿，或者损缺之物。

衣物：五色的彩绸。

财：束修，含水。

禄：丁。

字：带金、口偏旁之字。

色：素白色。

策：一百九十二。

轨：七百三十六。

评析：

卦象是梅花易占断的基础，也是春秋战国时代筮占的基本依据，因而非常重要。梅花易不仅以《周易》原有卦象为基本依据，还在原有卦象的基础上加以拓展，从而使《周易》八卦卦象更趋丰富和完善，并从而为具体筮占提供更为有利的条件，使筮占可以更加规范化，更为精确化。

卷四

序（此标题为译者补）

夫先天者，已露之机；后天者，未成之兆也。先天则有事，始占一事之吉凶；后天则有所未知，而出仓猝之顷，而休咎验焉。故先天为易测，后天为难测也。先天则有执著而成卦，后天触物即有卦。此全在人心神之所用也。其能推测之精，所用之活，则一事一物莫逃之数矣。我居者为中，现于前者为离，现于后者为坎；出于左者为震，出于右者为兑；在我左角者为艮，在我右角者为乾；左前角者为巽，右前角者为坤，此八卦位也。

八方而定吉凶，立八卦而定克应；取时日而定吉凶，观变爻而定体用。故我坐，则其祸福应二卦成数之间；我立，则其祸福应于中分二卦之间。大抵坐则静，行则动，立则半动半静。静则应迟，动则应速。凡有触于我而有意，以为我之吉凶，则吉凶在我，应验在人意者。何如？盖八卦之画既定，六爻之断既明，仍余以生克之理，究以刑冲之蕴，万无一失矣。近取诸身，远取诸物，仍当以心求，不可以迹求，不可拘泥于物圆为天卦，物方为地卦。是为序。

译释：

事物已显露出某种苗头的，用先天占卦法；没有显示出征兆的，用后天占卦法。先天占法，是在已有事情发生的情况下来占测事情的吉凶；后天占法，则是在对事情有所未知的情况下，根据八卦万物分类原则，随时起卦，而有吉凶应验。所以，先天较为容易预测，后天较为困难。先天占卦法须要有所凭借，需要由数字转化成卦，后天占卦法只要接触外物就可以起卦。运用之妙，全在于人的心神。它能进行精确的推测，灵活地运用，全部事物都逃不出易数。以预测者自己为中心，前方为离卦，后方为坎卦；左侧为震卦，右侧为兑卦；左后方为艮卦，右后方为乾卦；左前角为巽卦，右前角为坤卦。这是后天八卦方位的确定法。

由八方来确定吉凶，设立八卦以确定克应；取时辰日期判定吉凶，看变爻来确定体卦和用卦。依据预测者坐卧行立的状态也可以决断应验的时间。坐着预测，则其祸福应验的日期以二重卦数之和来确定；适逢站立，则祸福的应验时间应该在二重卦卦数之和的一半作为依据。大概地说，坐则静，行走则处于运动，站立则处于半动半静之状态。静止则应验的日期就迟缓，运动则应验日期就迅速到来。凡耳闻目睹，引起我注意的事物，凭直觉就可断定。我以为是吉兆的，应验也会是吉事；我认为是凶兆的，应验也是凶事。为什么如此？因为见物而起卦，八卦已经确定，六爻的断语已经详明，再加上运用体用生克的道理，推究卦内刑冲合化的关系，可保证占断万无一失了。近的取卦象于身体，远的取卦象于万物，应当用心求，不可以用机械的形象硬套。不可拘泥于物体圆形就只能当作乾卦，物体方形就只能当作坤卦的教条。是为序。

指　迷　赋

尝闻相字，乃前贤妙术，古今秘文，为后学之成规。辨吉凶之易见，相人不如相字。即相其人，变化如神，精微讨入圣。自古结绳为政，如今花押成数。言，心声也；字，心画也。心形如笔，笔划一成，分八卦之休囚，定五行之贵贱，决平生之祸福，知目前之吉凶。富贵贫贱，荣枯得失，皆于笔划见之。或将吉为凶，或指凶为吉。先问人之五行，次看人之笔划。相生相旺则吉，相克相泄则凶。如此观之，万无一失。

为官则笔满金鱼，致富则笔如宝库。一生孤独，见于字画之攲斜。半世贫穷，乃是笔端之愚浊，非夭即贱。三山削出，皆非显达之人；四大其亡，尽是寂寥之辈。父母俱存兮，乾坤笔肥；母早亡兮，坤笔乃破；父先逝兮，乾笔乃亏。坎是田园并祖宅，稳重加官。艮为男女及兄弟，不宜损折。兑土主妻宫之巧拙，离宫主禄之荣枯。震为长男，巽为驿马，乾主囚走，离主竞争。震若勾尖，常招是非，妻定须离，若是圆静，禄官亦要清明。离位昏蒙，乃是剥官之杀。兑宫破碎，宜婚硬命之妻。金命相逢火笔，克陷妻儿。木命亦怕逢金，破财常有。水命不宜土笔，不见男儿。火命若见水笔，定生口舌。土命若见木笔，祖产自消。相生相旺皆吉，相克相刑定凶。举一隅自反，遇五行而相之。略说根源，以示后学。

译释：

曾经听说相字之法是前代圣贤绝妙的预测方法。古今神秘的方字，成为后学修习此术的法门。更容易地分辨事物的吉凶，相人还不如相字。以字相人，能变化如神，精微入圣。上古文字产生以前，人类用结绳的方法记事。文字发明以后，签名写字成为记录的主要方法。语言，是心灵的声音；文字，是思想的图画。人的心情反映在笔划上，笔划一成，就可以用八卦之法来分辨写字者的休囚吉凶，用五行之术来确定其尊卑贵贱，决断其平生的祸福。所以说，富贵贫贱以及荣枯得失，都可以从笔划上看出来。有的将吉当作凶，有的把凶指为吉，这得要先问问字人的命理五行，再细看其人所写的字的笔划。笔划五行与命理五行相生相旺的则为吉祥，相克相泄的则为凶险。这样具体观察的结果，万无一失。

一般说来当官的人所写的字，笔划饱满、活脱，犹如游动的金鱼；富贵的人写的字，笔划像丰厚的宝库。一生孤独的人，写出来的字笔画欹斜。半世贫困的人，笔划显得愚浊，不是夭折就是卑贱。三山削出，写这样的字的人都不是显达有为的人。上下、左右四大主笔写得缩头缩尾，都是些寂寞孤独之辈。所写的字的乾位与坤位的两笔的笔划都写得饱满，说明父母健在。

母亲早亡，坤笔破缺；父亲先逝，乾笔亏损。字体属于坎卦方位的笔划，是田园和祖宅的象征，笔划稳重的主有官禄。字体艮位代表男女人丁及兄弟姊妹，不宜损折。兑位象征妻子的灵巧或拙笨。离位象征官禄的荣与枯。震卦方位代表长男。字体巽卦方位代表驿马。乾位笔划象征着囚困与奔走，离位象征着竞争。震位若带有勾尖，经常招惹是非，夫妻必定要离异；如果笔划圆滑洁净，预示着做官清正廉明。离位的笔划如果昏昏蒙蒙，便是丢官的预兆。兑位笔划如果写得支离破碎，那么应当娶个硬命的妻子才行。金命的人写出属火的笔划，主克妻害子；木命的人害怕遇到金笔，因为常有破财；水命不宜见土笔，预示失去男儿；火命如果见水笔，一定发生口舌之争；土命如果遇见木笔，预示着祖产消耗殆尽。命理属相与笔形五行相生相旺都是吉利，相克相刑则必然凶险。读者要举一反三，触类旁通，运用五行进行观察分析。上文大略地述说一下渊源，以昭示后来的学者。

这里笔划卦位的确定方法同《后天八卦》的卦位。

玄黄克应歌

玄者，天也；黄者，地也；应者，克应之期也；天地造化，克应之谓也。其歌曰：

凡是挥毫落楮时，便将吉凶此中推。
忽听傍语如何说，便把斯言究隐微。
倘是欢言多吉庆，若闻愁语见伤悲。
听得鹊声云有喜，偶逢鸦叫祸无移。
带花带酒忧还退，遇醢逢醢事转迷。
更看来人何服色，五行深处说根基。
有人抱得婴儿至，好把阴阳两字推。

男人抱子占儿女，妇人抱子问熊罴。
一女一子成好事，群阴相挽乃是非。
若见女人携女子，阴私连累生官非。
忽然写字宽衣带，诸事从今可解围。
跛子瞽者持杖至，所谋蹇滞不能为。
竹杖麻鞋防孝服，权衡柄印主操持。
见菓断立能结果，逢衣须说问良医。
若见丹青神鬼像，断化神鬼事相随。
若画翎毛花果类，必然妆点事须知。
有时击磬敲椎响，定有佳音早晚期，
寺观铃铙钟鼓类，要知仙佛与禳祈。
倘是携来鱼雁物，朋友音信写相思。
逢梅可就娣媒动，见李公私理不亏。
见肉定须忧骨肉，见梨只怕有分离。
仕宦官员俄顷至，贵人相遇不移时。
出笔拔毫通远信，笔头落地事皆迟。
墨断须防田土散，财空写砚忽干池。
犬吠如号忧哭泣，猫呼哀绝有人欺。
贼盗将临休见鼠，喜人推动爱闻鸡。
马嘶必定有人至，鹊噪还应远客归。
字是朱笔忧血疾，不然火厄有忧危。
楼上不宜书火字，木旁书古有枯枝。
朱书更向炉边写，荧惑为灾信有之。
破器偶来添砚水，切忧财耗物空虚。
笔下忽然来喜字，分明吉庆喜无疑。
若在右边须弄瓦，左边必定产男儿。

叶上写来多怨望，花间书字色情迷。
果树边旁能结果，竹间阻节事迟疑。
晴宜书日雨宜水，夏火金秋总是时。
更审事情分向背，玄黄克应细详推。

评析：

“玄黄克应歌”是用诗歌的形式说明测字、相字的根据和方法论原则。中国古代哲学认为，上天为阳，大地为阴，阴阳感应，天地氤氲，万物化生，人在其中。所以，人与天地万物本为一体，互相之间存在着微妙的感应。事物表现出各种现象，事实上也就是在传达着各种信息。如果说言为心声的话，那么字也算得上是人们的心意的表现了。一个人在某时某刻所写的某一个字，其上面便集结着他有关的信息。根据阴阳五行八卦的原理仔细分辨所测的字，从而可以了解、预见其人的人生吉凶。

玄 黄 叙

龟形未判，此为太古之淳风；鸟迹既分，爰识当时之制字。虽俱存于简牍，当深究其源流。成其始者，信不徒然；即其终者，岂无奥义！宝田曰“富”，分贝为“贫”。两“木”相并以成“林”，“每水”东归是为“海”。虽纷纷而莫述，即一一而可知。不惟徒羡于简编，亦可预占乎休咎。春蛇秋蚓，无非归笔下之功；白虎青龙，皆不离毫端之运。今生好癖，博学博文。少年与笔砚相亲，半世与《诗》、《书》为侣。识鱼鲁之外，穷亥豕之讹。别贤愚之字，昭然与毫端；察祸福之机，了然于心目。鲜而当理，敢学说字与荆公；挟以动人，未逊后来之谢石。得失何劳于龟卜，依违须决于狐疑。岂徒笔下以推尊，亦至梦中而讲究。“刀悬梁上”，后操刺史之权；“松出腹间”，果至三公之位。皆前人之已验，非后学之私言。洞察其阴阳，深明乎爻象，则吉凶悔吝可知矣。

译释：

文字出现之前，人类处于自然状态中，这是太古时代淳朴的民风。从早期形成的文字，可以辨认出当时的造字方法。文字即便都保存在竹简、木版上，也应当深入研究它的来龙去脉。在文字形成之初，肯定不是凭空臆造出来的；待到文字发展到今天，怎能说其中没有深奥的意义呢？“宝”字和“田”字合起来为“富”字，“分”与“贝”构成为“贫”字，两“木”相并而成“林”，“每”、“水”相加而成“海”。虽然百出纷纷而莫可尽述，但具体到每一个字都是有讲究的。文字不仅可写于木简供人欣赏，也可以用来占卜吉凶休咎。春蛇、秋蚓形象的笔下艺术，白虎、青龙气势的运笔功夫，都存在于写字过程中。我今生的爱好嗜癖，在于博学博文。少年起便与笔墨纸砚相亲，而今已有半辈子，与《诗》《书》也结为了伴侣。识别鱼鲁、亥豕的讹误，区分贤者与愚人的字体差别，从字形分明看得出来。其中预示的祸福吉凶，心中一目了然。文字学的功夫，敢与荆公王安石说学，也不亚于后来的谢石。预测得失胜败不一定非得劳驾龟卜，决断孤疑也不是仅仅相字这一着，梦兆也很有讲究。从前有人梦见刀悬在梁上，后来官至刺史；梦见松树从肚腹长出，后来果然坐到三公的位子。这些都是前人已经应验的事实，并非我的杜撰；洞察阴阳变化的规律，深明爻象的含义，那么吉凶悔吝就可以推知了。

玄 黄 歌

大抵画乃由心出，以诚剖决要分明。

出笔发毫逢定位，笔头若出干无成。
墨断定知田土散，纸破须防不正人。
犬吠一声防哭泣，鼠来又忌贼来侵。
赤朱写字血光动，叶上书来有怨盟。
忽见鸡鸣知可喜，人警梦觉事通灵。
马嘶必有行人至，猫过须防不正人。
船上不宜书火字，楼头亦忌有官刑。
有时戏在炉中写，遇火焚烧忽不宁。
破器莫教添砚水，定知财散更伶仃。
笔下偶然蝇嘻至，分明六甲动阴人。
在左定生男子兆，右至当为添女人。
曾见人家轻薄辈，口中含饭问灾异。
直饶目下千般喜，也问刑徒法里寻。
花下写来为色欲，女人情意喜相亲。
花开花落寻灾福，刻应之时勿自盲。
麒麟凤凰为吉兆，猪羊牛马是凡形。
此际真搜玄妙理，其中然后有分明。
应验只须勤记取，灾祥议论觉风生。

花　押　赋

夫押字者，人之心印也。古人以结绳为证，今人以押字为名。大凡穷通之理，皆与阴阳相应。先观五行之衰旺，次察六神之强盛。五行者，立木，卧土，勾金，点火，曲水之象；六神者，青龙，朱雀，螣蛇，玄武，勾陈，白虎之形。上大阔方，火乃发用；坚瘦兮，木乃生荣；金要方，水要圆，土要肥而木要正。故曰：炎炎火旺，玉堂拜相；洋洋水秀，金阙朝元；木盛兮，仁全义广；金旺兮，性急心刚；土薄而离巢破祖，土厚而福禄绵绵。故曰：少木多根根折挫；金少火多，两窟三窝。金斜而定然子少，木曲而中不财丰。盖画长兮，象天居上；土卧厚兮，象地居下。内木停兮，象人在于中央。三才全兮，如身居于大厦；无天有地兮，父早刑；有天无地兮，母早化；有木孤兮，昆弟难倚；天失兮，故基已罢；内实外虚兮，虽才高无成，外实内虚兮，终富厚而显赫。龙蟠古字，必有将相之权；不正偏斜，定是孤穷之客；螣蛇缠体，漂流万里之程；玄武克身，妨妻害子。身之土透天，常违父母之言，而有失兄弟之礼。只将正印按五行，仔细推详，大小吉凶，搜六神而无不验矣。

译释：

押字是人的心情、际遇、内在修养的反映。上古时代的人用结绳的办法来记事和占卦，现在的人用押字方式来签名与预测。大凡推测写字人的穷困和亨通的情况，都与分析阴阳消长的状况分不开，还要观看五行的衰旺，观察六神的强弱胜负。

所谓五行笔划是这样划分的：直立的竖划属木，俯卧横划属土，勾挑的笔划属金，四点点笔划属火，弯曲的笔画属于水。

所谓六神指的是：青龙、朱雀、螣蛇、玄武、勾陈、白虎等形式。

上方大而宽阔的字体，象征为火形字；坚挺瘦长的字体，为木形字；金形字四角整齐；水形字流畅圆润；土形字丰满肥厚；木形字直立端正。所以说：写字如炎热的旺火，玉堂拜为丞相；洋洋大水，金阙点为状元；木盛参天，仁义俱备；金如果旺，性急心刚；土薄象征离家破祖；土厚预示福禄绵绵。又有：木笔无力象征根基不稳；金笔少而火笔多，象征两个洞穴三个窝（无美室可居）；金笔歪斜，必定子息稀少；木笔弯曲，象征财不丰足。竖划长象征天居于上，横划厚象征地居于下；中间木笔停匀，象征人居于中央。

天、地、人三才俱全，就象征居高楼大厦。无天笔（上笔）而只有下笔，象征父亲早已去世；有天笔而无地笔（下笔），说明母亲已经去世。木笔孤单，兄弟难靠；天笔失缺，象征祖业凋零。字体内实外虚，象征虽然有才能但无所成就；外实内虚的话，最后却能富贵而显赫。字形如龙蟠一样古怪，必定得到将相的权柄；字体不正偏斜，一定是贫穷孤独之人。写出螣蛇缠绕的字，象征漂泊万里；书写的字有玄武出现，象征克妻伤子。身底土薄，象征常常不听父母的话，而且有失兄弟情谊。只要将正印、五行、六神联系起来，仔细推测参详，那么大小吉凶，预测没有不灵验的了。

探　玄　赋

且夫“天”字者，乃乾健也，君子体之。地字者，乃坤顺也，庶人宜之。君子书天，得其理也；庶人书地，亦合宜也。夏木春花，此乃敷荣之日；冬梅秋菊，正是开发之时。一有背违，宁无困顿，日字要看停午，月来须问上弦。假如风雨，要逢长旺之时；若是雨霜，莫写火蒸之候。牡丹芍药，只是虚花；野杏山桃，皆为结实。森森松柏，终为梁栋之材；郁郁蓬蒿，不过园篱之物。书来风竹，判以清虚；写到桑蚕，归于饱暖。锣鸣炮响，可言声势之家；波滚船行，俱作漂流之士。鱼龙上达，犬豕下流。泉石烟霞，自为清贫之士；轩窗台榭，难言暗昧之徒。河海江山，所为广大；涧溪沼沚，作事卑微。灯烛书在夜间，自我耀彩；月星写于日午，定是埋光。椒桂芝兰，岂出常人之口；桑麻禾麦，决非上达之人。黄白青绿红，许以相逢艳冶；宫商角徵羽，言他会遇知音。剑戟戈矛，终归武士；琴书笔砚，乃是文人。

问钱与贫，因见自谦之德；出富乃贵，已萌妄想之心。金玉珍珠，不过守财之辈；荣华显达，宜寻及第之方。恩情欢爱，既出笔端；淫荡痴迷，常眠花下。酒浆脍炙，哺啜者必常书之；福寿康宁，老大者多应写此。且如龙蟠虎踞，宁无变化之时；凤翥鸾翔，终有腾飞之日。体如鹭立，孤贫之士无疑；势如鸦飞，绕舌之徒可测。惊蛇失道，只寻入穴之谋；舞鹤离巢，自有冲霄之志。急如鹊跳，是子轻浮；缓似鹅行，斯人稳重。如篁翁郁，休言豁达之心；似水漂流，未免萧条家道。或若炎炎之火，或如点点之云，一生喜怒无常，终生成败不保。风摇嫩竹，早年卓立难成；雨洗桃花，晚岁羁楼无倚。为人潇洒，乃如千树之江梅；赋性温柔，何异数株之岩柳。烟罗系树，卓立全倚他人；霜叶离柯，飘零不由乎自己。画似棱棱之枯木，孤苦伶仃；形如泛泛之浮萍，贫穷漂泊。无异巉岩之怪石，艰险营生；有如耸拔之奇峰，孤高处世。金绳铁索，此非岩谷之幽人；玉树瑶琴，定是邦家之良佐。乱丝缠结，定知公事牵连；利刃交加，即是私家格角。撇如罗带，除遇阴人；捺似拖钩，刑伤及己。勾似锦靴，遭逢官贵；画成横枕，疾病临身。切忌横冲半断，不保荣身；仍嫌直落中枯，难言高寿。剔成新月，出门便见光辉；点作星飞，守旧宁无晦滞。

至若挥毫带煞，秉生死之重权；落纸无成，作奔趋之贱役。起腾腾之秀气，主有文章；生凛凛之寒光，宁无声价。半浓半淡，作事多乖；倚东倚西，撑持不暇。字短则沉沦不显，字长则潦倒无成。拾后拈前，所为险阻；忘前顿后，举动趑趄。且如偃仰遇庶人，则成号泣；若是拘挛逢君子，乃是刑囚。君子必定飞腾，庶人必能勤苦。造其理也，即此推之。余向遇异人，曾授玄黄诸篇；今遇异翁，授此赋毕，问之曰：“愿得公之名姓。”公不答而去。

译释：

“天”字象征乾卦的刚健，君子写出这个字是合适的。“地”字象征坤卦的柔顺，平常百姓写这个字较为适宜。所以说，君子书写“天”字，是合乎道理的，百姓写“地”字也是适宜的。夏天写“木”字，春天写“花”

字，都是得时，这是兴旺繁荣好征兆；冬季写“梅”字，秋季写“菊”字，同样合乎时宜，为吉祥发达的好预示。如果与时令违背，就会陷入困顿。写“日”字要以正午为看好，写“月”字最好遇上弦。假如写“风”、“雨”等字，要逢适宜刮风下雨时候；如果写“雪”、“霜”等字，就不要遇上赤日炎炎、暑气蒸人的季节。

写“牡丹”、“芍药”，象征其爱好虚荣，有名无实；写“野杏”、“山桃”，象征其人注重实用且所谋将有结果。“松柏”为森森长青之树，终将成为栋梁之材；“蓬蒿”即使郁郁葱葱，也不过充当园篱之用。写“风”、“竹”，象征写字人清雅超脱；写“桑”、“蚕”，预示着其人终归无忧于饱暖。书写“锣”、“炮”等鸣响之物，可以预言将成声势之家；写出滚动不停的“波”，飘行不止的“船”，象征写这字的人是漂泊不停之士。“鱼”字“龙”字，象征飞黄腾达，“犬”字“豕”字，预示平庸下流。“泉”、“石”、“烟”、“霞”等字是清贫之人的象征；“轩”、“窗”、“台”、“榭”等字是做昧心事的人的象征。“河”、“海”、“江”、“山”等字，预示着胸怀宽广，大有作为；“涧”、“溪”、“沼”、“沚”等字，预示着做事卑微。“灯”、“烛”写在夜晚，象征荣耀和光彩；“月”、“星”写在日中正午时分，象征才华被埋没。

“椒”、“桂”、“芝”、“兰”等字，怎能会出自平常人的口；“桑”、“麻”、“禾”、“麦”等字，决不是显达之人。“黄”、“白”、“绿”、“青”、“红”，也许是艳遇的象征；“宫”、“商”、“角”、“徵”、“羽”，说明他会遇上知音。“剑”、“戟”、“戈”、“矛”，只有武士来书写；“琴”、“书”、“笔”、“砚”，写此字者是文人。

写“钱”与“贫”，透露出问字人具有自谦之德；书“富”与“贵”，显示出其已经萌生妄想贪婪之心。“金”、“玉”、“珍”、“珠”，不过是守财之辈的象征；“荣”、“华”、“显”、“达”，应当赶快寻找科试及第的方法。“恩”、“情”、“欢”、“爱”，象征问字人淫荡痴迷，而常常眠花宿柳。“酒”、

“浆”、“脍”、“炙”，贪杯的人一定常写它们；“福”、“寿”、“康”、“宁”，养生的人常常写此。

字写得如龙蟠虎踞一般稳固，因其坚毅，应当有显达的时候。字写得如凤翥鸾翔，象征着终会有飞黄腾达的日子。字体像白鹭一样伫立，无疑是孤独贫穷的人；看上去像乌鸦乱飞，可推测是拨弄口舌的人。字体像受惊的蛇找不到出路，预示着只想寻找个安稳窝住下来；字体如仙鹤离巢飞舞，自然会有冲天凌云的大志。字体如麻鹊躁跳，这人轻浮；像鹅那样舒缓地步行，这人稳重。笔划之间像竹子般密挤，难说他拥有豁达开朗的心怀；笔划像水漂流，未免会使家道萧条。

字体点划时而像炎炎的烈火，时而像点点的浮云，预示一生喜怒无常，终身成败难保。字体行笔像风摇嫩竹，早年独立难成；像雨洗桃花，晚年无依无靠。为人潇洒者，写出的字就像壮观的千树江梅；性情温柔者，字如几株妩媚的岩柳。笔划柔软盘曲，好像藤萝缠树，象征着问字人完全依靠他人而活；点划如霜叶离枝，预示着问字人平生飘零，身不由已。笔划好似瘦硬的干枯树枝，孤苦伶仃；字形一如水上之浮萍，贫穷漂泊。字形如奇岩怪石，预示着依靠冒险生活；像耸拔的奇峰，预示着处世孤高离群。

笔划如金绳铁索，象征此人不是山中的隐士。字形如玉树瑶琴，必定能成为国家的栋梁之材。笔划潦潦草草，好比乱丝缠结，没有头绪，可知有官司牵连。笔划像刀刃一般凌利，而且彼此交加，这是和人格斗的预兆。撇划如罗带形状，将遇到女人。捺划似拖钩，怕伤害临身。勾划好似锦绣的靴子，预示着将遇到当官的贵人的扶持。横划写成像横放着的枕头，预示着疾病将缠身。

字形横划最忌讳的是中间笔墨中断，这是荣耀身份难以保持的征兆。竖划也不要于中间墨迹干枯，因为这很难说是长寿的象征。（勾）写得像新月一般优美，出门就遇到成功的光辉。点划写得如星光飞溅，象征守旧会有阻滞困厄。

至若字画之间带有煞气，预示着操生死大权。笔毫落纸轻微无形，则只能做跑腿侍奉的役人。字形笔划间充满腾腾的俊秀气象，主有文章艺术才能。字形笔划闪烁着凛冽的寒光，肯定会有身价。

墨迹半浓半淡，预示着做事多遭挫折。字体倚东倚西，预示支撑生活多艰难。字体过短，象征其人沉沦，难有显达之日。字体过长，则一生潦倒，诸事无成。笔划前后牵扯不断，预示着做事阻碍重重。笔划前后照应不过来，预示着举止行动犹豫不决。如果字体俯仰生姿，一般百姓象征有号哭之事，对于品德高尚、才学丰富的君子，则是腾达成功的预兆。若是字形拘紧，君子会有刑罚牢狱之灾，平常百姓则象征着一定会刻苦勤劳。总之，其中的规律，可以由此推导出来。

我过去遇到一个异人，曾蒙传授《玄黄》等几篇秘文。现在又幸遇一奇异老人，当其传授这篇《探玄赋》完毕，我向老人请求说："请问您的尊姓大名。"老者未作回答，翩然离去。

齐景至理论

天下之妙，无过一理。理既能明，在乎明学。学者穷究，莫难乎性。性既明达，其理昭然。显苍颉始制之时，观迹成象；以之运用，应变随机。且释老梵经，王勃佛记，迨今飞轮宝藏之内，既深且宁。非高士莫得而闻。何由睹之？

其汉高有荥阳之围，以木生火，终不能灭。有人梦腹上生松，丝悬山下，后为幽州刺史。松为十八公，不十为卒。《春秋》说十四心为德。《国志》云：口在天上为吴。《晋书》：黄头小儿为恭，以人负吉为造。八女之解安乐山，两角女子绿衣裳，端坐太行邀君主，一正之月能灭亡。正月也。郭璞云：永昌有昌之象，其后昌隆。罗，四维也。其偶如此，且人禀阴阳造化，凭五行妙思，一言一语，一动一静，然后挥毫落楮，点画勾拔，岂不从于善恶，得之于心，悬之于手。心正则笔正，心乱则笔乱；笔正则万物咸安，笔乱则千灾竞起。

由是考之，其来有自。达者以理晓，昧者以字拘，难莫难于立意，贵于言辞。立意须在一门，言词务在必中。

余幼亲师友，温故知新，志在进取场屋，为祖宗之光。遂乃屈身假道，每以诗酒自娱。渡江乘兴，偶信卜于岩谷，观溪山之清流，闻禽鸟之好音，殆非人世。忽见一人，道貌古怪，披头跣足，踞坐磐石之上。余由是坐之于侧，良久交谈之际，询余曰："子非齐景乎?"余惊讶。预知姓名，疑其必异人也。遂答之曰："然。"异人曰："混沌既判，苍颉制字者，余也。自传书契于天下，天下大定。后登天为东华帝君。今居于此，乃东华洞天。余曾有奇篇，昔付谢石，今当付汝。今子之来。可熟记，速去。不然尘世更矣。"于是拜而受之，退而观其奥妙，乃《玄黄妙诀神机》：解字之文。得其方妙，如谷之应声，善恶悉见，祸福显然，定生死于先知，决狐疑于预见。后之学者，幸珍贵之。

译释：

天下万事万物的奥妙，不过一个"理"字。要明白其中的理，途径在于学习。学者最难研究的，莫过于万物之性。能洞明万物之性，那么其中的道理也就昭然若揭了。苍颉开始创造文字的时候，观察禽兽的足迹画成象形文字；用所创造的文字记录事情，表达心意，随机应变。（用汉字写成的）释家、道家的经典以及王勃的佛记，到今天还被珍藏着，除非高士，一般人没有机会看到它们。

汉高祖刘邦被困于荥阳的时候，占卜为有木生火，所以终归不能灭之。有人梦见腹肚上生长出一棵松树，丝悬山下，后来官至幽州刺史之职。"松"为"十"字、"八"、"公"字所组成，"不"字和"十"字组成"卒"字。

《春秋》上说："十"、"四"、"心"组成"德"字。《国志》上云："口"在"天"上为"吴"字。《晋书》上有："黄"字头与"小"、"人"组成"恭"字，用"人"背负着"吉"为"造"字，等等。郭璞说：永昌有"昌"之象，其后永远昌盛兴隆。"罗"字繁写是"四维"。如此巧妙，况且人禀承阴阳二气的造化而生，凭借着五行进行巧妙的思考，一个字一句话，一会运动一会静止，然后挥笔书写，点画勾拔，难道不是善恶的体现，心灵的反映，表现在手下吗？心思端正，写出的字来才端正；心中烦乱，写出字来也乱七八糟。笔划端正可以预示与万物相安无事；笔划烦乱则预示着千万种灾祸竞相发起。

由此可见，相字之术由来已久了。达性之人凭着理就可知未来，未达者要用相字来认识与预测。最困难的莫难于立意，贵于言辞。立意必须集中注意力于一点之上，言辞务必中肯。

我幼年时期跟随老师与朋友，温故而知新，有志于科举成名，光宗耀祖。后来选择了另一条道路，便以诗酒作乐。渡江乘兴，一个偶然的机会，在岩谷之间相信起占卜来了。在那里观赏清澈的流水，倾听小鸟婉啭的鸣唱，几乎到了仙境一般。忽有一日遇见一人，道貌非常古怪，披发跣足，坐在一块大石头上。我于是坐到他的身边，与他进行了长时间的攀谈。他问我："你不就是齐景吗？"我非常惊讶。他能预先知道别人的姓名，无疑必定是一位异人了。我于是回答说："是的。"异人说："混沌中世界创生以后，苍颉制造文字，那就是我了。自从传书契于天下以来，天下大定。后来登天成为东华帝君。现在居住的这个地方，叫做东华洞天。我曾经拥有奇妙的秘文，在这以前授给了谢石，现在再传授给你。今天你既然来了，就应当熟记，然后赶快回去。不然的话，人世间大有变化了。"我于是拜罢接受此书，回来观看其中的奥妙，原来是《玄黄妙诀神机》，是一本解字的书。学得其中的奥妙，就如空谷回应声音一样，善恶完全可以看出，祸福显然，确定生死于先知先觉之中，决断疑难于事先预见。希望后来的学者珍重它。

字画经验

敷字：昔者任宰，请拆字，云此字十日内放笔。果以十日罢任。

家字：凡人写此，家宅不宁。“空”字头，“豕”应在亥月者也。

荆字：艹而刑，不利小人，大宜君子。

砚字：有一字天出之乱尔，见明之兆。

典字：曲折多，四、七日有典进之兆，贵人必加官进禄，雅宜便，四十日有进纳之喜。

果字：凡事善果披剥，盖口中无才，又云进小口。

马字：昔有马雅官写马字无点，马无足不可动。

来字：“来”带二人之才，皆未见信，行人未应，三人同来，财午未年发。

葵字：逢春发生，又占名利，逢癸可发。占病不宜，廿日有惊恐之兆。

但字：如日初升，常人主孤，凡事未如意，十日身坦然。

谦字：故人嫌，盖无廉耻，目下有事，多是非。

亨字：高不高，了不了，须防小人，不足及外孝不祥。

达字：廿日未达，即日并不须，少喜多忧。

奇字：占婚奇偶未谐，应十日难，为兄弟事不全。

俊字：一住一利，交友难为，父兄反复，文书千连变易，凶。

常字：占病堂上人灾，有异姓异母，上有“堂”字头，下有“哭”字头。

每字：昔曹石遣人相此字，异日必为人母，后果然。

城字：逢丁戊日，六神动，忌。丁戊日田土不足，进力成功。

池字：凡事拖延有日，逢地必利，盖添“虫”为“蛇”。

春字：宋高宗写此字时，秦桧用事，相者云："秦头太重，压日无光。"桧闻言，召而遣之。

一字：土字一字王也。

益字：有吏人书"益"字，廿八日有血光之厄。至期果然。

田字：有人出此。相言："直看是王，横看是王，必为大贵。"

字体诗诀

"天"字及二人，作事必有因；
一天能庇盖，初主好安身。
"地"字如多理，从此出他乡；
心如蛇口毒，去就尽无妨。
"人"字无凶祸，文书有人来；
主人自卓立，凡事保和谐。
"金"字得人力，屋下有多财，
小人多不足，凡事要安排。
"木"字人未到，初生六害临；
未年财运好，切莫要休心。
"水"字可求望，中妨有是非；
文书中有救，出入总相宜。
"火"字小人相，中人发大财；
灾忧相见过，日下有人来。
"士"字日下旺，田财尽见之；
穿心多不足，骨肉主分离。
"东"字正好动，凡事早求人；

牵连须有事，财禄自交欣。

“西”字宜迁改，为事忌恶人；
心情虽洒落，百事懒栖身。

“南”字穿心重，还教骨肉轻；
凡事却有幸，田土不安宁。

“比”字本比和，不宜分彼此；
欲休尚未休，问病必见死，

“身”字主己事，侧伴更添弓；
常借人举荐，仍欣财禄丰。

“心”字无非大，秋初阴小灾；
小人多不足，夏见必灾来。

“头”来须鄙衰，发可却近贵；
要过子丑前，凡事皆顺利。

“病”来如何疾，木命最非宜；
过了丙丁日，方知定不危。

“言”字如何拆，人来有信音。
平生多计较，喜吉事应临。

“行”字问出入，须知未可行；
不如姑少待，方免有灾惊。

“到”字若来推，出入尚颠倒；
虽然吉未成，却于财上好。

“得”来间日下，宁免带勾陈；
凡事未分付，行人信不真。

“开”字无分付，营谋尚未安；
欲开开不得，进退两皆难。

“附”在问行人，行人犹在路；

为事却无凶，更喜有分付。

“事”字事难了，更又带勾陈；

手脚仍多犯，月中方可人。

“卜”字求测事，停笔好推详；

上下俱不足，所为宜不祥。

“望”字逢寅日，所谋应可成；

主须不正当，却喜有功名。

“福”字来求测，须防不足来；

相连祸福迫，一口又兴灾。

“禄”字无祖产，当知有五成；

小人生不足，小口有灾惊。

“贵”字多近贵，六六发田财；

出入须无阻，宜防失落灾。

“用”字主财用，有事必经州；

谁识阴人事，姓王并姓周。

“康”字未康泰，宜防阴小灾；

所为多不逮，财禄亦难来。

“宁”字占家宅，家和人口增；

财于中主发，目下尚伶仃。

“吉”字来占问，反教吉又凶；

因缘犹未就，作事每无终。

“宜”字事且且，须知在目前；

官非便了当，家下亦安然。

“似”字众人事，所为应不成；

独嫌人力短，从众则堪行。

“多”字宜迁动，死中还得生；

事成人侈靡，两日过方明。

“古”字多还吉，难逃刑克灾；

虽然似喜吉，口舌却终来。

“洪”宜人共活，火命根基别；

事还牵制多，应是离祖业。

“香”字忌暗箭，木上是非来；

十八二十八，好看音信回。

“清”字贵人顺，财来蓄积盈；

阴人是非事，不净更多年。

“虚”惟头似虎，未免有虚惊；

凡事亦可虑，仍防家不宁。

“远”字事多达，行人有信音；

为事既皆遂，喜吉又来临。

“同”字如难测，商量亦未然，

两旬事方足，尚恐不周圆。

“众”字人共事，亦多生是非，

所为应不敛，小口有灾危。

“飞”字须可喜，反复亦多非，

意有飞腾象，求名事即宜。

“秀”字多不实，无事亦孤刑，

五五加一岁，还生事不宁。

“风”字事无宁，逢秋愈不吉，

疾多风癖攻，更防辰戌日。

“天”字已成天，亦多吞噬心；

事多蒙庇盖，行主二人临。

“元”字二十日，所为应有成；

平生刑克重，兀兀不安宁。

“秋”字秋方吉，小人多是非；

须知和气散，目下不为宜。

“申”字是非长，道理亦有破；

终然屈不伸，谋事难为祸。

“甲”字利姓黄，求名黄甲宜；

只愁田土上，还惹是和非。

“川”字如来问，当知有重灾；

仍防三十日，不足事还来。

“墟”字若问事，虎头蛇尾惊；

有人为遮盖，田土不安宁。

“辰”字如写成，主有变化象；

进退虽两难，功名却可望。

“青”字事未顺，须知不静多；

贵人仍不足，日久始安和。

“三”字多迁改，为事亦无主；

当知二生三，本申一生二。

“入”如来问测，分字亦安让；

凡事多费解，仍防公扰忧。

“字”须有学识，初主似空虚；

家下不了事，名因女子中。

“士”为大夫体，未免犯穿心；

括括是非散，番多吉来临。

四季水笔

春水昏浊，夏水枯涸，秋水澄清，冬水凝结。

水为财，忌居乾、兑、坎。㇉乙㇉㇋点不为杀，必为贵人。

画有阴阳

长中有短，为阳中阴。短中有长，为阴中阳。粗细轻重，以此为例。阳中有阴，则佳。阴中有阳，反凶。壬字头画，是阳中有阴；任字头画，是阴中有阳。水笔不流，流则不佳。戴流珠，名瑛星，小人囚系。取福下至上一三，取祸上至下一三。

八　卦　断

乾宫笔法如鸡脚，父母初年早见伤；
若不早年离侍下，也须报疾及为凶。
坤宫属母着荣华，切忌勾陈杀带斜；
一点定分荣禄位，一生富贵定堪夸。
艮位排来兄弟宫，勾陈位笔性也凶；
纵然不克并州破，也主参商吴楚中。
巽宫带口子难逢，见了须知有克刑；
饶君五个与三个，未免难为一个成。

震位东方一位间，要他笔正莫凋残；
若逢枯断须沾疾，腰脚叫他不得安。
离是南方火位居，看他一点定荣枯；
若还圆净荣官禄，燥火炎炎定不愚。
坎为财帛定卦位，水星笔横占他方；
若见笔尖无大小，根基至老主荣昌。
兑位西方太白间，只宜正直莫凋残；
若然坑陷并尖缺，妻子骄奢保守难。

评析：

《梅花易数》的拆字法是将每个汉字的四边四角与后天八卦方位相对应，即以一个字的上为离，下为坎，左为震，右为兑；左上角为巽，左下角为艮，右上角属于坤，右下角属于乾。

相字心易

凡写两字，只看一字，盖字多必乱。
若谋事之类，亦必移时，方可再看。

辨　字　式

富人字，多稳重，无枯淡。
贵人字，多清奇，长画肥大。
贫人之字，多枯淡，无精神。

贱人之字，串散乱，带空亡。

百工之字，多跳跃。

商人字，多远迩。

男子字，多开阔。

妇人字，多逼侧。

余皆浓淡肥瘦、斜正分明之类断之。

笔法签蹄

凡书字法，有浓淡肥瘦，长短阔狭，反复顺逆，曲直高低，大小软硬，开合清浊，虚实凹凸，平正斜侧，圆满直牵，明白轻快，稳重跳跃，勾挽破碎，枯槁尖削，倒乱鹘突，孤露交加，肥满尖瘦，刚健精神，艳冶气势，衰弱小巧，软满老硬，骨棱草率，开合之分，各有一体，难以尽述。学者变化，知机其神。

笔 画 歌

笔画稳重，衣食丰隆。笔画平直，丰衣足食。笔画端定，衣禄铁定。笔画分明，决定前程。笔画圆净，富贵无并。

笔画肥浓，富贵无穷。笔画洁净，功名可决。笔画轻快，诸事通泰。笔画刚健，力量识见。笔画精神，必有声名。

笔画光发，荣显通达。笔画气势，慷慨意志。笔画宽洪，逞英逞雄。笔画尖小，其人必了。笔画如线，有识有见。

笔画似绳，一世平宁。笔画挑剔，好巧衣食。笔画乌梅，面相恢恢。笔画懒淡，兄弟离散。笔画分扫，破家必早。

笔画弯曲，好巧百出。笔画迭荡，一生浮浪。笔画枯槁，财物虚耗。笔画糊涂，愚蠢无谋。笔画黏滞，是非招怪。

笔画大小，有歉有好。笔画高低，说是说非。笔画淡泊，疮痍克剥。笔画反复，心常不足。笔画破碎，家事常退。

笔画倚斜，漂泊生涯。笔画恶浊，无知无学。笔画如蛇，常不在宅。笔画偏侧，衣食断隔。笔似鼓槌，至老寒微。

笔势如针，此人毒心。笔势勾斜，官事交加。笔势如勾，害人不休。笔势散乱，财谷绝断。笔格常奇，诀以别之。

奴　婢

恰似霜天一叶飞，画如木檐两头垂。

画轻点重君须记，画定前趋后拥儿。

阴　人

阴人下笔意如何，只为多羞胆气虚。

起处恰如争嘴样，却来下笔定徐徐。

隔　手

隔手书来仔细详，见他纸墨字光芒。

更看体骨苏黄格，淡有精神是贵郎。

视 势

每遇人写来，必别是何字。如“天”字，乃是“夫”字及“失”字基址。女人写妨夫，男子写有失。

象 人

凡字必别是何人写，亦象人而言。如“天”字，秀才问科第，今年尚未，当勉力读书，来年有望及第；官员求官亦未，宜勉力政事，主来年得人荐举受恩；若庶人占之，病未安，用巫方愈；讼者丁未主费力，必被官劾断之。

“天”，加直成“未”，再加点成“来”，来”“刀”成其“刺”。

有 所 喜

如问财，见金宝偏旁及禾斗之类，决好。

有 所 忌

如问病见土木，及问讼见血井字，皆凶。

有　所　闻

如问病忌闻悲泣声，占财不宜破碎声。

有　所　见

如“立”字见雨下或水声，则成“泣”字。又如“言”字见“大”成“狱”字，问疾、讼皆忌之。

以时而言

如“草”、“木”字，春夏则生旺有财，秋冬则衰替多灾。风云气候之类亦然。

以卦而断

如“震”字，春则得时，冬则无气，皆以其卦言之。

以禽兽而断

如“牛”字，则为人劳苦，春夏劳苦，秋冬安逸。

取类而言

如“楼”字，笔画多，不可多解，以“楼”取义，乃“重屋”也。重屋拆开，乃千里尸至。问字人必有人死在外，尸至之事。

以次而言

如字先写笔画，喜则言吉，次则言凶，又次则言半凶半吉，以次加减，亦察人之气也。

当添亦添

且如官员写“尹”字，乃“君”字首断，其人必见上位，定不禄而还。以“君”无“口”故也。如书“君”字，乃是“郡”旁，其人当得郡。

当减亦减

如“树”字中有“吉”字，写得好者，则减去两边，只是言吉。

译释：

“树（樹）”字的繁体字中间有“吉”字。

笔画长短

如“吉”字，上作“士”字，终作士人；如作“土”字，乃“口”在下，问病必久。若身命属木，自身无妨；屋下木土生，不过十日必亡。

如“常”字，上作“小”字，只是主家内小口灾，不为大害，若上草作“小”，如此写乃是“灾”字头，中乃“门”字，下是“吊”字，主其人大灾患临头，吊客入门大凶。然亦须仔细，仍观人之气色，象人而言。如土人气色黑，恶其必退；若土命者必死，俱不过十日。

偏旁侵客

如“宀”字乃“家”头，如“宀”写，乃是破家宅，无其家必退；如此“山”写，必兴门户，乃是“山”字形；如“山”有缺笔，乃是悬针之山，必大凶也。

字画指迷

如“人”字，正人作贵相；睡人作疾病；立人傍托人；双人傍作动人，其人逆多顺少；“从”作二人相从，“众”作群党生事；“坐”人作阻隔，“更”作闲作人。

如“申”字，作破田煞，常人不辨破田之说，用“事”、“重”成之义也。

如“田”字，藏器待时，头足有所争，争而有所私，忌田产不宁。

如“彐”字，作横“山”，取之衣禄渐明矣，又作日间防破。

如“黄”字，作“廿一”后，方得萌芽；又作“廿一”用，可喜也。又云：上有一堆草，中有一条梁，撑杀由八郎。

如“言”字，有谋有信，取之如草之作木，取之心不定也。

如“心”字，三点连珠，一勾新月，皆清奇之象。或竖心“性”、“情”，作“小”人之状，近身作“十”字，作穿心六害，取凡百孤独。

如“寸”字，亦心也，一寸乃十分，为人有十分之望，谋望有分付也。又作“一十”取之。

如“辛”字，乃六七日内见，立用于求远，作“六十一日”，或云：有辛相成也。

问 婚 姻

凡事写得相粘者，可成；又字画直落成双者，可成。字中间阔而不黏，及直横成双者，偏旁长短者不成。

凡字写得脚匀齐者，皆“就”字；四齐者，尤“吉”字。上短下长者，日久方成。字乾上有破，父不从；坤宫破，母不从。左边长者，男家顺女家不肯；右边长者，女家顺男家未然。

官　事

或见文字，或字脚“一”、“丿”、“乙”破碎，断有杖责。或见“牛”字，有牢狱之忧，土人大失。或木笔开口者，亦有杖责。字划散乱者易了。或有“丿”、“乁”长者、耸者，亦有杖刑。或见杖竹之类，亦有打兆。

火命人写“水”字来问，必有官灾。或字有草头者，说草头姓，得力之类。

疾　病

金笔多，心肺痰，脏腑疾，西方金神为祟。木笔多，心气疾，手足病，木神林坛为祟。水笔多，泻痢吐呕之症，水鬼为凶。火笔潮热，伤寒时行，火鬼为怪。又云四肢疼，时气疾病，火笔多者，病不死。土笔多，脾胃兼疮疾，客云伏尸鬼，疼痛之疾。土笔多者，病死字。凡有“丧”字、“虎”字头或两“口”字者，皆难救。

六　甲

字凡有“喜”字、“吉”字体者，皆吉。字凡带白虎笔，难产，子必死。写得黏者，易产，字画纤断者，主有惊险。字有螣蛇笔者，主虚惊。字画直落成双者，女喜；成单者男喜。

求　谋

凡事写得中间阔者，所谋无成。“谋”字写得相黏者，二十四五前成，盖有隔字体故也。“求”字来问者，木命人吉，土人不利。

行人远信

如“行”字写得脚短，二般齐者，人便至。字脚或不齐，行人皆不至。字画直落点多者，其人必陷身。字画少者，人便至。乃详字体格范。

官　贵

凡事有二数，一点当先者，无阻，事济。所写之字相黏伶俐者，贵人顺。点多者事不成。

失　物

凡字有“失”字体，则失物皆难觅。朱雀动，有口舌，日久难寻。金笔多，艮土有破，五金之物宜速寻。土笔多，坎上有破碎之物，在北方古井，或窑边及坑坎之所，瓦器覆藏，五日见。坤上有一钩者，乃奴婢偷去，不可取得。兑上不足，乃妻妾为脚，带金人将去。离上一划不完者，乃南方火命人将去，见官方，失物仍在。

问　寿

字画写得长向瘦者，寿耐久。如肥壮者，耐老。若短促者，无寿。

功　名

字有“贵”人头者，有功名。字体金笔多而端正，及木笔轻而长者皆贵。

行　人

人字潦倒，未动，写得“人”字起者，已动；人以“来”字问者，未至，“行”字问者，且待。凡字中有“盲”字者，有信至，人未至也。

反　体

“喜”字来问者，未可言喜，有“舌”字脚。有以“庆”字来问者，未可言庆，有“忧”字脚。“星’字来问者，日在上，星辰不见，问病必凶。

大凡文人不可写武字，武人不可写文字，阴人不可写阳字，阳人不可写阴字。皆反常故也。

六神笔法

八青龙木，乂朱雀火，勹勾陈土，
㔾螣蛇无定位，几白虎金，厶玄武水。
蚕头燕额是青龙，两笔交加朱雀凶。
玄武怕他枯笔断，勾陈回笔怕乾宫。
螣蛇草笔重重带，白虎原来坤位逢。
此是六神真数诀，前将断语未流通。

六神主事

青龙主喜事，白虎主丧灾，朱雀主官司，勾陈主留连，螣蛇主妖怪，玄武主盗贼。

六神都静，万事咸安。莫交一动之时，家长须忧不测。若非财散，必主刑囚狱讼。

（一）青龙形式

“㇏”、“丿”青龙要停匀，百事皆吉。
青龙笔动喜还生，谋用营求事事通。
人口增添财禄厚，主人日下尽亨通。

（二）朱雀形式

“乄”朱雀临身文书动，主失财，有口舌，生横事，忌惹人，有忧惊之事。

朱雀交加口舌多，令人家内不安和。

若逢水命方无怪，他命逢时有怨疴。

（三）勾陈形式

“勹”勾陈主惊忧之事，迟滞，忌土田官司。是非未决，并惹闲非。

勾陈逢者事交加，谋事中间事事差。

田宅官司多浇括，是非门内有喧哗。

（四）螣蛇形式

“㐆”螣蛇主忧虑，梦不祥，作事多阻，有喧争，惹旧愁，宜守静。

螣蛇遇者主惊虚，家宅逢之尽不宁。

出入官谋宜慎取，免教仆马有灾形。

（五）白虎形式

“几”白虎主有不祥之兆，产病有孝服，及官鬼，惹口舌，在囚狱。

白虎逢之灾孝来，出门凡事不和谐。

便防失脱家财损，足疾忧人百事乖。

（六）玄武形式

“厶”玄武贵人华盖，主盗财，亦难寻。

玄武动时主失脱，家宅流离慎方活。

要防阴人有灾危，又至小人生拮括。

笔画犯煞

无风麟　丁断伏　口活法　刁用煞

日连图（带）　曰隔伏　𠃌歃伏　𠃌衡伏

刁悬针　冲伏　𠃌流金　乙活金

乙伏曲　㇌曲伏　口死金　𠃌活火

厶死火　臁蛇　𠃌死土　蛇土

刀隔伏

玄黄笔法歌

丁反

反旁无一好，十个十重灾；

旁里推详看，临机数上排。

廴走

走远字如何，须防失脱多；

若还来问病，死兆不安和。

子系

系绞同丝绊，干事主留连；

却喜财公问，傍看日数言。

阝卩

附邑傍边事，当从左右推；

兑宫知事定，震位事重为。

灬冫

四点皆为火，逢寅过于通；

若还书一画，百岁尽成空。

亻彳

卓立人傍字，谋为倚傍成；

若还来问病，死去又逢生。

之辶

之绕身必动，看其内必凶；

问病也须忌，其余却少通。

⻊弓

弓伴休干用，反处日难凭；

先自无弦了，如何得箭行。

山冗

冗下灾祸字，占家更问官；

更推从来用，凶吉就中看。

人氵

两点傍边字，还知凝滞攒；

要问端的处，傍取吉凶看。

吕吅

双口相排立，因知恸哭声；

各逢于戈日，亦主泪如倾。

户尸

户下尸不动，休来占病看；

其余皆是吉，即断作平安。

阝阜

阜邑傍边字，当为仔细推；
兑官知事息，震位又重为。

衣礼

礼字傍边折，必定见生财；
疋字如定见，须从人正来。

月骨

骨傍人有祸，囚狱一重来；
门内生荆棘，施设不和谐。

身自

自家身傍限，分明身不全；
有谋难得遂，即日是多煎。

反定

定绕自来看，身必有所定；
吉凶意如何，相裹临时用。

屵山

山下灾祥字，占家宜用官；
更推从西用，凶吉数中安。

人欠

欠字从西体，须知望用难；
吹嘘无首尾，不用滞眉看。

禾禾

禾边山则刑，春季则为殃；

夏日宜更改，人中好举扬。

耳耳

耳畔虽有纪，轻则是虚声；

旺事宜重用，取谋合有成。

五行体格式

水笔式

水圆多性巧，浊者定昏迷；

水泛为不定，水走必东西。

火笔式

、火重性不常，厶火燥见灾殃；

彡火多攻心腹，乙火轻足衣粮。

土笔式

一土重根基好，一土轻离祖居；

フ土滞破田宅，乀土定无虚图。

金笔式

口金方利身主，亻金重性多刚；

フ金走为神动，已慷慨及门墙。

木笔式

木长性聪明，丨木短定功名。

川木多才学敏，冫木斜废支撑。

时辰断

看字先须看时辰，时辰克应不相亲；

时辰若遇生其用，作事何忧不趁心。

此字中笔一要紧用也。

起六神卦诀

甲乙起青龙，丙丁起朱雀，戊日起勾陈，

己日起螣蛇，庚辛起白虎，壬癸起玄武。

附例：今以甲、乙、丙、丁日附载为式，余仿此。

	六爻	五爻	四爻	三爻	二爻	初爻
甲乙日例：	玄武	白虎	螣蛇	勾陈	朱雀	青龙
丙丁日例：	青龙	玄武	白虎	螣蛇	勾陈	朱雀

译释：

六神与六爻及对应的干支日辰关系如下表所示：

	甲乙日	丙丁日	戊日	己日	庚辛日	壬癸日
上爻	玄武	青龙	朱雀	勾陈	螣蛇	白虎
五爻	白虎	玄武	青龙	朱雀	勾陈	螣蛇
四爻	螣蛇	白虎	玄武	青龙	朱雀	勾陈
三爻	勾陈	螣蛇	白虎	玄武	青龙	朱雀
二爻	朱雀	勾陈	螣蛇	白虎	玄武	青龙
初爻	青龙	朱雀	勾陈	螣蛇	白虎	玄武

辨别五行歌

（一）

横画连勾作上称，一挑一捺俱为金；
撇长撇短皆为火，横直交加土最深；
有直不斜方是木，学者方明正五行。

（二）

一点悬空土进尘，三直相连化水名；
孤直无依为冷木，腹中横短作囊金；
点边得撇为炎火，五行变化在其中。

（三）

三横两短若无钩，乃是湿木水中流；
两点如挑金在水，八字相须火可求；
空云独作寒金断，好己心钩比木舟。

（四）

无钩之画土稍寒，直非端正木休参；
围中横满无源水，口小金方莫错谈；
四匡无风全五事，用心辨别莫迟难。

（五）

穿心捺撇火陶金，走之平稳水溶溶；
直中一捺金伤木，踢起无尖不是金；
数点笔连休作火，奇奇偶偶水源清。

（六）

无直无钩独有横，水用土化复何云；
点挑撇撩同相聚，共总将来化土音；
四点不连金化火，孤行一笔五行同。

辨别六神歌

蚕头燕额是青龙，失短交加朱雀神，
弯弓斜月勾陈象，螣蛇长曲势如行，
尾尖口阔为白虎，体态方尖玄武行，
此即六神真妙诀，断事详占要认真。

五行歌并式

木瘦金方水主肥，土形敦厚背如龟，
上尖下阔名为火，字像人形一样推。

木 式

丨：有直不斜方是木，即此是也。凡字有木，不偏不倚，始为木。若无依靠上下左右者，此系冷木。故云："直无倚为冷木。"另作别看。

三：此乃湿木也。歌曰："三横两短又无钩，乃为湿木水中流。"此土化水也。如"聿"字下三横，"春"字上三横，皆为湿木。凡有钩之横，及三横不分短长者，皆非木也。

乙：此舟船木也，象如勾陈属土。邵子云："好把心钩比木舟。"故借作舟船木用。如占在水面上行等事，即作舟船木用。如占别用，论勾陈，仍作土看。在占者临时变化，切不可执一而论也。

乂：此木被金伤也。一样属金，故云："直中一捺金伤木。"凡占得此木，为用伤者，皆主不得其力也。

干支辨：

直长为甲亦为寅，细短匀为乙木身。

孤直心钩兼湿木，干支无位不须论。

车（車）：假如"车"字，中央一直，彻上彻下，强健无损，则属阳，所以为甲木寅木，余皆仿此。

幸：如"幸"字，上一直下一直，皆短弱，属阴。所以作乙卯木论也。凡一直细弱，木健即长如"车"之直，亦作乙卯木看。其心钩舟船木；并三横两短木，一概不在干支论。因其不正故也。

译释：

《梅花易数》的拆字方法中，将汉字笔画按其特征分属木、火、土、金、水五行，并与天干和地支的五行属类相匹配。直、长的竖划属甲木或寅木，如"性"字的左边竖划，繁体字"东（東）"中央的一竖划等，都刚健完整，贯通首尾，属阳。形象较短较弱的竖划属乙木或卯木，如"幸"字的上一直画和下一直画，属阴。另外，属于木式笔画的心钩木（乚）、舟船木（乙）以及三横两短木（三），因为它们没有木笔应有的正直特性，一概不作干支论。其余可以此理类推。

火 式

丿：撇长撇短皆为火，此式是也。

ㄱ：点边得撇为“炎”火，此即是也。要一点紧紧相连，始合式。如不联属点，仍属火，非炎火看也。

八：八字相须火可求，此余火也。如“八”字：捺长则一撇为火，一捺另作金看。

灬：四点不连真化火，此真火也。如四点牵连不断，则属水，非火论也。

干支辨：

撇长丙巳短为丁，午火同居短撇中。

八字螣蛇兼四点，天干不合地支冲。

庐：假如“庐”字撇长，则取为丙火巳火用。丙巳属阳，故用撇长者当之。余仿此。

從：如“從”（从）字，撇多皆短，则取为丁火午火用，丁午属阴，故用短弱者当之。邵子之作，皆有深理存焉。余仿此。如“八”字、“四点”，皆火之余，俱不入干支论。

土 式

ㄱ：此“横画连勾作土称”是也。如用画无勾，直无撇捺相辅，此为寒土化水用，故无直无勾独有横。土寒化水，复何云也。如“二”字、“且”字、“竺”字之类也。如“血”字、“土”字，与直相连，仍作“土”看。

十：歌云："横直交加土最深。"即此是也。凡横画有一直在内为木，非深厚之土，不能培木，所以云"土最深"也。余仿此。

歌云："一点悬空土进尘。"此乃沙尘土也。凡"求"字、"戈"字，末后一点，皆是。如"文"字、"童"字，当头一点属水，不在此论。"凉"字、"减"字，起头一点亦属水，不在此论。

一：此无勾之画，为寒土。解见前。

冫八：此点挑撇捺同相聚，其总将来化土音，作土看。

于支辨：

横中有直戊居中，画短横轻作己身。

末点勾陈皆丑未，长而粗者戊辰同。

準：假如"聿"字之类，第二画长，末后一画长，余画皆短，明长者为阳土用，短者为阴土用，必取横中有直者为準。如无直者，及无依辅者，另看轻细，虽长亦作阴土。

求：假如"求"字之点，可用己土丑未用，其挑撇点捺，同柏聚无名之土，不入于干支之论也。

金 式

冫：歌云："一挑一捺俱为金。"即此是也。挑起定要有锋尖，始为金。如踢起无尖，又非金看也。

乀：捺要下垂始为金。如走之平平，又变水看矣，学者辨之，不可不明。

口："口小金方。"即此是也。如"因"字、"国"字、"匡"字，四匡大者皆非。

目：歌曰："腹中横短是囊金。"假如"目"字中两横短，而作囊内之金看；如两横长满者，乃国中横满元水，又不作“金”用也。如“目”中用两点非横者，亦是水非金也。余仿此。

冫：此两点加挑，金在水，云金乃水中之金也。

几：此空云独作寒金断，乃寒金也。

㐅：穿心撇捺火陶金，此金在火中也。

干支辨：

口字为庚亦作申，挑从酉用捺从辛；

空头顽钝囊金炒，不在干支数内寻。

喜：假如“意”字，上下两口皆属阳，取其方正故也，俱为庚金申令用。

扒：假如“扒”字，挑才一挑，取为酉用；八字一捺，取为辛用，因其偏隘，故作阴金用。余仿此。

水 式

此“一点当头作水称”乃雨露水也。歌出邵子旧本。又云：“有点笔清皆作水。”云有点属水也。又：“一点悬空土进尘。”点在末后一点化水，解见前。四点相连，又化作火，亦见于前解也。

川：此三直相连化水，取“川”字之义也。

曰：此字中央一满画，乃无源之水也。如画短不满者，不是水，另作另看。

辶：此走之平稳，水溶溶。捺之下垂，故作水看也。

灬：此数点相连，野水也。即四点，笔迹不断，亦作水看。

一：此土寒化水也。凡有依附者即非，仍作土看也。

干支辨：

点在当头作癸称，腹中为子要分明；

点足为人腰在亥，余皆野水不同群。

文：假如“文”字一点，即为癸水，癸水乃雨露之源，因其在上故也。余仿此。

月：假如“月”字，腹中之点即为子水，因其在内故也。凡“勺”字、“目”字、“等”字皆同用。余仿此。

景：如“景”字，中央一点，乃亥水；下二点为壬水。故点足为壬，腰作亥，取江河在下义也。余仿此。

卷五

五行全备

一点一画五行全，试看首尾秘为占。

点画若无疵笔露，功名发达享高年。

如一点端正无破绽、鸦嘴等形，则是五行全，如不合式，仍属水，亦五行全。此象乃庖羲氏画卦之初，混元一气之数也。

此太极未分时，亦五行全大之象也。

口：歌曰“四框无风全五行”，是亦五行全也。如“出”字、“园”字之类，四框紧紧不透风，乃是。如笔稀者，不是。口小者属金，亦不是。此地之象也。

译释：

如果一点画写得端正没有破绽，没有像鸦嘴一样的情况，那么这一点就是五行俱全了。这预示着写字人能有功名而且健康长寿。如果一点画不符合五行全的格式，它仍然属水，但也算作五行全。因为这样的一点是庖羲氏最初画定八卦的时候，天地混沌未分真元一气之数的象征。这种太极未分的时刻，也是五行大全的象征。

而“口”字，正如诗歌所谓的“四框无风全五行”，也是五行全的。像“出”字、“园”字，属于“四框紧紧不透风”的情况。如果四框笔画稀疏不紧凑，就不是五行全；“口”字写得小，则属于金，也不是五行全了，因为这是地的形象。

六神形式

青龙：丿　㇏

蚕头燕额是青龙。凡撇捺长而有头角之样，即作青龙。如撇短，则不足。如成青龙之式，不拘撇捺，皆化木。如无须角，虽长亦非青龙。

朱雀：乂

尖短交加朱雀神。撇短而有尖嘴之形则为朱雀，主文书事，原属火，无化。

螣蛇：乙　乞

螣蛇长，曲势如行，皆化火看，亦主文书及惊怪等。

勾陈：勹　⺄　㇈

弯弓斜月勾陈象。凡带长者是也。属土无化，主羁滞。

白虎：兄　几

尾尘口阔方为虎。口不开者非虎也。化作金用，主疾病，凶兆也。

玄武：厶　么　玄　云

体态方尖玄武形。化木，主盗贼事，又主波浪险阻等事。

译释：

青龙神形式的笔画有：丿、㇏。

有蚕头燕额形象特征的笔画是青龙笔画，即是说，凡是撇捺笔画写得长的，而且有头角的样子，就作青龙笔画看待。如果撇写得短就不是青龙形式笔画。如果能成为青龙形式的笔画，那么不管是撇笔捺笔都作为木式。如果笔画没有头没有角，那么即使写得很长也不是青龙形式。

朱雀神形式的笔画有：乂

又尖又短而且互相交叉的笔画是朱雀神形式笔画。撇画写得短而且有尖嘴的形状就是朱雀神形式。朱雀笔画主管文书事宜，原本属于火，不能进行转化。

螣蛇神形式的笔画有：乙、乞

螣蛇笔画的特征是修长、曲曲折折，有开步行走的气势，形状像一条蛇。它们都转化为火，也主管文书以及惊怪等事。

勾陈神形式的笔画有：㇉、乁、乁

勾陈笔画的特征是像弯弓斜月，而且较长。勾陈笔画属于五行之中的土，没有转化，主管羁滞。

白虎神形式的笔画有：兄、几

白虎笔画的特征是尾部尖小、开口宽阔。笔画开口不阔的不是白虎形式。白虎笔画化作金用，主管疾病，是凶恶之兆。

玄武神形式的笔画有：厶、么、幺、云

玄武笔画的特征是体态方尖。可转化成木，主管盗贼等事宜，又主管波浪、险阻等事情。

八 卦 辨

口形为兑捺为乾，三画无伤乾亦然。
三点同来方是坎，撇如双见作离占。
土山居上名为艮，居下为坤不必言。
蛇形孤撇皆从巽，云首龙头震占先。
详明八卦知凶吉，学者参求理自全。

译释：

字形笔画与八卦的关系如下：口形的字确定为兑卦，捺确定为乾卦，三画如果没有损伤也作为乾卦。三个点同时出来才是坎卦，两个撇同时出现看作是离卦。“土”字、“山”字如果居于一个字的上部就为艮卦，居于字的下部就是坤卦。蛇形的字、孤独的撇都归于巽卦，“云”字、“龙”字作为一个字的头端时便为震卦。仔细弄清楚八卦与字形笔画之间的关系，通过相字便能预知吉凶祸福，学习此术的人只要用心研究其中的道理，就一定能豁然明白。

贵神：中、上、贝、日、月、大、人。

喜神：士、口、言、鸟。

福神：不、田（凡子孙动者，亦作福星看）。

文星：二、乂、曰、子。

印信：卩、⺕、口、子。

马星：⺈、灬、辶、走。

禄神：甲禄在寅，乙禄在卯，丙戊禄在巳，丁己禄在午，庚禄在申，辛禄在酉，壬禄在亥，癸禄在子（俱以占者本命，于求之笔画为准。如甲命人，即以字中长直为禄。余仿此）。

会神：田、曰、云、禺。

生神：一、丶、元、甲、子、初（盖一者，数之始；元者，洪蒙之初；甲子者，乃干支之首。盖皆为生神之用也）。

亡神：十、千、百、万、贞、亥、癸（十、千、百、万皆数之终，贞乃元之尽，亥、癸是干支之末，故为亡神）。

家神：宀、乇、火（灶神以四点同）、土（土者奥神是也）、堂（堂者，香火神是也）、水（水者，井神等，三点亦同用）。

官符：宀、付、目。

文书：二、乂、丿、乙，朱雀、螣蛇皆是。

灾煞（即病符）：巛、宀、火、广、丙、矢（字中见“旧”、“太岁”

亦为病符星)。

天狗煞：字中见太岁，前年干支是也（如子午见戌，甲年见子，皆是)。

科名星：未、斗（以本人年甲所属是科名。如甲乙以一直，丙人以一撇，皆科名也。余仿此)。

丧门：白、亦、氏、兄。

空亡：即六甲空亡，“甲子旬中空戌亥”之类是也。(假如甲子旬中空占，即以腰间一点为亥空，以长画为戌空。余皆仿此)。

宜神：子为财之宜神，鬼为父之宜神，兄为子之宜神，财为鬼之宜神，父为兄之宜神是也。

忌神：子为鬼之忌神，鬼为兄之忌神，兄为财之忌神，财为父之忌神，父为子之忌神是也。

主神：眼前小事日干寻，代友占亲看纳音；

疾病官非祥本命，字中末笔主终身。

(假如占眼前出行、求财等事，俱以日干生克字中笔画为主。如替人问事，以本日纳音为主。如疾病官非，又以本人年干为主。如占自己终身，俱以末后一笔为主。看生克衰旺而详占之)。

用神：官鬼父母才兄子，据事参详要仔细；

认定一笔作用神，此为相字真消息。

(假如占功名用官鬼，占生意用财爻，据事而取用神，只以一笔为主，详其旺相休囚，以定吉凶)。

译释：

属于贵神的字画有：中、上、贝、日、月、大、人。

属于喜神的字画有：士、口、言、鸟。

属于福星的字画有：不、田（凡是子孙有动的，也当作福星看待)。

属于文星的字画有：二、乂、曰、子。

属于印信的字画有：ㅁ、⺕、口、子。

属于马星的字画有：⺄、灬、辶、走。

禄神的确定方法是：年庚本命为甲的人，所写的又长又直的字画，按五行分居于寅木，这又长又直的寅木字画就是问字人的禄神所在。其余以此类推。

属于会神的笔画有：田、日、云、禺。

属于生神的字画有：一、丶、元、甲、子、初（因为“一”是数字的开始，“元”代表洪蒙未分的状态；甲是天干的第一位，子是地支的第一位。所以都用来确定生神之所在）。

属于亡神的字画有：十、千、百、万、贞、亥、癸（“十”是十位数的终结，“千”是百位数的终结，“百”是十位数的终结，“万”是千位数的终结，“贞”是“元、亨、利、贞”的结束，“癸”是天干的末尾，“亥”是地支的末尾，所以用它们作为亡神）。

属于家神的字画有：宀、乇、火、土、堂、水（四点与火相同，为灶神；土为奥神；堂为香火神；水与三点相同，为井神）。

属于官符的字画有：宀、付、吕

属于文书的字画有：二、乂、丿、乙，朱雀、螣蛇的笔画都为文书。

属于灾煞即病符的字画有：巛、宀、火、广、丙、矢（字中出现“旧”、“太岁”的也视为病符）。

确定天狗煞的依据：字中出现太岁，前年的干支就是（例如，子年出现戌，甲年出现子，都是天狗煞的表现）。

属于科名星的字画有：未、斗（用本人年甲所属确定科名，如甲年、乙年出生的人，用一直画作为科名星；丙年生人，用一撇画作为科名星。其余以此类推）。

属于丧门的字画有：白、卒、氏、兄。

空亡的确定方法是：甲子开始的十天干戌、亥空等（假如甲子旬中空占，就用字的腰间一点为亥空，用长画作为戌空。其余都仿照此）。

确定宜神的方法：子为财的宜神，鬼为父的宜神，兄为子的宜神，财为鬼的宜神，父为兄的宜神。子生财，所以子是财的宜神。其余仿此。

确定忌神的方法：子为鬼的忌神，鬼为兄的忌神，兄为财的忌神，财为父的忌神，父为子的忌神。在这里，前者克后者，如子克鬼，所以子为鬼的忌神。等等。

确定主神的方法：如果占问眼前的出行、求财等事情，都以字中笔画与问字人生辰八字的日干的关系作为占断的依据。如果代替别人占用事情，就以本日纳音为主。如果占问疾病或者官司，又要以本人年干为主。如果占问自己的终身大事，都以末后一笔为主，并且要看生克衰旺的情况进行详细推断。

确定用神的方法：官鬼、父母、妻财、兄弟、子孙，要根据具体的事情仔细确定，认定一笔作为用神，这是相字术的真消息（假如占功名如何，就是官鬼来确定。占问生意，便用财爻。根据具体事情来取用神，只用一笔为主，仔细分析其旺相休囚，以便确定吉凶）。

七言作用歌

用神加直五行真，谋望营为百事成；
疾病官非兼口舌，纵逢凶处不成凶。

（此金木水火土真字皆宜用，乃五行真也，诸事皆利。）

年午所属是科名，未头皆为首占星；
有此求名皆遂意，如无考试定成空。

（凡占科名，必要科名入数，再兼官鬼文书动而旺相，功名可成。如无科名莫许。）

求名之数禄神临，始断今科考事兴；

若遇科名同在数，自然高荐遂平生。

（禄神即甲禄在甲……是也。）

有田有日会神兴，见客逢人不必寻；

马星原是弯弓脚，四点原来用亦同。

（凡谒贵、寻人、俱要会神；行人，俱要马星妙。）

士头口体喜神俱，嫁娶婚姻百事宜；

只怕重重见火土，许多克伐反非奇。

（“士”属土，怕木；“口”属金，怕火。所以见木、土反非吉也。）

笔清墨秀琢磨深，方正无偏必缙神；

疾走龙蛇心志远，行藏慷慨立三公。

又：字兼骨格有精神，窗下功夫用得深；

笔迹丰肥金见火，诗书队里久陶熏。

又：金木重重见贵神，笔挥清楚聪明论；

耸直一行冲宝盖，富贵荣华日日新。

又：方圆端正笔无尘，年入登科入翰林；

只恐弱木逢金克，缠身疾病不明因。

又：木形之字有精神，可云发达耀门庭；

火多年少心多燥，水盛为人智必清。

又：一直居中勇更明，少年黾勉得功名；

末笔再逢金土厚，当官享禄更廉明。

又：笔端势小事无成，粗俗须知业不精；

起头落笔如莺嘴，心里奸谋刻薄人。

又：士形之字活而圆，用神清楚是英贤；

笔底到头无间断，一家荣耀有余钱。

又：字贬无神笔更联，公门吏卒度余年；
　　勉强操觚无实学，欺人长者被人嫌。
又：战兢惕厉若临渊，静里修持反有年；
　　写笔果然无俗气，终须榜上有名填。
又：日月当头笔迹强，精神骨骼字无伤；
　　国家梁柱何消息，更有奇衷佐圣疆。
又：衣食身傍黑带浓，最嫌软弱与无神；
　　字中人口如枯暗，莫待长年主恶终。
又：下笔头高志必雄，落头不是正经人；
　　尖头秃笔人无智，老死衙门不得名。
又：一字忙忙写未全，有头无尾不须言；
　　作事率然多失错，琢磨早失在当年。
又：宁无骨骼少精神，一生多耗病沉沉；
　　问名带草索连就，满腹文章亦落空。
又：草写香花定主贫，弱软干枯又苦辛；
　　于中若是为官客，几日新鲜一旦倾。

比 例 歌

（一）

斗日来占事不差，无心书鬼状元家。
功名第二推为政，舜字登科作探花。

（二）

辰时执笔若书才，大振声名事必来。

正午书言真是许，水旁写半见泮开。

（三）

逢三书八事能成，照例推之理便通。

申车不乱推联捷，数逢三一始为真。

（四）

二人同到读书余，一定其间事有徐。

问失执金知是铁，始为一举反三隅。

此例之类，不过详其理也，暂录四首，为后学之门，余仿此。

西　江　月

要见卦爻衰旺，端详其内章图，欲知事物识天机，细把《玄黄》篇记。

临占观形察物，谐音即义断之。若逢王者世为奇，君免猜疑直示。

易理玄微

昔李淳风见赤黑二马入河，人问二马何先起。有人演得离卦云："离为火，火赤色，赤马先起。"李曰："火未然，烟先发，黑马先起。"果然。

译释：

从前，李淳风遇见有赤色、黑色的两匹马下到河中。有人问两匹马哪一匹先从河里起来。有一个人演得离卦，占断说："离为火，火是赤色，赤色的马先起来。”李淳风说：“火未燃烧之前，烟先升起，黑色的马先起来。”结果真是这样。

断　扇　占

昔有一妇，其夫久客不归，因请李淳风先生求断易数。适值他出，问其子。其子见妇手中携一扇，其扇面忽然落地，因断曰：“骨肉分离，不得相见矣。”妇泣而归，恰路遇李淳风先生。妇诉其故。李断曰：“穿衣见父，脱衣见夫。不妨。尔夫今日必到。”将晚果然至家。可见各解不同，其断精微若此。

译释：

从前有一位妇人，他的丈夫外出很长时间没有回家了，于是去请李淳风先生为她占卜。正巧李先生不在家，就问他的儿子。他看到妇人手里执着一把扇子，那扇面忽然坠落到地上，因而占断说：“骨肉分离，你与夫君不得相见了。”妇人哭泣着往回走，恰好在路上遇到李淳风先生。妇人向他诉说了事情的原委。李淳风占断说：“穿衣见父亲，脱衣见丈夫。不要紧。你丈夫今天一定会回来。”天快黑的时候，妇人的丈夫果然回来了。同一种现象，各人的解释如此不同，占断就是这样精微神妙。

买　香　占

酉年八月二十五日午时，有杨客卖香。康节曰：“此香非沉。”客曰：“此香真不可及。”康节曰：“火中有木，水泽之木，非沉香也。恐是六阴之木，用汤煎煮之。”客怒而去。半月后，有宾朋至，云是清尾人，家做道场，沉香伪而不香。康节曰：“香是何人带来？但问其故，我已先知之矣。”伯温令人去问，果是杨客。

康节曰：“前日到门首，因观之。未问之前先失手，其香坠地。故取年、月、日、时占之，得睽之噬嗑。睽下卦属兑，兑为泽；噬嗑下卦属震，震为木，乃水泽之木，即非沉香。睽卦上互得坎，坎为水；下互得离，离为火。上有水即汤。噬嗑卦上互见坎，坎为水；下互见艮，艮为山，中有水，亦象之象。此乃水泽久损污湿之木，以汤煮之。此理可晓。从此大小事，不可不较其时也。”

译释：

酉年八月二十五日午时，有一个姓杨的客人卖香。邵康节说：“这香不是沉香。”客人说：“这香真得很啊！”邵康节说：“火中有木，是水泽之木，不是沉香木，恐怕是久阴木，用汤煮过了的。”客人恼怒地离开了。

半个月以后，有朋友来邵康节处，说是清尾人家做道场，沉香是假的，没有香味。康节说：“香是哪个人带来的？要问明其中的原因，其实我已经知道了。”邵伯温叫人去问，果然是那个愤然而去的杨客。

邵康节说：“前些日子在门口，看到他在没有问之前先失了手，他的香掉到地上，于是用年、月、日、时起卦法占了一卦，得睽变噬嗑。睽的下卦是兑，兑为泽。噬嗑的下卦为震，震为木，是水泽的木。因此不是沉香木。睽卦上互为坎，坎为水；下互得离，离为火。火上有水，即是汤。噬嗑卦上互出现坎，坎为水；下互出现艮，艮为山，为山中有水，象中有象。这是水泽长时间损害污湿了的木，是用汤煮过的木。这当中的道理是容易明白的。由此可见，不论大事小事，不可不注意它发生的时间。”

古人相字

1. 昔谢石以拆字名天下。宋高宗私行遇石，以杖于土上画一“一”字，令相之。石思之曰：“土上加一画，成‘王’字，必非庶人。”疑信之间，帝又画一“问（問）”字，令相之。为田土所梗，两傍俱斜侧飘飞，石尤惊曰：“左看是‘君’字，右看是‘君’字，必是主上！”遂下拜。上曰：“毋多言。”石俯伏谢恩。帝因召官之。次日，召见偏殿，书一“春”字，命相。石奏曰：“秦头太重，压日无光。”上默然。时秦桧弄权，适忤桧，竟贬之边地。途中遇一女子，云能拆字。石怪曰：“世间复有如我拆之者乎?”遂书“谢”字，令相之。女曰：“不过一术士耳。”石曰：“何故?”女曰：“是寸言中立身尔。”石又书一“皮”字，令相。女曰：“石逢皮即破矣。”盖押石之卒即“皮”姓也。石大惊服。石曰：“吾亦能相字，汝可画字，吾相之。”女曰：“吾在此即字也。请相。”石曰：“人傍山立即‘仙’字，汝殆仙乎?”女笑而忽失。盖世有妙术，术有妙理，在人心耳。然数定固莫能逃也。石意不返。

译释：

从前，谢石因为会相字而名扬天下，宋高宗微服私访时遇上谢石。他用手杖在土上写了一个“一”字，让谢石来相。谢石思考了片刻说：“‘土’上加一画成为‘王’字，你一定不是普通老百姓。”正半信半疑之间，高宗又写了一个“问（問）”字，请谢石相。书于地上的这个“问”字（問），为田中的土所梗塞，两旁都向外偏斜，如飘飞状。谢石大为吃惊，说：“左看是‘君’字，右看是个‘君’字，必定是主上!”于是恭身下拜。高宗说：“不要多讲了。”谢石俯伏于地感谢皇恩。高宗因此召谢石入宫给官做。第二天，在偏殿召见谢石，写了一个“春”字让谢石相。谢石上奏皇帝说：“‘春’字的‘秦’字头太重了，压迫得‘日’失去光芒。”皇上沉默无语。当时秦桧弄权，触犯了秦桧，谢石竟然因此被贬往边远地区。途中遇到一位女子，说是能拆字。谢石怪异道：“世间还有像我这般水平的拆字人吗?”于是写了一个“谢”字，请她预测。那位女子说：“你不过是一个术士罢了。”谢石问：“你为什么说我是一个术士?”女子说：“‘谢’字是寸言之中立身的意思。”谢石又写了一个“皮”字，请她相。女子说： “石逢皮即‘破’落了。”原来，押送谢石的军卒姓“皮”！谢石大为惊讶，十分佩服，说：“我也能够相字，你可以画一个字，我来相。”女子说：“我在这里，便是一个字，请你相吧!”谢石说：“人旁立着山。是‘仙’字，你大概是仙女吧!”女子笑了笑，忽然消失了。

世上有妙术，妙术背后有妙理，在于人心能否理会罢了。然而天数已定，没有人能够逃避的。谢石也知道这个道理，所以就一去不复返了。

2. 张乘槎善相字。浙江旧有“拱北楼”，王参政莅浙，改为“来道楼”。初揭扁，命槎相之。槎曰：“殃矣，尚何占哉?”是晚讣音果至。异日叩之故。槎曰：“未字之形，山者，墓所也；于二者，冢上树也；豆者，祭器也。其兆如此，岂非死乎?”

刘尝心有所欲占，延槎而不言其事，但令射之，以验其术。槎曰：“书一字，方可占。”适有小学生在旁习字，正写《千字文》，至“德建名立”一句。刘就指“德”字令占之。槎曰： “子欲占行人耳。”刘曰：“然。何时当至?”槎曰：“自今十四日必来。”刘曰：“恐事不了不肯来。”槎曰：“一心要行。”悉如所占。刘问故，槎曰：“‘德’字双立人，乃行人也。故知占行。有十四字头，故云十四日。其下又有一‘心’字形，故云心要来也。”

译释：

张乘槎善于相字。浙江过去有一座“拱北楼”，王参政到浙江后，改为“来道楼”。开始揭匾时，请张乘槎占卜。张乘槎说：“糟透了，还占什么!”当天晚上，果然讣音传到。过了些日子，问起其中的缘故，张乘槎说：“‘来’字的形状，当中的‘山’像墓地，两个手像坟上的树，‘豆’乃是祭祀用的器物。是这么一种征兆，不死是什么呢?”

刘曾经心有点事需要占卜，把张乘槎请来后并不告诉他占什么事，只要他射，以检验他的相术。张乘槎说：“写一个字才可以占。”正好有一小学生在旁边练习写字，正在写《千字文》，写到了“德建名立”这一句。刘就指着“德”字让他占。张乘槎占断道：“你要占问行人吧!”刘说：“是的。什么时候能够回来?”张乘槎说：“从今天起十四天一定能够来到。”刘又说：“恐怕事情办不完不肯回来。”张说：“一心要来呢!”结果一切都如所占卜的那样。刘问其中的道理，张告诉他说：“‘德’字双立人，代表行人，所以知道你在占问行人；‘德’字右边有十四字头，所以说是十四天；其下边又有一个‘心’字形，所以说‘一心要来’的。”

3. 裴晋公征吴元济，掘地得一石，有字云：“鸡未肥，酒未熟。”相字者解曰：“‘鸡’未肥，无肉也，为‘己’；‘酒未熟’，无水也，酒去水为‘酉’。破贼在己酉。”果然。

唐僖宗改为广明元年。相字者曰：“昔有一人自崖下出来，姓黄氏，左足踏日，右足踏月，自此天下被扰也。”是年黄巢在长安作乱，天下不安。

宋太宗改元“太平兴国。”相字者曰：“‘太平’二字，乃一人六十寿也。”太宗果享年六十而崩。

周尚干年终将换桃符，制十数联，皆不惬意。周梅坡扶箕降紫姑仙，得两句云："门无公事往来少，家有阴功子孙多。"甚喜。大书于门。相字者曰："每句用上三字，其兆不祥。"上句云"门无公"，是年尚干卒于官，乃父致政亦卒，乃兄卒。俱无子。"门无公"、"家有阴"兆于先矣。

译释：

裴晋公讨伐吴元济，挖地挖出一块石头，上面有字："鸡未肥，酒未熟。"相字的人解释说："'鸡未肥'，是无肉的意思，为'己'（'肥'字去掉'月'——即肉，剩下'巴'字，形似'己'字）；'酒未熟'，是无水的意思，'酒'字去掉水旁，为'酉'。破贼应在己酉。"结果真是如此。

唐僖宗改年号"广明元年"。有相字的人说："过去有一个人从崖下出来，姓黄，左脚踏着太阳，右脚踏着月亮。从此天下被扰乱。"这一年黄巢在长安发动大起义，天下不安。

宋太宗改元"太平兴国"。相字的人说："'太平'二字，像一个人六十寿。"太宗果然六十岁就死了。周尚干在年终要换桃符（门联）时，一连写了十几幅都不满意。周梅坡为他扶箕降紫姑仙，得到这样两句对联："门无公事往来少，家有阴功子孙多。"周很高兴，大字书写，张贴在大门上。相字人说："每句用前面三个字，是不祥的征兆。"上句说"门无公"，就在这一年，周尚干死在官任上；他的父亲辞官回家亦亡；他的哥哥也死掉了。都没有儿子。"门无公"、"家有阴"早就显露出不祥之兆了。

断富贵贫贱要诀

凡字写得健壮，其人必发大财，有田土好产。二画一点者，多贵为官食禄，不然，亦近贵。"才"字中或多了一画，一丿、一口亦主横发财禄，多遇异贵，得成名利。或少了一画，一丿、一口，其人破落弃祖，自立成败。

如“名”、“目”字，写得如法，正当无缺折者，其人有名分。

笔多清贵虚名。上笔多，富而贵。字中有画，当短而长，其人慷慨，会使钱近贵。字画直长而短，其人鄙吝，一钱不使。

字有悬针或直落尖，皆刑六亲，伤害妻子。横画两头尖者伤妻。直落两头尖者伤子。字捩画少者孤，捩画不沾者亦孤，为僧或九流。如见十字两头尖者，穿心亦害刑妻子兄弟，骨肉皆空。

字中点多者，主人淫滥漂荡，贪花好色，居止不定。十字下面脚不失者，晚得子力。如见上一画重者，平头杀，亦难为六亲；轻者，初年不足，中末如意。或点重者，为商旅发财，离乡失井，出外卓立。

若水命、金命，见点画轻者，或早难有水灾；捩者，无安身之处，作事成败，主恶死不善终。

直落多者，聪明机巧，为手艺之人。白手求财。

画多者必有心胁脾胃之疾，木多有心气之疾，晚年见之。

写“口”字，或四周有口开者，有口舌，旬日见之，或破财不足。“发”字头见者，未主发财。

一字分作三截，上、中、下三主断之。

“士”头“文”脚，主有文学。

金笔灵或见于干戈字脚者，必是用武之士。

凡妇人写来字，画不正者，必是偏室；或带三点，必有动意，如“三”之类。

凡写字之人，偶然出了笔头，此事破而无成。或近火旁写字，必心下不宁。或写字用破器添砚水，家破人亡。或写字时，犬来左右吠，不吉。或取纸来写，破碎者，主有口舌。或写字时猫叫，此人有添丁之喜。或在楼上写，来问者有主重叠之事。或在船上写来，主有虚惊。或扇上写来问，夏吉，冬不吉。如本命属金，金笔多者贵，土笔多者富。五行生克亦然。余仿此。

五行四时旺相休囚例

	春	夏	秋	冬	四季之月
旺	木	火	金	水	土
相	火	土	水	木	金
休	水	木	土	金	火
囚	土	金	木	火	水

五行相生地支

木生在亥，火生在寅，金生在巳，水土长生居申。

译释：

木（寅、卯）长生在亥，火（巳、午）长生在寅，金（申、酉）长生在巳，水、土（亥、子、丑、未、辰、戌）长生在申。

天干地支属五行

甲乙寅卯属木，丙丁巳午属火，戊己辰戌丑未属土，庚申辛酉属金，壬癸亥子属水。

论八卦性情

乾，健也。坤，顺也。震，起也。艮，止也。坎，陷也。离，丽也。兑，说也。巽，入也。

八卦取象

乾为天，坤为地，震为雷，巽为风，坎为水，离为火，艮为山，兑为泽。

六十甲子歌

甲子乙丑海中金，丙寅丁卯炉中火，
戊辰己巳大林木，庚午辛未路傍土，
壬申癸酉剑锋金，甲戌乙亥山头火，
丙子丁丑涧下水，戊寅己卯城头土，
庚辰辛巳白腊金，壬午癸未杨柳木，
甲申乙酉井泉水，丙戌丁亥屋上土，
戊子己丑霹雳火，庚寅辛卯松柏木，
壬辰癸巳长流水，甲午乙未沙中金，
丙申丁酉山下火，戊戌己亥平地木，
庚子辛丑壁上土，壬寅癸卯金泊金，

甲辰乙巳覆灯火，丙午丁未天河水，
戊申己酉大驿土，庚戌辛亥钗钏金，
壬子癸丑桑柘木，甲寅乙卯大溪水，
丙辰丁巳沙中土，戊午己未天上火，
庚申辛酉石榴木，壬戌癸亥大海水。

六十四卦次序

乾坤屯蒙需讼师，比小畜兮履泰否，
同人大有谦豫随，蛊临观兮噬嗑贲，
剥复无妄大畜颐，大过坎离三十备，
咸恒遯兮及大壮，晋与明夷家人睽，
蹇解损益夬姤萃，升困井革鼎震继，
艮渐归妹丰旅巽，兑涣节兮中孚至，
小过既济兼未济，是为下经三十四。

《系辞》八卦类象歌

乾为君兮首与马，卦属老阳体至刚。
坎虽为耳又为豕，艮为手狗男之详。
震卦但为龙与足，三卦皆名曰少阳。
阳刚终极资阴济，造化因知不易量。
坤为臣兮腹与牛，卦属老阴体至柔。
离虽为目又为雉，兑为口羊女之流。

巽卦但为鸡与股，少阴三卦皆相眸。

阴柔终极资阳济，万象搜罗靡不同。

译释：

乾卦为“君”、为“首”、为“马”，属于老阳，卦体最为刚强。坎卦为“耳”又为“豕”；艮卦为“手”、为“狗”、为“少男”；震卦为“龙”、为“足”；坎卦、艮卦与震卦这三卦都叫做阳卦。阳刚到了极点就转化为阴，因此应该知道造化的规律不是轻易可以把握的。坤卦为“臣”、为“腹”、为“牛”，属于老阴，卦体极为柔顺。离卦虽然为“目”，但又为“雉”；兑卦为“口”、为“羊”、为“少女”；巽卦为“鸡”、为“股”；离卦、兑卦与巽卦都是阴卦。阴柔到了极点就变成阳刚，万事万象都是这样。

浑天甲子定局

乾：壬戌土、壬申金、丁午火。(上卦)

甲辰土、甲寅木、甲子水。(下卦)

坎：戊子水、戊戌土、戊申金。(上卦)

戊午火、戊辰土、戊寅木。(下卦)

艮：丙寅木、丙子水、丙戌土。(上卦)

丙申金、丙午火、丙辰土。(下卦)

震：庚戌土，庚申金、庚午火。(上卦)

庚辰土、庚寅木、庚子水。(下卦)

以上四宫属阳，皆从顺数。

巽：辛卯木、辛巳火、辛未土。(上卦)

辛酉金、辛亥水、辛丑土。（下卦）

离：己巳火、己未土、己酉金。（上卦）

己亥水、己丑土、己卯木。（下卦）

坤：癸酉金、癸亥水、癸丑土。（上卦）

乙卯木、乙巳火、乙未土。（下卦）

兑：丁未土、丁酉金、丁亥水。（上卦）

丁丑土、丁卯木、丁巳火。（下卦）

以上四宫属阴，皆从逆数。

右诀从下念上，一如点画卦爻法。学者宜熟读之。

后天时方

子阳辰丑阳戌巳下皆吉。

子日子罡起灭迹四位申五败七败位十祸日习同。

甲子：子罡　丑墓　寅吉　卯灭　辰败　巳吉　午破　未绝　申吉　酉祸　戌孤苦　亥空亡

乙丑：子吉　丑罡　寅败　卯吉　辰祸　巳败　午吉　未破碎　申凶败　酉吉　戌灭　亥空

丙寅：子孤苦　丑吉　寅罡　卯败凶　辰祸　巳灭　午破败　未吉　申破　酉败祸　戌灭空　亥空亡孤

丁卯：子灭　丑孤　寅祸　卯罡　辰凶　巳吉　午祸　未败　申凶　酉破　戌空　亥吉

戊辰：子灭　丑孤　寅凶　卯吉　辰破　巳吉　午凶　未灭　申凶　酉吉　戌败　亥空

己巳：子吉　丑吉　寅凶　卯孤　辰罡　巳罡　午吉　未凶　申灭

酉败　戌凶　亥破

庚午：子破　丑吉　寅吉　卯吉　辰灭　巳吉　午罡　未吉　申凶

酉吉　戌空　亥败

辛未：子凶　丑败　寅吉　卯吉　辰祸　巳凶　午吉　未罡　申吉

酉吉　戌灭　亥空

壬申：子吉　丑墓　寅破　卯凶　辰吉　巳祸　午吉　未罡　申吉

酉吉　戌灭　亥亡

癸酉：子祸　丑墓　寅吉　卯灭　辰吉　巳吉　午灭　未孤　申吉

酉孤　戌空　亥（译者注：原版本不清）

甲戌：子败　丑灭　寅败　卯害　辰破　巳吉　午凶　未害　申空

酉空　戌罡　亥（译者注：原版本不清）

乙亥：子吉　丑凶　寅祸　卯破　辰破　巳破　午吉　未破　申害

酉　戌孤　亥罡

丙子：子凶　丑吉　寅败　卯祸　辰害　巳破　午凶　未吉　申空

酉破　戌孤　亥凶

丁丑：子孤　丑罡　寅吉　卯害　辰害　巳败　午凶　未破　申空

酉杀　戌灭　亥孤

戊寅：子孤　丑破　寅罡　卯吉　辰凶　巳灭　午败　未凶　申破

酉空　戌凶　亥（译者注：原版本不清）

己卯：子火　丑孤　寅吉　卯罡　辰吉　巳凶　午祸　未败　申败

酉破　戌害　亥凶

庚辰：子吉　丑祸　寅孤　卯凶　辰罡　巳凶　午害　未灭　申败

酉凶　戌破　亥凶

辛巳：子凶　丑墓　寅灭　卯孤　辰吉　午罡　未凶　申害　酉败

戌吉　亥破

壬午：子破　丑孤　寅吉　卯害　辰凶　巳吉　午罡　未凶　申空

酉灭　戌败　亥败

癸未：子吉　丑破　寅吉　卯吉　辰祸　巳孤　午吉　未罡　申空

酉吉　戌灭　亥败

甲申：子败　丑吉　寅败　卯吉　辰吉　巳祸　午孤　未空　申罡

酉败　戌吉　亥灭

乙酉：子祸　酉败　寅吉　卯破　辰凶　巳吉　午灭　未空　申吉

酉罡　戌凶　亥吉

丙戌：子吉　丑灭　寅杀　卯吉　辰破　巳吉　午凶　未祸　申孤

酉吉　戌罡　亥吉

丁亥：子败　丑吉　寅祸　卯败　辰吉　巳破　午空　未败　申灭

酉孤　戌吉　亥罡

戊子：子罡　丑吉　寅吉　卯灭　辰败　巳吉　午破　未空　申吉

酉害　戌孤　亥吉

己丑：子吉　丑罡　寅吉　卯凶　辰孤　巳败　午空　未败　申吉

酉凶　戌灭　亥孤

庚寅：子吉　丑凶　寅罡　卯吉　辰祸　巳灭　午罡　未空　申败

酉害　戌灾　亥孤

辛卯：子祸　丑败　寅孤　卯害　辰吉　巳孤凶　午灭　未败　申害

酉败　戌凶　亥吉

壬辰：子凶　丑害　寅孤　卯罡　辰罡　巳吉　午凶　未灭　申破

酉凶　戌破　亥吉

癸巳：子吉　丑　寅灭　卯孤　辰破　巳罡　午亡　未败　申亥　酉

空　戌害　亥破

甲午：子破　丑凶　寅吉　卯祸　辰孤　巳空　午罡　未吉　申害

酉灭　戌败　亥吉

乙未：子吉　丑破　寅凶　卯吉　辰灭　巳孤　午吉　未罡　申败

酉吉 戌害 亥败

丙申：子败 丑吉 寅破 卯凶 辰空 巳祸 午孤 未吉 申罡

酉败 戌孤 亥灭

丁酉：子 丑败 寅凶 卯破 辰罡 巳祸 午孤 未吉 申罡 酉罡 戌凶 亥吉

戊戌：子凶 丑败 寅败 卯吉 辰破 巳空 午凶 未败 申孤

酉吉 戌罡 亥祸

己亥：子吉 丑凶 寅祸 卯败 辰空 巳破 午吉 未凶 申 酉吉 戌孤 亥罡

庚子：子罡 丑吉 寅吉 卯灭 辰败 巳罡 午破 未吉 申吉

、 酉祸 戌孤 亥吉

辛丑：子吉 丑罡 寅吉 卯吉 辰败 巳败 午吉 未破 申吉

酉吉 戌灭 亥孤

壬寅：子孤 丑凶 寅罡 卯凶 辰凶 巳灭 午败 未吉 申破

酉破 戌吉 亥凶

癸卯：子灭 丑孤 寅 卯罡 辰空 巳败 午伐 未败 申吉 酉败 戌吉 亥吉

甲辰：子凶 丑祸 寅孤 卯祸 辰罡 巳吉 午凶 未灭 申败

酉败 戌破 亥吉

乙巳：子吉 丑凶 寅灭 卯刑 辰凶 巳空 午吉 未败 申害

酉败 戌凶 亥破

丙午：子破 丑吉 寅亡 卯害 辰孤 巳凶 午罡 未吉 申凶

酉灭 戌败 亥凶

丁未：子死 丑破 寅空 卯破 辰灭 巳孤 午祸 未罡 申吉

酉凶 戌害 亥败

戊申：子败 丑凶 寅破 卯吉 辰祸 巳福 午孤 未凶 申罡

酉吉　戌墓　亥灭

己酉：子祸　丑败　寅空　卯败　辰墓　巳凶　午灭　未孤　申吉
酉罡　戌凶　亥凶

庚戌：子吉　丑灭　寅败　卯空　辰破　巳凶　午吉　未祸　申孤
酉凶　戌凶　亥败

辛亥：子福　丑墓　寅空　卯灭　辰败　巳凶　午凶　未墓　申祸
酉孤　戌吉　亥罡

壬子：子罡　丑墓　寅空　卯灭　辰败　巳凶　午破　未　申吉　酉
祸　戌孤　亥败

癸丑：子吉　丑罡　寅空　卯败　辰灭　巳败　午吉　未破　申凶
酉凶　戌害　亥孤

甲寅：子孤　丑空　寅罡　卯吉　辰墓　巳破　午败　未吉　申破
酉墓　戌吉　亥破

乙卯：子凶　丑空　寅吉　卯罡　辰墓　巳吉　午败　未灭　申吉
酉破　戌灭　亥吉

丙辰：子空　丑祸　寅孤　卯吉　辰罡　巳吉　午吉　未灭　申败
酉吉　戌破　亥吉

丁巳：子空　丑败　寅灭　卯孤　辰吉　巳罡　午凶　未吉　申祸
酉敢　戌吉　亥破

戊午：子败　丑空　寅孤　卯祸　辰孤　巳吉　午罡　未吉　申吉
酉灭　戌败　亥吉

己未：子空　丑空　寅破　卯祸　辰灭　巳孤　午吉　未罡　申吉
酉凶　戌祸　亥败

庚申：子败　丑空　寅败　卯吉　辰凶　巳祸　午孤　未凶　申罡
酉吉　戌凶　亥灭

辛酉：子害　丑吉　寅凶　卯败　辰吉　巳凶　午灭　未凶　申罡

酉凶 戌吉 亥凶

壬戌：子空 丑凶 寅败 卯凶 辰破 巳吉 午凶 未凶 申孤 酉凶 戌罡 亥吉

癸亥：子空 丑失 寅害 卯败 辰死 巳破 午吉 未凶 申灭 酉孤 戌墓 亥吉

八 反 格

问喜何曾喜，问忧未必忧，
问乐何曾乐，问愁何曾愁，
问死何曾死（心怀死必活），
问生不曾生，问官官不谐，
见财财不成。

四言独步

看字之法，毫不可差，下笔是我，其余是他。
子孙父母，官鬼妻财，兄弟之类，次叙安排。
详占一事，先看用神，或强或弱，详断吉凶。
用神健旺，事所必宜；用神衰弱，必失其机。
字无用神，始推末笔。木笔参差，诸事不立。
土头中贝，日月大人。字中有豫，便是贵人。
贵人在爻，祸事必消，逢险可救，财利必招。
左右有人，功名可许；笔法轩昂，上人荐举。

求财取债，金忌多火；再逢夏月，本利消磨，
五行俱全，人事宜然。用神清楚，妙不可言。
相争词讼，字详结尾，两笔分明，胜负立剖；
字可平分，讼不成凶；人居圈内，缧绁之中。
青龙在数，求谋不误；若无水来，反为无助。
玄武自来，水上生财，白虎同至，惹祸招灾。
朱雀临头，文书已动，事在公门，不与人共。
末勾叠叠，口舌重重；若无救助，毕竟成凶。
水冷金寒，亲戚无缘；求谋未遂，作事迁延。
五行正旺，财利可求；吉神相助，万事无忧。
土内埋金，功名未遂；或者水多，前行可贵。
人病在床，木被金伤；六神不动，毕竟无妨。
字不出头，蹭蹬乖蹇；五行有效，渐渐可展。
字无勾踢，人必平安；凶神乱动，好处成难。
末后一笔，一身之原，如无破绽，福寿绵绵。
一字联络，骨肉同门，孤悬一点，游子飘蓬。
金得炉锤，方成器皿。木无金制，可曰愚农。
木从土出，受人培植。水中浮木，波浪成风。
落笔小心，做事斟酌；小心太过，为人刻薄。
写来粗草，放荡之人。笔端熟溜，书记傭工。
字法龙蛇，仕途已佳；秀而不俗，文章自广。
风流笔法，好逞聪明；写来透古，腹内不空。
墨迹滞涩，学问难谤。一笔无停，定是大家。
灯前窗下，岁月蹉跎。禾麻菽麦，俱已发科。
字无倚靠，不利六亲；字无筋节，事可让人。
直仰两足，奔波劳碌；摆尾摇头，心满意足。

字问日期，切勿妄许。有丁有日，类可说与。

山曰草木，咸不宜冬。星辰日月，乃怕朦胧。

真正五行，不怕相克，直如用神，求谋易得。

笔法未全，作事多难。行人不至，音信杳然。

水火多源，木枯无枝，子孙宗派，于此可思。

终身事业，我即用神。生我者吉，克我者凶。

字只两笔，寿年不一，有撇七二，无撇六一。

字如三笔，亦各有数，常为十六，双为廿五。

无勾为变，有勾为常。依此立法，仔细推详。

字不出头，寿增五岁；当头一点，须减三年。

字若无钩，添九可求；字如无直，寿当增十。

笔画过半，须知减点；一点三年，岁数可免，

耳畔成三，口头除四，明彻斯传，始精相字。

妙诀无多，功非一日，仔细详占，万无一失。

五言作用歌

断事不可泥，变通方是道；细细察根源，始识先贤奥。

十人写一字，字法各不同；一字占十事，情理自然别。

六神无变乱，五行有假真；草木看时节，日月察晦明。

字中有子孙，子孙必不少；详其盛与衰，便知贤不肖。

我克不宜多，多必妻重娶；克我一般多，谐谐又可许。

青龙值用神，万事皆无阻；若是无水泽，犹为受用苦。

白虎值用神，吉事反成凶；官事必受害，疾病重沉沉。

用神见朱雀，利于公门中；君子功名吉，小人口舌凶。

用神见螣蛇，俱是文书动；功名眼下宜，富贵如春梦。

末笔是青龙，万事不成凶；名利皆如意，行人在路中。

末笔是朱雀，公事有着落；只恐闺门中，有病无良药。

末笔是勾陈，淹留费苦心；行人音信杳，官讼混如尘。

末笔是螣蛇，远客即来家；忧疑终不免，官讼苦嗟吁。

末笔是白虎，疾病须忧苦；狱讼必牵缠，出往多拦阻。

末笔是玄武，盗贼须提防；水土行人利，家中六畜康。

末笔看五行，所用看六神；先定吉凶主，然后字中寻。

别 理 论

字义浑沦，辨别之篇须下学；理研变化，至诚之道可前知。字同事不同，不宜此而宜彼；事同字亦同，攸变吉而变凶。设若中也者，天下之大本。问终身与昆仲无缘，信乎哉！人间之最要，欲要之于朋友更切。再如地天为泰，不遇阳间犹是否；雷火为丰，如逢阴极可云临。既虚矣，复反而为盈；既危矣，复还而安。时盛必衰，天地不逾其数；治极而乱，圣人能预为防。先则看其笔端，然后察其字义。须知字义古怪，学问宜深；笔走龙蛇，峥嵘已过。龙身草草，非正途显达之官；豹字昂昂，是执殳荷戈之职。志无心定，是漂蓬下士；斌不乱始，称文武全才。贝边月下定归期；足畔口头人必促。团团宝盖，多生富贵之家；济济冠裳，定是风云之客。

无事生非因北字，有钱不享是亨来。合则婚事难成，力乃功名未妥。以他人问字，男女皆空；书本姓求官，声名远播。写“先”觅物终须失，写“望”造人定是亡。“马”字偏斜，唯恐落人之局；“口”头阔大，定招闲事之非。“青”字有人求作主，事万全于月；“妙”字一女欲于归，少亦可出闺门。“天”字相联，一对良缘先注定；“好”字相属，百年美眷预生成。“丁”、“寸”之字，皆“才”不足之形；“占”、“吉”之类，皆“告”不成之象。“香”开晨昏扬誉远，花占百事一番新。“小”为立本之人，“大”是虚名之士。赤子依亲，是“每”一例可推；大人盖小，因“余”仿斯可断。

具左一生多享福；空头半世受孤寒。“东西南北”，欲就其方；“左右中前”，乃择其地。一人傍立，求名是佐贰之官；一直居中，占身乃正途之士。草木逢春旺，鱼龙得水舒。“边”字走长人未到；“动”旁撇短去犹迟。“赤子”“儿曹”之类，必利见大人；“公祖”“父师”之称，则相逢贵人。“子”则立身无寸地，“永”如立志有衣冠。“操”为一品之才，“饮”定大人之食。“之”非出往必求财，“者”不呼虚定六畜。“奇”欲立而不可，“用”非走而不“通”。“口”居中，俨然一颗方印；“元”落后，前程可定魁名。

体用昂昂，功名之客；性情亟亟，荼苦之儒。“朔邦”还未入朝廊，“田里”多应在乡党。活泼泼鸢鱼，是飞腾之象；乐滔滔凫鸟，为流荡之徒。川上皆圣贤游乐之余，周行是仕宦经田之道。“崔巍”远人犹在望，“平安”近事不能成。“日”小见天长，“心”粗知胆大。“归”则归兮归则止，“笑”如笑兮笑成悲。“国”字谓何？一口操戈在内；“尔”来何故？五人合伙同居。“火”字乃人在中央，一遇羊头为尽“美”；“天”字是人居其内，出头一日始逢“春”。以“余”字问，必有；以“有”字问，反无。

“龙”虽在天在田，看笔迹如何布置；“师”既容民畜众，察精神始识兴衰。盖载有人，终享阜家福；伞带全备，定是极品官。有撇断为兄弟，无点莫问儿孙。“工”欲善其事而成其艺，“何”不见其人而亦可。“女子”并肩生意“好”，“色丝”同处病将亡。犯岁君之名，灾殃不小；书童问卜之日，财利可兴。理中变化深长，此乃规矩方圆之至；字里机关悠远，须认精粗化造之原。

六言剖断歌

事从天地之义，字乃圣贤之心。
静里功夫细阅，其中奥理无穷。
圆融莫测其辨，来去无阻其通。
笔法先详衰旺，得意始定吉凶。
干枯软小为衰，清秀坚昂为旺。
详其用神何如，吉凶自然得当。
寿夭定于笔画，取其多寡为占。
字如十笔以上，一笔管它六年；
字如十笔以下，一笔定其九岁；
若在五笔之间，一笔管十六年；
笔画过之十五，两笔折作一笔；
带草一笔相连，问寿只在目前。
笔迹清而拘束，必然游痒在学。
笔端独而放荡，功名必无着落。
写来笔法圆活，为人处世谦和。
笔底停而又写，为人性慢心多。
举笔茫无所措，胸中学问不大。
若无写罢复描，行事可为斟酌。
富贵出于精神，英雄定于骨骼。
末后一笔丰隆，到老人称有德。
占妻先看其妻，占子先看其子。
妻子察其旺衰，据理定其生死。

父兄官灾狱讼，父兄要值空亡。
如若父兄在数，父兄反见灾殃。
一切谋望营求，字要察其虚实。
有声无物为虚，有物可见是实。
书出眼前之物，察其司重司轻。
司重断为有用，司轻大事无成。
纳采于归等事，更要加意推详。
笔画计其单双，字义察其阴阳。
假如子字求子，须防日建逢女。
子日如画女子，婚姻百事皆订。
一字笔画未全，万事不必开言。
字中若有余笔，必须用心详占。
先用五行功夫，后用增减字理。
影响毫发无差，谬则难寻千里。
学者变化细推，断事无不灵应。

格物章

物格而后知至，本末须详；事来必先见诚，始终可断。细而长者，以一尺为百年，计寸分而知寿算；方而圆者，以千金比一两，度轻重以定枯荣。落手银圈，放荡终不改；出囊珠石，峥嵘自有时。石土不逢时，谓之无用；木金全失气，枉劳徒劳。执墨问功名，研究之夕，日见不足；端鼎比身命，近贵之体，一世非轻。腰下佩锥，所求皆遂；道傍叶核，百事无成。取草问营谋，逢春须茂盛；将银问财帛，有本恐消磨。素纨无诗，当推结识疏；牙签托人，毕竟不顾我。数珠团圆到底，夫妻儿女皆宜；木鱼振作不常，父母兄弟难合。力下行人来得快，笔占远处有施为。求子息圆者不宜空；占买卖长者终须折。衣衫则包藏骨肉，葬祭之事宜然；绦带必亲执肩躯，牵缠之争未免。舟车骡马，用之则行；婢仆鸡鸢，呼之便至。金扇之类，收有复展之期；烹调之物，死无再生之理。瓜果问事，破不重圆；棋子求占，散而又聚。荡尘理乱，无非金篦牙签；释罪沉冤，俱是何章刀笔。壶是主人礼觞，则空而满，满而复空；镇为君子之防匙，则去而来，来而复去。

文章书籍，非小人用之；筐筥梨耙，岂君子用之。惯执鞭所忻慕焉，富而必可求也；能弹琴复长啸耳，乐亦在其中乎。娱指悬匏，功名少待；折来垂柳，意兴多狂。竹杖笼头，节义一生无愧怍；木锥莺嘴，钻眉万物有刚强。手不释正业经书，自知道德修诸己；问不离九流艺术，意在干戈省厥躬。指庭前向日之花，倏忽坐间移影；点槛外敲风之竹，晨昏静里闻音。君子执笙簧，陶陶其乐，舌鼓终须不免；女人拈针线，刺刺不休，心牵毕竟难触。出匣图书行欲方，眼下可分玉石；执来宝剑心从利，手中立剖疑难。羽扇纶巾，须知人自山中去；奇珍异宝，可断人从海上来。百草可活人，不识者不可妄用；六经能裨世，未精者焉敢施为。指盂中之水，久不耗而则倾；顾冶内之金，须知积而有用。事非容易，一首词两下欣逢；学识渊源，几句话三生有幸。执金学道，借服为聚物之囊；割爱延师，重身如无价之宝。明心受业，既行束上之修；寄柬传言，莫废师尊之礼。斯其人也，斯其义也，可以为之。非其重焉，非其道焉，孰轻与尔。

物理论

三才始判，八卦攸分，万物不离于五行，群生皆囿于二气。羲皇为文字之祖，苍颉肇书篆之端。鸟迹成章，不过象形会意；云龙结篆，传来竹简添书。秦汉而返，篆隶迭易。钟王既出，真草各名。其文则见于今，其义犹法千古。人备万物之一数，物物相通，字泄万人之寸心，人人各异。欲穷吉凶之征兆，先格物以致知。且云天为极大，能望而不能亲，毕竟虚空为体。海是最深，可观而不可测，由来消长有时。移山拔树莫如风，片纸遮窗可避；变谷迁陵唯是水，尺筒无底难充。小弹大盘，日之远近不辨；白衣苍狗，云之变化非常。雨本滋长禾苗，不及时人皆蹙额；雪能冻压草木，如适中人喜丰年。月行急疾映于江，莫向水中捞提；星布循环周八极，谁从天上推移？露可比恩，压浥行人多畏；霞虽似锦，膏育隐士方宜。皓皓秋阳，炎火再逢为亢害；涓涓冬月，寒水重见愈凄凉。顽金不惧洪炉，潦水须当堤岸。雾气空闲推障碍，电光倏忽喻浮生。月下美人来，只恐到头来成梦；雪中寻客去，犹防中道去而归。白露可以寄思，迅雷闻而必变。履霜为忧虑之渐，当慎始焉；陆渊有战惕之心，保厥终矣。蝃蝀莫指，闺门之事不宜；霖雨既零，稼穑之家有望。阳春白雪，只属孤音；流水高山，难逢知己。至于岩岩山石，生民具瞻；滚滚源泉，圣贤所乐。瀑布奔冲难收拾，溪流湍激不平宁。风水所以行舟，水涌风狂舟必破；雨露虽能长物，雨零霜结物遭伤。社稷自有人求，关津诚为客阻。烟雾迷林中有见，江河出峡去无回。桃夭取妇相宜，未利于买僮置畜；杨柳送行可折，尤喜于赴试求名。松柏可问寿年，拟声名则飘香挺秀；丝罗可结姻好，比人品则倚势扳援。荷方出水，渐见舒张；梅可调羹，未免酸涩。李有道旁之苦，榄余齿末之甘。笔墨驱使，时日不长；盆盂装载，团圆不久。绠短汲深求未得，戈长力弱荷难成。屠刀割肉利为官，若问六亲多刑损。立刀剖瓜休作事，如占六甲即生男。无人棺椁必添丁，有印书函终见拆。鳖等则骨贮匣中，纵有出时还须入；算盘则子盈目下，任凭拨乱却成行。瓦口虑其难全，杯亦防其有缺。席可捲虚，终归人下；伞能开口，定出人头。钓乃小去大来，樵则任重道远。素珠团聚，可串而成；蜡烛风流，不能久固。针线若还逢即合，锹锄如用必然翻。凿则损而为利，亦当有门；锯乃断而成器，岂谓无长。又若飞走之升沉，亦关人事之休咎。猢狲被系，还家终是无期；鹦鹉在囚，受困只因长舌。鸽乃随人饮啄，纵之仍入樊笼；马虽无须驰驱，用之不离勒缆。鲤失江湖难变化，燕束堂屋转疑难。诉理伸冤，逢鸦不白；占身问寿，同鹤修龄。万物纷纭，理则难尽；诸人愿欲，志各不同。若执一端以断人，是犹胶柱鼓瑟。能反三隅而悟理，方称活法圆机。心同金鉴悬空，妍媸自别；智若玉川之入海，活泼自如。鬼谷子曰："人动我静，人言我听。"旨哉斯语！胡可忽诸？

五行六神辨别篇

先以五行为主，次向字中详祸福。既将六神作用，方观笔迹察原因。生克不容情，莫以字音称独美。宜忌须着意，休将文义恃能言。勿以吉字言吉，当认吉中多忌煞；漫将凶字言凶，须详凶处有元神。假如青龙与白虎同行，求功名大得其宜；如庶人得之，反不免相争之咎。父母与妻子聚面，问赴选难从其志；若游子占之，又可能思远之忧。勾陈最忌小金连，惟恐事无间断；朱雀若逢傍水克，须防祸有牵缠。水在木中流，替人濯垢；木从水中出，脱体犹难。五行全不犯凶神，问自身德建名立；六神动再加吉将，若求官体贵身荣。旧事从新，朱腾双发动；倾家复创，金土两重临。微火镕金，难成器皿；弱金克木，反自损伤。两济于人，要看水火会合；营谋于众，还求土木齐登。金多土多，非土不得；土厚财厚，无火不生。水冷木孤，弟兄难靠；金寒土薄，祖业凋零。玄武形青龙得水，连登两榜；白虎尾朱雀衔金，位列三公。玄武临渊，时中之雨化；青龙捧日，阙下之云腾。水非白而无源，金不秋而失气。有勾陈难结案头文，见朱雀想量堂上语。田下土溪，思远故里；月边水盛，意在归湖。玄武居中，出外不宜行陆路；勾陈定位，居官虽在又皇恩。白虎重重，不敢保今年无事；青龙两两，定不是今日燕居。字中见母母无忧，笔下从兄兄定在。水土形青龙翘首，何忧不得功名；木金相白虎当头，毕竟难逃灾害。重重金火不逢时，百事徒劳；叠叠青黄非见日，几番隆替。贵显招土木，万福皆隆；方体隐龙蛇，千祥并集。勾陈相合，主唇舌干戈之事；龙虎同行，风云际会之荣。玄武不过火，阴中不美；螣蛇无水渡，郊外生悲。纯土自能生官，福从天至；寒金不但无禄，灾自幽来。天贵专权，问功名自登黄甲；文书不动，赴场闱定值空亡。

问子须求子在爻，占妻定要妻入数。笔迹孤寒金带水，六亲一个难招；字形丰满土生金，百岁百年易盛。看五行之旺相切记，卜词讼以官鬼为先；定六将之机微须知；占家宅以本命为主。五行俱有，凡谋皆遂；六神不动，万事咸宁。细玩辞占响影，无差毫发；密搜奥义规绳，不爽纤微。

金声章

混沌未开，一元含于太极无形之始；乾坤既判，万物成于文章著见之中。故未有其事，而先有象，可预得其体，而兆其来。所以苍颉制字，接云霞蝌蚪之文；至圣著书，采随宜义理之用。一字之善，千古流传；半点之疵，万年不泯。君子哉非挥毫而莫辨，小人焉一执笔而即知。是以消长盛衰，困极而知变，吉凶祸福，至诚而见神。写来江汉秋阳，皓皓乎不可尚已；意在螽斯洗羽，绳绳兮与其宜焉。惟存好利喜施，则落笔终须各别；必欲离尘脱俗，而开首自是不同。若夫烟雾云霞，则聚散去来神变化；风雷日月，其盈虚消息妙裁成。鹦鹉等禽，人皆云其巧舌；虎豹之类，谁不惧其张威。生息蕃盛者，乃稼穑禾苗；与物浮沉者，是江河湖海。渊中鱼跃，水向东流何阻止；天上鸢飞，日从西落四时同。百兽俱胎孕而生，独报麟祥之喜；诸禽皆飞腾之物，只言风德之衰。禽之鸣也噪也，有形小体大之分；兽之利也钝也，有轻清重浊之辨。香花灯烛，偏宜于朔望之时；铃铎鼓钟，独可见于晨昏之际。点点滴滴，万里征衫游子泪；层层叠叠，九行密线老人心。至于犬豕牛羊，叱之即便去；鸡鱼鹅鸭，欲用则不生。狐貉羔裘，无济于夏；红炉黑炭，偏喜于冬。幽林深圃夜无人，情不诬也；楼阁厅堂时有位，理之必然。琴书剑箱，可断儒生负腋；戏裘肥马，当推志士同袍。墨有渐减之虞，笔有久坚之弱。书成笔架，疑上悯山；写到砚池，寓中闷海。如在其上，秋到一天皆皎月；如在其下，春临遍地产黄金。挥出琵琶，到底是写怨之具；描来箫管，终须为耗气之端。假如云雨雾，皆时敝日之光，天正阴时原是吉；又若精气神，本是扶身之主，人来问病反为凶。水急流清，意偕游鱼濊濊；烟飞篆渺，心从云树茫茫。农家落笔，草盛田禾实不足；商者书篆，丝多交易乱如麻。紫鲛金章，无者不必写出；蜗名蝇利，有者即便书成。锁铃金汤，必任国家之重任；羽毛干戚，是祈海甸以清宁。挂锦扬帆，风顺之方必利；舒衾酒帐，雨到之候成欢。礼乐射御书数，如求一艺可执；孝友睦婣任邺，定其万事皆宜。草木逢雨时生而旺，要详春秋气候；轿马行际日近而远，亦揆寒暑光阴。试看画饼望梅，何止饥渴；镜花水月，竟是空虚。欲造字相之微，请明章中之理。

附 论

邵雍与《梅花易数》

一、邵雍其人

邵雍（公元1011—1077），字尧夫，自号安乐先生，谥康节，共城（今河南宓县东北）人，著名易学家、哲学家，北宋五子之一。邵雍“少时，自雄其才，慷慨有大志。既学，力慕高远，谓先王之事为可必至。及其学益老，德益昭，玩心高明，观于天地之运化、阴阳之消长，以达乎万物之变”（程颢《邵尧夫先生墓志铭》）。

邵雍钻研易学极为刻苦，“寒不炉，暑不扇，夜不就席者数年”。邵雍感到闭门读书远远不够，于是出游名山大川，“颓然其顺，浩然其归”，从而摄日月之光华，取山川之灵秀，渐至“探赜索隐，妙悟神契，洞彻奥蕴，汪洋浩博，多其所自得”。邵雍不仅在广泛的游历中汲取了道家的学说，而且对于佛家的“止观”学说，《周易》的“太极”、“动静”、“阴阳”、“图书”之学，《孟子》的“万物皆备于我”等学说都深加研究，从而建构了其“包括宇宙，始终今古”的庞杂象数学体系，构画了一套虚幻的“元会运世”、“皇帝王霸”的历史图表，对后世影响甚大。

邵雍易学属于北宋象数学系统，其传承可追溯到陈抟。《宋史·道学传》载：“北海李之才摄共城令，闻雍好学，尝造其庐，谓曰：子亦闻物理性命之学乎？雍对曰：幸受教。乃事之才，受河图、洛书、伏羲八卦六十四卦图像。之才之学，远有端绪。”又载：“陈抟以先天图传种放，放传穆修，修传李之才，之才传邵雍。”因而，邵雍的学说打上了道家的印迹，尤注意“数”、“先天”、“后天”的研究。

史籍记载中的邵雍不仅研习“物理性命之学”，而且俨然成了一位能够先知的贤人。《宋史·道学传》说：“及其学益老，德益昭，玩心高明，以观夫天地之运化，阴阳之消长，远而古今世变，微而走飞草木之性情。深造曲畅，庶几所谓不惑，而非依象数则屡中者。”邵雍通过观察天地的运化、阴阳的消长、气候的变化、地貌的迁变，不仅对古今重大的事变做出解释和预测，而且也能测知细微的草木禽兽的命运和性情，又似乎是一位无所不晓的神人，史书还记载了时人对他的评价，认为“雍知虑绝人，遇事能前知……当时学者因雍超诣之识，务高雍所为，至谓雍有玩世之意，又因雍之前知，谓雍于凡物声气之所感触，辄固以其动而推变焉。于是世事之已然者，皆以雍言先之”。邵雍前知的特点是“于凡物声气之所感触，辄固以其动而推变”，在于对事物的外在形态（如形、声、气）有所感触，然后再按照一定的方法推知事物的运化，所谓“不动不占，不因事不占”。邵雍易学的另一个特点是不注重卦爻辞的阐释，强调经世致用。他认为，“知易者不必引用讲解，始为知易”，“人能用易，是为知易”（《观物外篇》），重视《周易》的卜筮功用。

邵雍的学问渊深博奥，艰涩难懂，史称其“衍伏羲先天之旨，著书十万言行于世，然世之知其道者鲜矣”。其著作有《皇极经世》、《观物内外篇》、《渔樵问答》、《伊川击壤集》。

二、《梅花易数》非邵雍所撰

相传为邵雍所撰的《梅花易数》，不管从可靠的史籍、史志的记载来看，还是就《梅花易数》本身的内容来看，还是就其他史料来考察，都不见有《梅花易数》为邵雍所撰写的记载以及论证《梅花易数》为邵氏所撰的依据。相反，综合各方面的考证结果，《梅花易数》实非邵雍所撰，当为后人伪托。兹考证如下：

（一）查宋代史志、史籍，既未见《梅花易数》一书，更未见《梅花易数》为邵雍所撰的记载，甚至也未提到《梅花易数》一书的书名。权威的《宋史》载邵氏的著作时只说："所著书曰《皇极经世》、《观物内外篇》、《渔樵问答》，诗曰《伊川击壤集》。"不见有《梅花易数》一书。《宋元学案》等亦不见载。可见，《梅花易数》在邵雍那个时代并未传世。史书又说邵雍"著书十万言行于世"，光以上所提四书既已逾十万言，当不包括《梅花易数》在内；更何况《梅花易数》一书也近十万言。

（二）就《梅花易数》本身的内容来看，亦有足够的证据证明《梅花易数》实非邵雍所撰，当为后人假托。

1. 在邵雍所著书中，邵氏不可能称自己为先生，但在《梅花易数》一书中的先生多指邵雍。如"牡丹占"中，"巳年三月十六日卯时，先生与客往司马公家共观牡丹……先生曰，莫不有数……"；在"邻夜扣门借物占"中，"冬夕酉时，先生方拥炉，有扣门者……先生令勿言，令其子占之……先生曰，起数又须明理……"；在"西林寺牌额占"中，"先生偶见西林寺之额'林'字无两钩，因占之……"等等。其中"先生"皆指邵雍，显见《梅花易数》非邵雍所亲撰。

在邵雍所著书中，亦不可能出现"邵子"字样，因为"子"是后人对前人的尊称。在"观梅数诀序"中，"邵子曰：乾一，兑二，离三，震四，巽五，坎六，艮七，坤八"，其中"邵子"亦系指邵雍。

2. "康节"乃邵雍逝后朝廷追加之谥称，不可能于邵雍生前出现，更不可能出现在邵雍生前所亲撰的书中，而《梅花易数》多次出现"康节"或"康节先生"字样。如"观梅占"中，"康节先生偶观梅，见二雀争枝坠地，先生曰：'不动不占，不因事不占'……"；在"买香占"中，"康节曰，此香非沉……康节曰，火中有木……"等。

另外，《梅花易数》原序也说："宋庆历中，康节邵先生隐处山林……一日午睡，有鼠走而前，以所枕瓦枕投击之，鼠走而枕破。觉中有字，取视之：'此枕卖与贤人康节，某年月日某时击鼠枕破'……""康节"既是邵雍死后朝廷追加之谥称，可见这则故事亦属杜撰无疑。

3. 从称谓来看，《梅花易数》一书中所出现的“余”、“予”、“我”等第一人称（如“予求得先天、玄黄、灵应诸篇”，“亦以我之中静而观其动者而占之”，“以我之所坐为中”，“余向遇异人”等），显然不是指邵雍，而是指另外的人。因为，《梅花易数》中对邵雍的称谓皆为“康节”、“康节先生”、“先生”、“邵子”，那么作为第一人称的“余”、“予”、“我”必定不再指邵雍。

4.《梅花易数》一书提到了邵雍身后的许多人或事。虽然史书称邵雍“玩心高明”、“遇事能前知”，但纵使邵雍再高明，他也不可能对身后几百年的事作出准确的测算。卷五“古人相字”提到了南宋高宗时的谢石，卷二“三要灵应篇”提到了明朝宰相刘伯温（刘基），即使邵雍神知，但身为北宋时代的人，也决不会知道身后还有个南宋的谢石和明代的刘基。何况“三要灵应篇”还说：“是编则出于先贤先师，采世俗之语为例。用之者鬼谷子、严君平、东方朔、诸葛孔明、郭璞、管辂、李淳风、袁天罡、皇甫真人、麻衣仙、陈希夷，继而得者邵康节、邵伯温、刘伯温、牛思晦、牛思继、高处士、刘湛然、富寿子、泰然子、朱清灵子。其年代相传不一，而不知其姓名者不与焉。”显然，《梅花易数》为后人所伪托，不可能为邵雍所亲撰。

那么，既然《梅花易数》非为邵雍所亲撰，它又是哪个时代的什么人的作品呢?《梅花易数》与邵雍有什么关系，为何要假托邵雍所做呢？对于第一个问题，我们认为，《梅花易数》最早应为明初的作品，因为书中已提到了明代的刘伯温（刘基）；至于为何人所作，目前尚缺乏足够的证据，还须做更进一步的考证，目前实难以确定。对于第二个问题，我们将在下面予以探讨。

三、《梅花易数》与邵雍

《梅花易数》虽系后人伪托，非邵雍所亲撰，但《梅花易数》与邵雍也不是毫无联系。一方面，《梅花易数》间接引用了邵雍《伊川击壤集》中的部分诗句，借用了邵雍的某些易学思想，以之作为《梅花易数》一书的理论基础。另一方面，《梅花易数》还利用邵雍精于易的名声以及邵雍玩易高明的传闻，借以抬高作为野史之书流传的《梅花易数》一书的地位和身价，以引起学界的关注。

首先，《梅花易数》一书间接或直接引用了《伊川击壤集》中的某些诗句，作为其立论的基础。卷一“玩法”说，“一物从来有一身，一身还有一乾坤。能知万物备于我，肯把三才别立根。天向一中分造化，人与心上起经伦。仙人亦有两般话，道不虚传只在人”，系引自《击壤集》中的“观易吟”，稍做改动而已。

《梅花易数》中的“先天易”、“后天易”的说法似也与邵雍的学说有关。《周易·文言》说：“先天而天弗违，后天而奉天时。”邵雍发挥说：“先天事业有谁为，为者如何告者谁。”（《先天吟》）“若问先天一事无，后天方要着功夫。”这是说生来具有的为先天，人为获得的为后天。邵雍还认为，伏羲之易为先天易学，文王之易为后天易学。朱熹说：“据邵氏说，先天者伏羲所画之易也，后天者文王所演之易也。伏羲之易，初无文字，只有一图以寓其象数，而天地万物之理、阴阳终始之变具焉。文王之易即今之《周易》，而孔子所为作传者是也。”（《文集》卷三十八）“自初未有画时，说到六画满处者，邵子所谓先天之学也。卦成之后，各因一义推说，邵子所谓后天之学也。”《梅花易数》吸取了这种思想，并进一步提出：“先天者未得卦，先得数，是未有《易》书，先有易理，辞前之《易》也。”“后天则以先得卦，必用卦画，辞后之《易》也。”《梅花易数》在区分了这种差别和原委之后，还进一步提出了系统的起断卦方法。

此外，“体用”是宋代哲学所探讨的一对重要范畴，《梅花易数》亦借用来作为其立论的基础。“体用总诀”说：“体用云者，如易卦具卜、筮之道，则易卦为体，以卜筮用之。此所谓‘体用’者，借‘体’、‘用’二字以寓动静之卦，以分主客之兆，以为占例之准则也。”这是借体用以寓主次、动静，以体用为其基本范畴。因为在古人看来，《周易》是“大道之源”、“五经之首”，是一门博奥渊深的学问，是大智慧；而卜筮只不过是一种数术，说白了不过是一种小术，难以与《周易》博大精深的理论相媲美。因而把《周易》作为体，作为主；而把卜筮之道作为用，作为次。

其次，梅花易的占断方法可能系受邵雍启发而来，也可能由当时邵雍用过的方法演绎整理而来。史书记载邵雍“辄固以其动而推其变”，这是说邵雍是根据事物的细微变动（有其故）而推测事物发生、发展和衰亡的趋势与过程。梅花易的起占原则亦是“不动不占，不因事不占”，起卦不受时间、地点、条件、环境的限制，可以率性因感而发，随机起卦。梅花易重视征兆，重视外应，重视近取远取、取类比象、类象施占，灵活多变，妙用无穷。这都与邵雍“辄固以其动而推其变”有一定相似之处。

再次，邵雍是大学问家、大易学家，把后世无名之人所撰写的《梅花易数》冠之于邵雍名下，必为《梅花易数》增色不少。

在古代，为了提高某些作品的学术价值和学术地位，以引起众人的注目，把后人的作品冠之于古名人头上的事实不少见。传说中的伏羲画卦、文王重卦、孔子系辞等，皆为传说而已，并非为其所亲撰。但只要说是圣人之作，可了不得，《周易》的地位于是日渐提高，到了汉代则成为“大道之源”，后又终成为“群经之首”了。把《梅花易数》冠之于邵雍头上，恐亦出于相同原因。

一方面，《梅花易数》本属易学之数术派，属于卜筮之旁门左道，不见于正史，只在民间流传，学术地位低微，为士大夫们所不足道。邵雍是著名的北宋五子之一，是大思想家、大易学家，托名邵雍足可提高《梅花易数》的学术地位。另一方面，邵雍的学说“远有端绪”，追溯师承还与号称“半仙之体”的陈抟有师承关系，而陈抟在传说中又似是位隐居的“先知”。邵雍本人亦“玩心高明”、“遇事能前知”，据史载邵雍也是位预测名家；托名邵雍亦让人足信《梅花易数》确实莫测高深，足能探赜索隐、预知来世，其预测术亦足以令人深信了。难怪有人在《梅花易数》原序中造一个异人授书于邵雍的神奇故事，却正证明了《梅花易数》确非邵雍所亲撰（因“康节”之称号乃为邵雍死后之谥称，他不可能于生前在陶枕中看到自己的谥称）。

从以上三点来看，《梅花易数》虽非邵雍所亲撰，但又与邵雍有某些联系，而这正为后人伪托制造了条件，并从而造就了一段易学公案。

四、《梅花易数》与《周易》

《梅花易数》与《周易》之学有着非常密切的联系。一方面，《梅花易数》作为《周易》术数学的一种，出于其筮占的需要，以《周易》之八卦、阴阳、五行学说为其立论的基石，处处体现着《周易》的学说和精华。另一方面，由于《梅花易数》在易占中对八卦之象的处处应用和重视，在某种程度上又拓展了《周易》的八卦之象，使《周易》的卦象学说更趋丰富和完备。

(一)《梅花易数》属于《周易》术数学的一种。就《梅花易数》成书的目的及其主旨来看，显然是为预测社会的变迁和人事的吉凶。它说，“天下之事有吉凶，托占以明其机；天下之理无形迹，假象以显其义”（“心易占卜玄机”），“世间万事无非数，理在其中遇；吉凶悔吝有其机，祸福可先知”（“观物洞玄歌”），“原夫万物有数，易数无穷。动静可知，不出于玄天之外；吉凶必见，莫逃乎爻象之中”（“万物赋”），都认为世间万事万物莫不在数中，通过预测可以知其吉凶祸福。它还说，“体用云者，如易具卜筮之道，则易卦为体，以卜筮用之”（“体用总诀”），“寂然不动，静虑诚存，观变玩占，运乎三要”（“三要灵应篇序”），这是说

《梅花易数》的主旨在于“以卜筮用之”，在于“观变玩占”，总之在于卜、筮之道。

从《梅花易数》的基本框架和基本内容来看，《梅花易数》亦有一整套独立、完整的筮占系统和易占理论。这一系统有一整套独特的起卦方法，有独特的以体用为主结合阴阳、五行、八卦卦象参断吉凶的筮占方法，有独立的确定应期的方法。除此而外，还就观外应有独到详备的论述，并把筮占学说推到一个崭新的高度。因而，《梅花易数》无疑属于《周易》术数学的一种。

所谓术数，是指通过观察自然的异常变化，运用天干、地支、阴阳、五行、八卦等学说，借以推测社会变迁和人事吉凶的方术。其中，术指方法、技艺；数指宇宙及人事的生灭法则，亦指世事运行的气数或命运。术数在古代流传甚广，影响巨大。《周易》本为“卜筮之书”，因而也与术数有着某种联系。《周易》说：“君子居则观其象而玩其辞，动则观其变而玩其占。”是说观变玩占亦属君子道行之一。又说：“《易》有圣人之道四焉：以言者尚其辞，以动者尚其变，以制器者尚其象，以卜筮者尚其占。”是说卜筮占验亦为易道之一。所以《周易》从一开始便具有术数的某种倾向。

关于术数之学，《四库全书》有精到的论述。它说：“术数之兴，多在秦汉以后。要其旨，不出乎阴阳五行、生克制化，实皆易之支派，傅以杂说耳……中唯数学一家，为易外别传，不切事而犹近理，其余则皆百伪而一真，递相煽动。必谓古无是论，亦无是理，固儒者之迂谈；必谓今之术士能得其传，亦世俗之惑志，徒以冀福畏祸，今古同情。趋避之念一萌，方技者流各乘其隙以中之，故悠谬之谈，弥变弥伙耳。然众志所趋，虽圣人有所弗能禁。其可通者存其理，其不可通者姑存其说可也。”这是说术数之学不过是《周易》的支流末派，所谓旁门左道而已。由于世人“冀福畏祸”的心理，也由于其“不切事而犹近理”，因而流传甚广，“虽圣人有所弗能禁”。但其中杂说甚多，舛谬百出，“百伪而一真”，所以我们应辩证分析之，做到剔除其糟粕，存留其精华，古为今用。《梅花易数》亦然。《梅花易数》一方面有着许多诸如“鬼神”、迷信、“数有前定，祸福难测”的宿命观点，另一方面还有一些辨证的观察、思考问题的方法，因而也是鱼龙杂陈、良莠同在。所以，我们必须有清醒的态度，自觉地去批判其糟粕，汲取其精华。

（二）《梅花易数》以《周易》基础知识为框架，建构起其独立的筮占系统。正如其他方术一样，《梅花易数》所利用的易学知识也是干支学说、阴阳学说、五行学说、八卦学说。梅花易以体卦用卦为主，综合利用卦气、卦数、卦位、卦象，杂以阴阳、五行，从而达到其筮占的目的。就筮占而言，《梅花易数》无疑有着一整套的筮占理论和筮占系统，因而对筮法的发展或大或小是一个促进。但就《梅花易数》一书的理论意义而言，由于其主要是作为一种筮术而存在，故其理论价值不是很大。

（三）由于《梅花易数》占断吉凶主要是以八卦卦象为依据，因而也就特别注重八卦之象的归纳总结和演绎推衍，并从而在某种程度上极大地丰富了《周易》的卦象学说。

《周易》的产生在某种程度上是取类比象的结果，因而《周易》特别强调“古者包牺氏之王天下也，仰则观象于天，俯则观法于地，观鸟兽之文与地之宜，近取诸身，远取诸物，于是始作八卦，以通神明之德，以类万物之情”（《系辞》）。《梅花易数》继承了这种传统，在大量的细致观察和丰富的断卦经验的基础上，对八卦之象在多个方面进行了广泛的整理和新的推衍。它以《周易·说卦》所论的基本卦象为基础，分别将乾、坤、震、艮、离、坎、兑、巽的八卦之象分别从天文、地理、方所、人物、凶盗、官贵、身体、生育、性情、声音、疾病、附药、宴会、谷果、食物、禽兽、器用、衣物、禄、财、字、策、轨等多个方面进行了新的归整和推衍，从而使八卦之象更加具体和完备。《梅花易数》的卦象说虽以《周易》

卦象说为基础，但在这个基础上又进行了新的推衍，并补入了许多重要的卦象，从而使卦象说更趋完善。从这一方面来讲，《梅花易数》对《周易》卦象说可以说是一大贡献。

但是，正因为《梅花易数》卦象说更加具体和详备，从另一种程度上来讲又难免繁杂和琐碎。其中的一些卦象，亦有牵强附会的地方。对于这一些，我们在研究和应用《梅花易数》卦象的时候应予以注意。

五、研究《周易》的态度

常有许多不知易的朋友问，《周易》到底是科学还是迷信。毫无疑问，《周易》之学当然是一门科学。

《周易》主要包括象数、义理、卜筮三个方面。但《周易》对于社会的影响，主要停留在文化层面上，所谓“大道之源”、“五经之首”，可见地位之高，影响之巨。《四库全书总目提要》认为：“易道广大，无所不包，旁及天文、地理、律历、兵法、韵学、算术，以逮方外之炉火，皆可援易以为说。”涉及的都属科学问题。目前对于《周易》的研究，大多限于文化层面。

但是，大多数朋友关心的却是《周易》的卜筮方面。对于卜筮这一层面，问题极为复杂，需要做一点分析。

首先，我们应采取实事求是的态度。先弄清卜筮的本来面目（做实际的考察，是什么就是什么，敢于承认，不凭臆测），然后再找出隐藏在卜筮背后之所以然。从史书记载的事例来看，不管是《左传》、《国语》所记之春秋战国筮例，《史记》所载的诸多占例，《三国志》所收之管辂筮案，还是《周易古筮考》所收之其他筮案，《周易》预测之事大多灵验、神奇；而古代史书的作者态度大都是严肃、认真的，史书的记载亦大都是可信的。因而，《周易》卜筮之说必有其依据，不可轻否。

从反面讲，从上古时期流传下来的卜筮不可能完全是胡说八道，在其神秘的光环之下必有其合理的内核；否则，它不可能流传几千年，至今仍在某些角落拥有一定市场。问题的关键在于，我们如何在其神秘的光环之下，通过深刻的历史考察和深层次的社会心理、民俗文化透视，找出其存在的复杂社会心理机制，发掘出其合理的内核。

其次，我们应采取具体问题具体分析的态度，弄清楚卜筮的本来面目。有人说它准，有人说它不准，我们都不应盲从，应在做了细致、切实的考察之后加以剖析，它到底准还是不准，准在哪里，不准又在哪里，能准到什么程度，是20%、40%？还是70%、80%？是否存在或然率或猜测的问题，是偶然还是必然。我们还应考查，这其中是否有某些虚假的、人为的、感情的因素干扰了我们的结论，比如某些成见，或是执著地迷信，或是固执地不信。

还有，社会的、经济的、政治的因素是否影响我们的判断。《周易》固然高深莫测、博奥玄妙，某些为生计所迫、借以糊口的江湖艺人的一知半解、招摇过市的所谓预测，某些懒散闲人的毫不负责的信口开河，难免会败坏《周易》的声誉。就好像誉满天下的某些各牌产品，难免会有假冒伪劣商品充斥市场败坏其声誉一样。任何好的东西，都难免会有鱼龙混杂的时候，更何况世界之大，无奇不有，世人之多，无怪不出。

以上是我们对于《周易》研究应持的态度，对于《梅花易数》的研究，也应如此。

后　记

《梅花易数》作为《周易》术数学重要典籍之一，长期在民间秘密流传，舛误甚多，至今尚未得到较好的校释，给读者带来诸多不便。为此，我们选择一珍藏本为底本，参考尽可能多的版本，对该书进行了严肃认真的整理，以期为研究者提供一个较为完善的版本，从而促进民俗文化的深入研究。

本书的整理得到了刘大钧教授的大力支持，刘先生在百忙之中亲为该书制序，使我们感荷良深，在此谨致谢忱。

由于水平所限，时间仓促，书中定有缺点和不足，欢迎广大读者批评指正，谢谢。

作者